漫威之父

斯坦·李

超级英雄IP背后的故事

[美] 鲍勃·巴彻勒（Bob Batchelor）_著
吕颜婉倩 尚书 张雪纯 隋钰冰_译
努力的Lorre_审阅

中信出版集团 | 北京

图书在版编目（CIP）数据

漫威之父斯坦·李 /（美）鲍勃·巴彻勒著；吕颜婉倩等译．-- 北京：中信出版社，2019.3 (2020.5重印)

书名原文：Stan Lee: The Man Behind Marvel

ISBN 978-7-5086-9936-3

Ⅰ．①漫… Ⅱ．①鲍… ②吕… Ⅲ．①斯坦·李－传记 Ⅳ．① K837.125.78

中国版本图书馆 CIP 数据核字 (2019) 第 015544 号

漫威之父斯坦·李

著　　者：[美] 鲍勃·巴彻勒
译　　者：吕颜婉倩　尚书　张雪纯　隋钰冰
出版发行：中信出版集团股份有限公司
（北京市朝阳区惠新东街甲 4 号富盛大厦 2 座　邮编　100029）
承 印 者：北京盛通印刷股份有限公司

开　　本：880mm × 1230mm　1/32　　印　　张：11.75
插　　页：12　　字　　数：241 千字
版　　次：2019 年 3 月第 1 版　　印　　次：2020 年 5 月第 8 次印刷
京权图字：01–2018–8777　　广告经营许可证：京朝工商广字第 8087 号
书　　号：ISBN 978–7–5086–9936–3
定　　价：75.00 元

致我挚爱的女儿兼崭露头角的作家

卡珊德拉·迪伦

将无以言表的爱献给

苏泽特和索菲亚

感谢你们赐予我取之不尽的欣喜、爱意与欢笑

漫威漫画公司出版商马丁·古德曼手持《美国队长》漫画第11卷，该期漫画是古德曼解雇乔·西蒙和杰克·科比后，斯坦·李首次担当主编出版的漫画（出自Photofest影视资料库）

“二战”时期的斯坦·李，桌上摆着一本《特里卡通漫画》第25卷（1944年10月），他有名的“VD Not Me”海报素描挂在左肩后方（出自怀俄明州美国遗产中心138号档案盒，斯坦·李文献库）

斯坦·李军装照，在 1943 年，他是美国陆军通讯部队电影培训师团中的一名“编剧”（出自怀俄明州美国遗产中心，斯坦·李文献库）

斯坦·李在编辑部审阅漫画样本（出自怀俄明州美国遗产中心，斯坦·李文献库）

1950 年前后，斯坦·李在办公桌前打字（出自怀俄明州美国遗产中心 145 号档案盒，斯坦·李文献库）

20 世纪 40 年代末期，斯坦 · 李与妻子琼安 · 布科克 · 李合影（出自怀俄明州美国遗产中心，斯坦 · 李文献库）

1974 年，斯坦·李手持作品《漫威起源》（出自怀俄明州美国遗产中心 133 号档案盒，斯坦·李文献库）

PERSONNA DOUBLE II

30 Second TV Commercial

"Stan Lee"

LEE: You know, here at Marvel I've got Spider-man and all these characters and super villians like Dr. Doom to worry about.

I can't waste time worrying about things like shaving.

This guy calls me and he says

"try a Personna Double II." And I said "OK, I'll try it."

This Personna is beautifully designed.

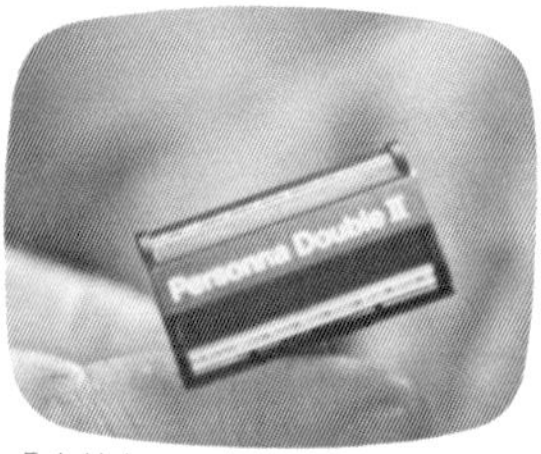

Twin blades on each side. It's clean, it's got quality.

Like they told me,

"There's no finer shaving system made." I may create a whole new character . . .

Personna Man!

1976—1977 年，斯坦 · 李在伯舒纳双面（Personna Double II）剃须刀广告中出镜（出自怀俄明州美国遗产中心 7 号档案盒，斯坦 · 李文献库）

1978 年，斯坦 · 李站在《世界动漫经典教程：漫威漫画专业技法》展示柜前（出自怀俄明州美国遗产中心 7 号档案盒，斯坦 · 李文献库）

20 世纪 90 年代，斯坦 · 李与电影制作人兼漫画店老板凯文 · 史密斯合影。人物背后摆放着几本漫威经典的作品，包括《神奇四侠》创刊号、《超凡蜘蛛侠》，以及美国队长首次亮相“复仇者联盟”的现代装扮（出自 Photofest 影视资料库）

1994 年，斯坦 · 李与蜘蛛侠合影（出自怀俄明州美国遗产中心 138 号档案盒，斯坦 · 李文献库）

斯坦·李在《辛普森一家》2002 年“我是愤怒的（黄色）”一集中的素描造型（出自怀俄明州美国遗产中心 125 号档案盒，斯坦·李文献库）

斯坦·李在《神奇四侠》（2005）影片中客串邮递员威利·伦普金（出自 Photofest 影视资料库 /20 世纪福克斯公司）

斯坦·李与 Syfy 电视台真人秀节目《争做超级英雄》第二季参赛者合影（出自 Photofest 影视资料库 /Syfy 电视台）

斯坦·李在CBS电视台客串《生活大爆炸》第3季（2009—2010）。左起：斯坦·李、卡蕾·措科、吉姆·帕森斯（出自Photofest影视资料库/CBS电视台）

斯坦·李客串《辛普森一家》第25季（2013—2014）“与Bolb结婚”一集。左起：漫画店老板（汉克·阿扎利亚配音）、斯坦·李（斯坦·李配音）（出自Photofest影视资料库/Fox Network电视台）

斯坦·李客串《超凡蜘蛛侠2》（2014）（出自Photofest影视资料库/哥伦比亚电影公司）

2016 年 9 月 24 日，斯坦·李出席辛辛那提市漫画展（由 Suzette Percival 提供）

目录

前言

奇迹的破晓

“斯坦，我们要打造一支超级英雄战队。你知道的，它们将有非常广阔的市场前景。”及时漫画公司出版商马丁·古德曼对他的编辑斯坦·李大声说道。[1]

当古德曼敏锐地嗅到市场的新趋势时他没有丝毫的犹豫。一想到全美各地的收银机在结账时，都会为孩子们的硬币而忙碌，他就两眼放光——这些钱最终都会成为他的囊中之物。他这样想着，仿佛已经听到了薄薄的硬币掉进钱箱里清脆的声响。

古德曼的预感并非源于幸运之神的眷顾或直觉，作为一个精明、实干的生意人，他不会以这样的方式工作。相反，据传闻，古德曼曾和几位同僚一起打高尔夫球，而他们碰上了管理着及时漫画公司的主要竞争对手——国家联合出版公司（DC 漫画公司的前身）旗下的发行机构的人。这家公司就是《超人》《蝙蝠侠》和《神奇女侠》的诞生地。其间，古德曼听到他们在炫耀新系列的畅销漫画书。尤其是当他们谈到有一支超级英雄团队将会在下半年获得全新的头衔时，他们便滔滔不绝，根本停不下来。从不愿在竞争上落一丝下风的古德曼一听到这个消息就激动万分。回到办公室后，他在斯坦·李的耳旁叫嚣着说，也要打造一支超级英雄战队来与 DC 漫画公司抗衡……而且要迅速！

然而他并未察觉的是，这位与他相伴已久的编辑正饱受沮丧与失望的折磨。李已经濒临自己漫画生涯的极限了。虽然平庸的老板能保证他有稳定的收入，但他内心做着激烈的思想斗争，纠结于要不要放弃这份已经做了 20 年的工作。

“我们写的东西毫无意义，都是垃圾。”他对妻子琼安倾诉道，“我不想干了，这么多年过去了，我还是一事无成。这根本不是一个成年人应该从事的工作。”[2]

在过去的 20 年里，李出版的各种书令大多数成年人嗤之以鼻，那些书从幼稚的动物故事到老掉牙的战争爱情类题材，不一而足。早年他与乔·西蒙、杰克·科比一起创造的超级英雄人物，很快就过时了。因为常常顶着压力赶工，再加上古德曼又是一个专横的老板，李渐渐无法承受。他准备转行，做什么都行，就是别再做漫画了。

在麦迪逊大道的办公室里累了一整天后，闷闷不乐、精疲力竭的李回到长岛的家中。被压力和焦虑捆绑的他开始思考前路，但他心中似乎依旧是一片迷茫。如果新工作的薪水不足以养家该怎么办？他要怎么选择呢？他对琼安说了古德曼下达的紧急指令，并向她寻求建议。

“如果你无论如何都要辞职的话，为什么不遵循内心的想法去做一本真正想做的书，把你想表达的都写出来呢？”她说，“最坏的结果无非就是被开除，正好你也不想再干了，不是吗？”[3] 李的工作难题悬而未决，这份耕耘 20 多年的工作让他能够在长岛安家，他也从来无须为生计担忧，这与幼时父亲常年失业所造成的艰苦生活截然不同。

恐惧和绝望催人奋进。李听从了妻子深思熟虑后的建议，毕竟琼安是他最好的朋友兼最亲密的知己。在沮丧与失意的边缘，他找到了一个突破口。说不定抓住了这个机会，他的事业便会峰回路转，他也能摆脱一成不变的乏味。李深知，他已别无选择。

尽管未来有许多不确定性，辞职也许会带来经济上的风险，琼安的支持与认可使李信心倍增。他愿意做最后一次努力，再给这个在他高中毕业时只图稳定薪水而误打误撞从事的工作最后一次机会。

李当即决定听取古德曼的建议，但也不是照单全收。他开始设计一支原创的超级英雄战队，只按照自己脑中的构想来做，并不对 DC 漫画公司或其他漫画公司以往创造的典型形象进行翻新。李的老板甚至荒谬地建议给这组新战队起名为“正义联盟”。在李看来，这不过是又一次毫无新意的对 DC 爆款的抄袭。

李认为不应该这样做，新构建的超级英雄们应该更加贴近现实。“这是一次让我施展抱负的机会，”他说，“超级英雄也可以有血有肉，其行为举止可以与常人无异。我可以发挥更多的想象力，不需要让所有的结局都圆满，最主要的是能在现实的背景下，让故事一直延续下去。”[4]

李决定放手一搏，不计后果。无论结果如何，他都希望能够创造出一组能给自己和读者带来快乐的漫画形象。于是他立刻付诸行动。“我把出版商忘得一干二净，笔耕不辍，乐在其中。”李解释道，“这对我来说很容易，因为我完全是按照自己的意图来发挥的，我能确保人物是我想要的风格。我在创造属于自己的宇宙。”[5]

既然选择了抓住机会，尽可能地发挥创造力，李决定挑战自己，去创造一支“漫画界前所未有的英雄战队”。[6]他意识到，这将是他人生中孤注一掷的时刻。“就这一次，”他想，“我可以从读者的角度出发，来写一个能震撼人心的故事。”李的耳畔响起琼安的话：“你可以创造更具深度和内涵的情节，打造个性鲜明、贴近现实的人物。”[7]这些话激励着他全力以赴地创作。

多年创作怪物漫画和悬疑科幻书籍的经历让李积攒了足够的经验。在新的英雄战队中，他结合了流行文化、科幻小说和电影中的元素，甚至还借用了现实社会中美国与苏联在“太空战”和核武器

“冷战”中的紧张关系。

李最初打造的超级英雄是团队领袖神奇先生——里德·理查兹。他没有把他塑造成肌肉发达且英气逼人的宇航员，相反，他把这个角色塑造成一个酷爱炫耀才华的瘦弱科学家。紧接着，他又创造出一位女性领袖的形象。她不是等待男友拯救地球归来的典型女友，也不是只会为她的蒙面英雄憔悴心碎的弱女子。隐形女侠苏珊·斯通是团队里的正式成员。

事实上，李决心打造一支“没有秘密身份的超级英雄”。他强调，如果自己是超级英雄的话，他宁愿全世界都知道这件事。“我永远不会对此保密，”他解释道，“我太喜欢卖弄了。”[8]

随着两个主角的横空出世，李决定再对题材进行一次创新。为了保持戏谑风格的平衡，他需要再创造另外两个角色。其中一个是性子急躁、鲁莽的少年。也就是苏珊的弟弟“霹雳火”约翰尼·斯通。李没有把他塑造成传统漫画中的少年配角，相反，约翰尼是一个实力足以独当一面的核心成员。而且，团队里有一对姐弟能给故事增添额外的张力。最后，团队里还需要一位肌肉发达的硬汉。于是，李让力大无穷的石头人——本·格瑞姆登场了。体力与智力的较量在格瑞姆和天才科学家领袖理查兹之间不断地展开。这种矛盾冲突使得读者暗暗地将两人进行比较，甚至可能迫使读者选边站队。

身为左撇子的李经常在画板上涂鸦，用潦草的字迹记录下他的想法。他反反复复地对情节和潜在人物的刻画进行删改，确保故事不仅仅是因为打斗而发展下去，那样的话往往只能吸引儿童和年龄较小的读者。相反，他聚焦于团队成员间的互动，就好像平日里家庭成员之间，以及现实生活中人与人之间的相处那样。“我把他们想象成活生生的人，读者可能会对他们之间的关系产生共鸣，这对我来说非常重要。”[9] 李也想吸引一些年长的读者，他坚信，如果受众能够在超级英雄身上看到与普通人一样的人性，他们就会更加享受阅读的乐趣。另外，电视和电影肯定更倾向年轻人，所以李也把他们当作目标群体。

当考虑到团队成员还需要有获得超能力的方法时，李再一次想到了核武器引发的“冷战”。鉴于大众都对核毁灭存有恐惧心理，李就把它变成了推动故事和电影情节发展的转折点。他让超级英雄们乘坐实验火箭去开启太空探险之旅，飞船返回地球时，意外发生了，机组人员因受到宇宙射线辐射而产生变异。这场意外虽然把他们吓得魂飞魄散，却也让他们意识到应该联合起来，运用超能力为人类谋幸福。

为了坚持使用自己钟爱的头韵①，李将这支超级英雄战队命名为“神奇四侠”②。很快地，他们不仅无数次拯救了地球和宇宙，同时也挽救了斯坦 · 李的职业生涯，并且永远地改变了美国文化。

---

① 头韵，英语语言学分支文体学的重要术语。指两个单词或两个单词以上的首个字母发音相同，形成悦耳的读音，常见的押头韵的短语有：first and foremost，（with）might and mian 等。——编者注

② “神奇四侠”的英文名是 the Fantastic Four，以两个 F 为单词首字母。——编者注

第一章　纽约客——斯坦利·利伯[1]

1922 年 12 月 28 日，星期四，圣诞节刚过没几天，逛街的人漫无目的地在纽约时代广场上闲逛。一场寒冷的雨夹雪席卷了纽约后，人们纷纷将衣领立起，本能地抓紧自己的帽子。阴沉沉的天，反映出裹得严严实实的行人们的真实内心写照。一阵突如其来的狂风几乎要把人行道上的一位女士吹倒，同时逼着一位男士不得不跑到马路中间去捡被吹跑的帽子。在圣诞假期和元旦之间，一场暴风雨袭击了整个东海岸，雨雪交加，倾盆而下。

在曼哈顿第 98 街和西区大街的一间小公寓里，杰克和西莉亚·利伯夫妇居然丝毫没有注意到如此恶劣的天气。因为这一天，他们迎来了自己的第一个孩子，并给这位男婴取名为斯坦利·马丁。

这名新生儿诞生于美国历史上一个极为特殊的时期。尚未从第一次世界大战的全球动乱中恢复元气的美国在艰难前行。战后，欧洲各国领导人忙于探索确保欧洲未来和平的可行性。但在美国国内，战争带来的生产狂潮开始退去，企业不得不重新调整，国家经济下滑，经济发展几近停滞。1922 年，美国的工业逐步复苏。随着

---

① 后文中出现的“斯坦利”“斯坦”“斯坦利·利伯”“李”“斯坦利·马丁”均为斯坦·李。——编者注

消费品公司开始恢复生产豪华汽车、新款服装、厨房电动用品等产品，制造业的发展状况显露出好转的迹象。

杰克和西莉亚都没预料到的是，儿子出生的这天，屋外阴郁的天气将会是一种不祥的预兆。“一战”的余烬将使美国陷入举国震惊的大萧条中，由此造成的经济危机将使斯坦利一家穷困潦倒，夫妻俩也会因此心力交瘁。

尽管生活艰辛，西莉亚和杰克也常常为钱吵得不可开交，但他们始终教育儿子要相信自己会有一个光明的未来。无论是降临人世时密布天空的乌云，还是大萧条给这个小家庭带来的至暗时刻，都没能阻止斯坦利·利伯成长为一个乐观主义者。

这就是超级英雄的诞生。

斯坦利·利伯的父母于20世纪初随着数百万移民的脚步迁往美国。斯坦利的父亲于1886年出生于罗马尼亚，1905年乘船抵达纽约港。彼时年仅19岁的他，由海曼更名为“雅各布”，后来将名字又换成了更具美国特色的“杰克”[①]。在航行中与他相依为命的是

① 后文中出现的“海曼”“雅各布”及“杰克”均指斯坦·李的父亲。——编者注

年仅14岁的亲人（可能是弟弟）亚伯拉罕。两位少年正是20世纪初大波涌入美国的东欧犹太人中的一员。欧洲数十年的反犹太大屠杀活动（针对犹太人的恐怖活动）导致成千上万的犹太人死于非命。移民美国的犹太人数也从1880年的5 000人激增至1907年的258 000人。1875—1924年，约有270万犹太人从欧洲各地迁至美国。

海曼的故乡罗马尼亚位于欧洲东南部。当时，罗马尼亚北连奥匈帝国，西临塞尔维亚，南靠保加利亚，东接俄国和黑海。海曼·利伯出发时正值国王卡罗尔一世统治期间。卡罗尔于1881年即位后，一直统治国家，直至他1914年逝世。赴美航程使海曼和亚伯拉罕每人花费了约179卢布，差不多90美元，这在当时算得上是很大一笔钱了。其中花费的50卢布是为了向埃利斯岛移民局的工作人员证明他们有在新国家生存下来的能力。[1]

海曼和亚伯拉罕属于首批大规模移民美国的罗马尼亚人，从19世纪90年代中期到20世纪20年代，有145 000名罗马尼亚人背井离乡，远离故土。对于大多数考虑移民的罗马尼亚人来说，美国意味着经济稳定、宗教自由。和众多东欧人一样，第一批罗马尼亚先驱者去美国是为了寻求稳定的收入，以便积累财富回国买地。然而，与其他国家的移民总数相比，罗马尼亚的移民总数则少得多。其中，与之形成鲜明对比的是，约有300万波兰人于1870—1920年移民美国。

对罗马尼亚犹太人来说，移民意味着翻天覆地的变化，这在那个时代的欧洲犹太移民中极具典型性。罗马尼亚国内对犹太人的普遍歧视意味着来自罗马尼亚的犹太人通常会选择留在美国，而非落叶归根。在罗马尼亚，年轻的犹太男性几乎没有机会从事任何有意义的职业。君主和王室禁止犹太人当律师，因为犹太教神学院并不合法；从医这条路也行不通。不管一个犹太人祖上定居罗马尼亚多久，他始终会被视作“外国佬”。而同时期移民美国的其他罗马尼亚人表示，身为少数族裔，他们不得不卑躬屈膝，同时忍受地域歧视和宗教歧视。[2]

滥用权力是普遍存在的问题。一位作家说：“罗马尼亚法律的反犹太属性隐晦至极，同时极力避免露骨的残暴行径，以免引起文明世界的关注和反对。”[3]然而，思想上的恐怖主义依然引发了严重的后果。19 世纪 90 年代通过的几部法律剥夺了犹太人的受教育权，同时，罗马尼亚的高中课堂也公开宣扬反犹太主义。

罗马尼亚的半秘密大屠杀导致无数的反犹太暴动及大肆掠夺的行径，警察和军队要么坐视不管，要么积极参与，导致暴乱继续猖獗。罗马尼亚犹太人的生活里充斥着暴力。正如一位历史学家解释的那样：“19 世纪末期，罗马尼亚的经济陷入萧条期，同时，从伯尔拉德（1867 年）、布泽乌（1871 年）、博托沙尼（1890 年）、布加勒斯特（1897 年）、雅西（1898 年）等几座城市出现的反犹太暴乱开始，暴力程度普遍上升。”[4]当时在美国的罗马尼亚人很少，这些新闻大部分并不为美国社会所知，媒体监督也就更无从谈起。

当罗马尼亚青年海曼选择定居纽约时，同批奔赴美国的犹太人中，约有 6 万人最后还是回国了。其他东欧人则往返于美国和自己的祖国之间。移民者们认为，在赴美航程中遇到的一切艰难险阻，包括制造业潜在的经济危机，都是值得的，因为他们赚到的财富足以改变自己和远在家乡的亲人们的命运。然而，在第一次移民潮结束于爵士时代[①]初期后，接下来的 25 年里都少有移民美国的罗马尼亚人。直到"二战"期间，罗马尼亚面临被纳粹占领的威胁时，移民数量才又重新上升。

初抵美国，最早的一批罗马尼亚移民就面临着异常艰难的处境，他们被迫改变自己在家乡养成的传统而强烈的家庭价值观。这些移民大都没有接受过专业培训，没有一技之长。因此，对他们来说，即使是去工业城市里做工人，也充满了危险和困难，各种族的移民工人经常遭遇工伤事故甚至死亡。但对这些罗马尼亚的犹太移民而言，在纽约的生活无论再怎么艰辛，也远远胜过他们在国内可能要面临的窘迫处境。尽管必须面对贫困、住房条件差等诸多挑战，"美国梦"依然让他们憧憬着明天会更好。别的不说，这些"新美国人"至少彻底摆脱了罗马尼亚对犹太人的恶意暴力，获得了宝贵的人身安全和宗教自由。

和十几岁的海曼一样，许多单身男子背井离乡，为了在异地勉

① 爵士时代特指 1918 年"一战"结束后至 1929 年经济大萧条前的十年时间。——译者注

强维生，不惜沦为家族中的边缘人。这些单身劳动者以群居的方式待在寄宿家庭里，或是与其他罗马尼亚移民家庭生活在一起。这些年轻人的主要文化生活就是去餐厅、酒馆等场所聚会，以及去教堂做礼拜。

犹太移民在美国也同样面临着潜在的反犹太主义。为了抵御偏见，他们选择抱团取暖。新移民们几乎都不会说英语，也看不懂英语。面对英语世界，同胞之间就团结得更加紧密。莫里斯·塞缪尔回忆说，纽约下东区的一家罗马尼亚犹太餐馆是大家聚会的首选，人们在那里“吃烤大蒜、香肠、小馅饼、马马利佳等罗马尼亚的特色小吃，喝酒，玩家乡的纸牌游戏”，大家说的也都是罗马尼亚的意第绪语①，追忆着布加勒斯特犹太人区的往事。讲故事的人偶尔也会提到意图将他们驱逐出境、赶尽杀绝的反犹太大屠杀，瞬间就给这些故事蒙上了一丝悲凉的色彩。[5]

19 世纪初，高速发展的纽约服装行业开始需要大量的工人，海曼·利伯和亚伯拉罕均顺势入行。许多犹太移民（约占犹太移民总数的 65%）都是娴熟的工匠，尽管我们无法确定海曼是否曾经有过服装行业的从业经历，亦无从知晓他是否曾在罗马尼亚接受过任何形式的高级培训。不过考虑到罗马尼亚反犹太的教育法和不公平的商业手段，这些可能性微乎其微。一位历史学家指出：“移民们

① 意第绪语是中东欧犹太人及其在各国的后裔说的一种高地德语的派生语。——译者注

一旦到了美国，就算以前不是，现在也会成为裁缝，因为这个行当在曼哈顿供不应求。”[6]

和那个年代的许多第一代移民家庭一样，利伯一家对自己的过去和来到美国的缘由闭口不谈。虽然移民们带来了自己的文化元素，也尽可能地保留自己的文化模式，但他们往往更侧重于适应美国文化，以及为家人创造新的生活和机遇。他们谈论的焦点是未来，而非过去多年来为了移民美国所遭受的艰辛及付出的努力。[7]

如果把李的父母和他的整个大家庭放在20世纪初犹太和欧洲移民涌入纽约的大背景下审视，你会对这一切有更加直观的了解。父母面临的挣扎对年轻一代产生的影响，与其他无数尝试融入美国社会的犹太家庭和个人别无二致。[8]

1910年，雅各布和亚伯拉罕与一位52岁的俄罗斯人格申·莫斯科维茨及其罗马尼亚妻子美茵茨一起住在曼哈顿A大街。这家人育有两个孩子——罗茜和约瑟夫。约瑟夫和亚伯拉罕在人口普查中均被列为口袋书经营者，这表明他们在同一家店里一起工作。雅各布此时已经开始在一家大衣店做剪裁工人。人口普查信息显示，和莫斯科维茨家的孩子一样，雅各布和亚伯拉罕都上过学，有英文阅读能力，但人口普查信息并未提供其他细节。在家里，或者在社区附近的时候，他们极有可能讲的是罗马尼亚的意第绪语。[9]

1920 年，34 岁的雅各布依然寄人篱下。此时他与大卫、贝姬·施瓦茨和施瓦茨家的三个孩子共同住在曼哈顿第 114 街的一间公寓里。施瓦茨一家于 1914 年从罗马尼亚移民到美国。与雅各布不同，他们对英语的听说读写一窍不通。移民们之间的互相联系始终与工作及私人生活密不可分。当时雅各布和大卫都在从事女装制作。第 114 街的公寓楼和周边社区居住的绝大多数是来自俄罗斯和罗马尼亚的犹太移民，所以在这里，意第绪语比英语使用得更加普遍。施瓦茨夫妇也都比雅各布年轻不少（当时大卫 26 岁，贝姬 25 岁）。

在接下来的两年里，雅各布的生活突然有了翻天覆地的变化。1920 年，他还跟施瓦茨一家住在一起。但到了 1922 年底，他就娶了西莉亚·所罗门。很快地，在新年到来之前，他们的孩子斯坦利·马丁就出生了。[10]

在利伯家族的这条线索中似乎没什么更加丰富的细节，所罗门这边的族谱其实也没能完全被理顺。我们了解到的是，所罗门是一个大家族，他们于 1901 年移民到美国。这个家庭代表了 20 世纪初更为典型的犹太移民：以家庭为单位的集体移民。这种方式对于拼尽全力攒钱逃离罗马尼亚的犹太人来说成本高昂，但重要的是能确保家庭的完整性。

9 年后，到 1910 年，这个家庭和其他许多罗马尼亚家庭一起占领了第 4 街的一座公寓楼。关于西莉亚父母的名字，不同文件的记载皆有不同。她父亲的名字不是“桑福尔”就是“赞福尔”；母亲的名字则更为常见，可能是“索菲娅”或“索菲”。桑福尔生于 1865 年，索菲娅小他一岁，生于 1866 年，两人共生了 8 个孩子。1903 年，他们最小的孩子罗比是抵达美国之后出生的。

西莉亚的出生年份时而被记载为 1892 年，时而为 1894 年。1910 年，她在一家五毛钱商店里当销售员，她的哥哥路易斯在一家装饰品店当推销员。他俩都没上过学，但当时与家人住在一起的 4 个弟弟妹妹——弗里达、伊西多、米妮和罗比都上过学。哥哥姐姐出去打工挣钱，帮着赡养家庭并供弟弟妹妹读书，所罗门一家的生活方式呈现出一条移民获得成功的典型途径。与所罗门一家的许多罗马尼亚亲属相似，他们在美国定居，渴望提高生活水平，并充分利用教育机会，更易于接受美国的流行文化。虽然桑福尔和索菲娅讲的还是意第绪语，但孩子们的英语都很流利，这是他们适应美国这个“新家”的重要一步。后来，所罗门一家搬到了西 152 号街。[11]

李记得当弟弟拉里出生时（1931 年 10 月 26 日），他们家从位于西 98 号街和西区大道交界处的公寓里搬到了华盛顿高地。[12] 搬迁意味着当时无论是其家庭财富还是社区条件都已大不如前。像许多人一样，大萧条给利伯一家在追逐“美国梦”的过程中带来致命一击。

2 000多名男子站在曼哈顿第29街一座圣公会教堂的外面，他们翻起衣领，双手插进外衣口袋来抵御城市里吹过的刺骨寒风。在大萧条初期，这样排队的人群十分常见，队伍蜿蜒曲折，一直可以排到第五大道。这些人听说教会会向穷人分发食物，便赶来这里，希望可以领到足够养活自己和家人的食物。食物是定量供应的，一旦发完，四分之一的人就会被拒之门外。内心感到绝望与恐惧的人们，不得不在当天夜里忍饥挨饿。

看到这些挣扎在贫困线上的可怜的人，纽约居民都深感不安。很多等待食物救济的人显然为依靠慈善来勉强求生而感到万分痛苦。那些因国家出现经济危机而不得不排队领面包的人，也都背负着沉重的心理负担。他们并不想获得救济。以强烈职业道德为荣的美国人坚信这种精神会给他们带来丰厚的回报。大多数获得衣服、租金、食品、医疗用品等福利救济的人，其实内心极度不情愿。

华尔街的腐败导致国民经济崩溃，整个国家陷入愤怒和绝望之中。在20世纪20年代，金钱在美国文化中处于核心地位。这个时代的经纪人和投资银行家相继崛起，成为整个社会中的新英雄和名人，就像弗·斯科特·菲茨杰拉德写的《了不起的盖茨比》一书中的人物尼克·卡拉威那样。华尔街里跌宕起伏的股市和交易黑幕都是刺激的八卦。过热的经济实则埋下了火种，华尔街的贪婪引发了可以燎原的星火。

一个个崩溃的人组成的等待领取救济的队伍贯穿了整个曼哈顿，这幅景象鲜明地展现了整个国家的绝望。其中的每一个人同时也代表了他身后那个被金融危机摧毁的悲惨家庭。利伯在美国经过了几十年的打拼，坠入爱河、组建家庭，但利伯一家原本幸福的生活却因大萧条的到来而变成了过往云烟。斯坦利当时还太小，无法理解事情的严重性，但他却真真切切地从父母的交谈中感受到了大萧条带来的后果、愤怒和痛苦。“我最早的记忆就是父母在商量如果付不起租金该怎么办，”他说，“幸运的是，我们从来没被赶出过家门。”[13] 日常必需品的难以为继迫使无数家庭进入持续警戒的模式。

在 1929 年年末股票市场崩溃时，距离雅各布初至美国，已经过去了 20 多年。然而，在这种混乱的情况下，他和同事都不可能幸免于难。服装界的生意不景气，他下岗了。据李所说，父亲也曾试图开一家餐馆，但因为经营不善，一辈子的积蓄就这样付诸东流。[14]

贫贱夫妻百事哀，长期失业导致雅各布和西莉亚的婚姻产生了裂痕。日子一天比一天过得紧张，生活的重压让人无法承受。不到 7 岁的斯坦利目睹了父母日复一日、接连不断的争吵，如同一张命中注定要被反复播放的糟糕唱片那样，“争吵的话题始终是钱、钱、钱”。[15]

有史以来，罗马尼亚家庭都因其紧密的联系而闻名。即使在大萧条时期，有些家长也拒绝让孩子们辍学打工。因为他们意识到，不管当下面临怎样的经济困难，教育依然是未来获取成就的阶梯。对利伯一家来说，斯坦利还太小，帮不上什么忙。在大萧条时期最困难的那几年里，他目睹了父母是怎样呕心沥血地打拼以维持生计的。

雅各布和西莉亚只会在周日晚间稍稍停顿一下两人之间接连不断的争吵，每到这时，儿子就会和父母一起围坐在收音机旁。[16] 年幼的斯坦利喜欢听口技艺人埃德加·伯根在美国全国广播公司《蔡斯和桑伯恩时间》节目上的表演。该节目于周日晚8点至9点播出，当时已有几十年的历史。伯根的木偶搭档名叫查理·麦卡锡，它爱说俏皮话，经常明嘲暗讽，是伯根滑稽短剧的台柱子。由于广播的听众实际上并不知道查理是一个假人，真正的乐趣在于伯根富有戏剧性的顺口溜，以及他塑造有趣角色的技巧。

每当西莉亚打扫公寓或在狭促的空间里做饭时，雅各布就四处搜罗招聘广告，尽管这样也无法掩饰他内心与日俱增的绝望与凄凉。斯坦利每天看着父亲出门到市区里找工作，晚上回来时身心俱疲，这样的过程使他更加沮丧和绝望。据李说，雅各布常常呆坐在厨房的桌子旁，面对濒临瓦解的家庭所带来的压力而日渐消沉。[17] 有时候，雅各布会尝试和妻儿一起去公园里散步。可母亲并“不喜欢”，李回忆道：“他们从来不能好好相处。”[18]

因为生活拮据，西莉亚不得不经常向自己的姐妹们借钱。为了节省本就十分微薄的收入，在斯坦利的弟弟拉里出生后，利伯一家搬到了布朗克斯①的一间更小的公寓里，斯坦利每天只能睡在起居室的沙发上。和纽约市的很多廉租房一样，这间公寓的起居室在楼的背面一侧，窗户正对着旁边的一栋楼。狭小的空间、新添的人口只会加剧利伯一家的绝望。[19] 斯坦利记得"透过窗户，我们只能看到小巷对面那栋楼上的砖墙。我永远看不到其他孩子是否在街上玩棍子球游戏②，或是在玩其他任何我也想玩的游戏"。[20]

年幼的斯坦利·利伯身着深色的仿制水手服，头上斜戴着一顶苏格兰毡帽，坐在一张古色古香的桌子旁，细小的右臂支在桌上。这是20世纪20年代父母们常带着孩子去拍的一种流行艺术照。虽然尚未成年，但这个男孩却有一双深色、迷人的眼睛，他若有所思的神情里，似乎隐藏着一些古老秘密的答案。

斯坦利当时还太小，没办法完全理解家庭的窘迫，慈母的爱足以帮他抵消掉父亲的焦虑与严苛带来的压抑，从而一路茁壮成长。据西莉亚的姐姐珍回忆，杰克当时"对他的儿子们要求非常严格"。

---

① 布朗克斯是纽约市最北端的一个区。——译者注

② 棍子球游戏是孩子们在街巷里玩的一种类似棒球的游戏。——译者注

他强迫两个儿子的日常生活起居必须按照他的要求，比如，要“以某种方式刷牙、冲舌头等”。[21] 但西莉亚恰恰相反。她总是用自己的梦想激励小斯坦利，处处支持他。当他开始识字时，母亲就已经充分意识到教育对克服人生逆境的重要性。“她经常让我大声地朗读给她听，”斯坦利回忆道，“我很喜欢这样做，想象自己正站在百老汇的舞台上为台下诸多着迷的观众表演朗诵。”[22] 虽然西莉亚和杰克在大萧条的严酷现实中苦苦挣扎，但西莉亚一直试图保护斯坦利，让他免受其扰。

斯坦利既去不了昂贵的住宿夏令营，又没什么朋友，只能靠读书来摆脱家庭的困境。“我借此来逃避日常生活里的沉闷与忧伤。”[23] 更重要的是，阅读培养了他的冒险精神和创造力。“我从记事起就开始自己涂鸦并画漫画，”李说，“我经常先画出地平线，然后往上面添一些火柴人，再一边给自己编些小故事。”[24]

在西莉亚的鼓励和敦促下，斯坦利在学校成绩优异。“我总像个局外人，”李说，“母亲希望我能尽快完成学业，这样我就可以早点儿找到工作，帮忙养家。”[25] 为了让母亲高兴，斯坦利发奋学习，尽管总是被年龄大的孩子嘲笑，也遭受过校园霸凌，他还是成功跳级，进步很快。虽然他小小年纪便才智超群，但这些并未在社交方面给他带来丝毫的帮助。周围年龄比他大的同学们都已互相认识多年，他很难融入这个圈子，所以交不到朋友。

和许多聪明的学生一样，斯坦利受到了一位名叫莱昂·金斯伯格的年轻犹太男教师的启发。在每天的正式开讲前，金斯伯格都会给学生们讲一个棒球故事，故事的主角是一个虚构的强击手①斯瓦特·穆里根。斯坦利觉得他讲的故事总是“既搞笑又刺激”。穆里根的英雄气概营造出一种轻松有趣的学习氛围。在李读小学的年代里，这种教学形式是非常罕见的。然而，斯坦利·利伯却从金斯伯格的日常故事中汲取到了一份人生经验：“每当我想要与他人交流时，我总是尽量用轻松的方式去沟通，尽可能让这个过程变得有趣。”[26]

栩栩如生的有趣故事和强烈的刺激感也促使斯坦利培养了另一个爱好——看电影。在20世纪20年代末和30年代初期，当这个男孩思考超越现实的未来生活时，他把自己对天堂的想象安在电影明星埃罗尔·弗林身上。这位演员在1935年的《喋血船长》中崭露头角。影片中，他展现了自己英俊的外表、耀眼的魅力和运动的风采。作为顶级的动作片影星，弗林通过精心编排打斗场景和剑术吸引了像斯坦利这样的年轻观众，他最典型的代表作就是第一部彩色电影《罗宾汉历险记》（1931年）。对于一个爱自己编漫画、如饥似渴地阅读书籍和杂志的小男孩来说，电影向他展示了如何通过结合视觉元素和对话来推动情节前进的范本。他回忆道：“呈现在屏幕上的是令我目眩神迷的世界，是魔幻和神奇的世界，是我渴望的世界，要是能把想象变成现实就好了。”[27]

彼时，李常会去勒夫第175街电影院看电影，这家影院是

① 强击手，俚语，棒球运动中创造众多远本垒打的有力远击球手。——编者注

1925—1930 年建造的纽约“神奇电影院”之一，最初是为歌舞、杂耍表演而建的，但电影的日益流行使其转型为电影院。华丽的布景中，一架巨大的 7 层楼高的罗伯特 · 莫顿管风琴被用于为观众演奏。李不仅对冒险动作类电影感兴趣，还喜欢马克斯三兄弟和劳雷尔与哈代的早期喜剧电影。在第 181 街的 3 个街区范围内有 5 家电影院可供选择，周六会放映系列电影。李最热切期盼的就是去看泰山，以及他非常喜欢的类人猿冒险系列电影《丛林之谜》。电影结束后，他会和堂兄莫蒂 · 费尔德曼约在第 72 街边吃煎饼边聊电影。[28]

用李自己的话说，他最终成长为一名“如饥似渴的读者”。后来他常说对自己影响最大的要数莎士比亚，因为身为戏剧大师的莎翁身体力行地帮助年少的李塑造起创造力和讲故事的观念。李欣赏莎士比亚语言中的“韵律之美”，并解释说：“我一直迷恋语言的音韵美。”[29] 小斯坦利涉猎广泛，无论去哪儿都会随身带一本书或杂志，甚至会边吃早餐边看书，母亲还给他找来了一个小小的木制装置，可以在支撑书的同时保持书页平摊。

小斯坦利虽然喜欢阅读和电影，也尝试过画画，但从没幻想过未来会从事漫画工作。他童年时看的漫画书主要是刊登在报纸上的连环漫画的重印版，看起来更像是书或杂志。在 20 世纪 20 年代，黑白连环漫画很受欢迎，特别是巴德 · 费舍尔创作的滑稽闹剧漫画《马特与杰夫》，后来被重印为超大号的漫画书。和同龄人一样，斯坦利也读了这些书，但漫画对他的吸引力远不及电影和小说。“在我的童年梦想里从没有创作漫画这一项，”他解释道，“我想都没想过。”[30] 但他确实读过由戴尔出版公司于 1934 年出版、伍尔沃斯百货商店经销的被广泛认为是第一部现代美国漫画书的《驰名连环画》。他清楚地记得当时自己很喜欢查尔斯·卡勒斯创作的连环画《毫发之间的哈里》，故事讲述了男主角如何在各种戏剧性的冒险中从对手鲁道夫·鲁迪戈·鲁森戴尔手中拯救出女主角贝琳达·布林克斯。[31]

股市崩盘削弱了国家经济，但真正沉重的打击在于这让美国民众丧失了对未来的信心。经济瘫痪的惊人速度动摇了公众对国家经济体系的信任。由于各企业拼命地砍掉所有非必需业务，数百万工人丢了饭碗。例如，在股票市场崩溃后不久，纽约市的建设工程就几近停止，约有 64% 的工人被解雇了。

在被绝望笼罩的美国，纽约市是重灾区。据统计，截至 1933 年 10 月，共有大约 125 万的纽约人领取了救济金。更能说明问题的是，另外还有 100 万同样有资格获得救济的人却没有接受救济金。大约有 6 000 名纽约市民试图以在街头卖苹果的方式维持生计。但到了 1931 年年底，绝大多数的街头小贩都不见了。杂货店的销售额下降了 50%。许多城市居民在垃圾桶和垃圾堆里翻食物。研究表明，该时期纽约黑人住宅区里 65% 的非裔美国儿童都营养不良。

纽约成千上万的人被迫露宿街头或住在东河和哈得孙河沿岸的棚户区。这些临时居住区被称为“胡佛村”，用来讽刺时任总统赫伯特·胡佛。该市最大的营地位于中央公园。具有讽刺意味的是，中央公园的棚户区竟然变成了一个旅游景点，每天都有失业的走钢丝杂技演员和其他无业的艺术家来这里表演。

1929 年的失业率约为 3%，但到 1932 年已经上升至 24%。数以万计的人不得不做起了兼职。经济崩溃的两年后，约有 20 万名纽约人因为付不起租金而被扫地出门。很多没被赶出门的人则通过变卖贵重物品来筹集租金。其他人，比如利伯一家，只能经常搬家。如果家具是贷款买的，一旦交不起月供，这些家具就会被扣下来，不能再带走。

对利伯一家而言，这场经济危机给他们带来了漫长且煎熬的冲击，但他们奇迹般地保住了一方栖息之所，岌岌可危的婚姻关系也得以保存。表面上看，最明显的后果就是在一个复杂的供需博弈中，雅各布失业了。尽管制造行业的企业在极力维持支付薪水的能力，裁衣工的数量还是不断减少。在股市暴跌后的几年里，雅各布四处寻找工作，但还是一无所获。

关于金钱的长期争吵影响了利伯夫妇的婚姻，两人也因此互相怨憎。随着年龄的增长，在某种程度上，斯坦利学会了如何避免仇恨情绪带来的影响。不幸的是，小他 9 岁的弟弟劳伦斯（拉里）却经受了更为强烈的痛苦，父母糟糕的婚姻及对未来的绝望之感所产生的紧张和压力，伴随着幼小的他逐渐成长起来。

雅各布的失业意味着斯坦利必须尽快找到工作，哪怕是一丝一毫微薄的额外收入，都能帮助这个家庭缓解贫困的煎熬。因此，当斯坦利十五六岁的时候，他（及其他数百万的青少年们）要么是在工作，要么就是在不断地找工作。西莉亚既温柔地给予儿子鼓励和支持，又严格地督促他刻苦学习，这些努力很快就得到了回报。这个聪慧过人又富有进取心的少年，当时已经崭露头角。之后，他将会成长为一个会讲故事的语言大师。他做过形形色色的工作，包括在电影院里当引座员；在牛仔裤制衣厂里做办公室勤杂工；甚至还给尚在人世的名人写讣告，只待他们一经去世的消息传来便提交发表。平衡高中学习和兼职工作成了李生活中的日常。

斯坦利就读的德威特·克林顿高中位于布朗克斯区莫苏鲁大道南边的西区100号街和东第205街，校园占地面积为21英亩[①]。这所男子学校被誉为“林荫大道上的城堡”，是当时全世界最大的高中，每年主要面向移民和移民子女招生，从全市各地招收10 000~12 000名不同种族的学生。

在克林顿高中这样一个看起来更像是工厂而非学校的地方，要在众多学生中脱颖而出，就算有可能也是极为困难的。然而，高中时代的斯坦利通过学校社团等机会，使自己的表演才能崭露头角。尽管他骨瘦如柴，那个曾靠独自读书消磨时光的小男孩还是变成了

---

① 1英亩约为4047平方米。——编者注

一个英俊高大的小伙子。他加入了公共演讲俱乐部和法律协会，梦想成为著名的出庭律师。

斯坦利因其个人魅力和较好的聊天能力赢得了绰号“加比”。不仅他自己，同学们也都预测他未来定能成大器。高中时的朋友鲍勃·温德林格记得，他当时就觉得这位同学一定会成为伟人。“一直以来我们都知道他会成大器，”温德林格说，“这是毋庸置疑的。”[32]

高中时的斯坦利尝试了各种角色，就像许多长得好看又受欢迎的学生在高中时一样。他喜欢做宣传工作，在克林顿文学杂志《喜鹊》中担任职务。尽管他初次展露了自己的写作天赋且潜心阅读多年，但此时他仅将自己局限于杂志的“宣传总监”。《喜鹊》的办公地点在学校的一座举架很高的塔楼里。斯坦利青年时代的传说之一就是一次在去塔楼开会前，他发现了一架工人在午休时遗留的梯子。这个年轻人抓住了这个可以炫耀并留下自己印记的机会，匆匆爬上梯子，在天花板上写下了“斯坦·李是上帝”几个字。也许担心会因为用真实姓名在学校建筑上乱写乱画而被维修人员或其他管理人员找上门，又或许只是想试试他的艺名，这是有记载的资料中首次出现这个名字，后来这个名字享誉全球。[33]

《喜鹊》的宣传工作并不是他在高中社团里随便挑选出的职位。虽然他的梦想包括从事演员在内的各种职业，但广告似乎才是他的归宿。多年阅读杂志的习惯使他对广告着迷。他在高中时做的好几份工作都与文字或销售有关，其中包括为丹佛的一家犹太医院撰写宣传材料和上文中提到的撰写讣告，同时他还向同学们推销过《纽约时报》。在十几岁时，他就已经觉察到自己的表演天赋，他对自己日后成为一名有感染力的演说家非常有信心。自小时候母亲让他高声朗诵以来，他就一直在磨炼这项技能。高中时他还当过魔术师，自诩为“顶针大师”，他通过用小顶针变戏法来吸引好奇的同学们。斯坦利从小就渴望成为万众瞩目的焦点。

15 岁那年，斯坦利参加了由《纽约先驱论坛报》主办的高中生作文比赛 —— “一周新闻竞赛”。这份由奥格登·里德和他妻子海伦创办的报纸虽然保守，但却以一种非写实的方式报道当地问题，强调现实主义和城市不断变化的氛围。斯坦利声称自己连续 3 周获奖，导致报纸给他写信，让他也给别人留点儿机会。据斯坦利说，当时那个新闻记者建议他考虑以后从事写作职业。他声称，这条建议“可能改变了我的一生”。[34]

然而，这个故事只是一个广为流传的谣言。更接近真相的故事是，小斯坦利排在第 7 名，获得了 2.5 美元的奖金及两个鼓励奖。这与他因一夜暴富而从此走上作家之路的故事大相径庭。有评论说：“毕竟，李是一个会讲故事的人，他对《纽约先驱论坛报》征文比赛一事的叙述绝对是一个好故事，即便它可能不是真的。”[35] 虽然故事并非等同于真相，但奖金给一个贫穷的犹太孩子留下了深刻的印象。1939 年，这个连续工作了 12 个星期的年轻人，通过他所能找到的一切工作赚到了 150 美元。[36]

1939 年初夏，斯坦利·利伯走出德威特·克林顿高中神圣的大厅，离开了这所气势雄伟的男子学校。进入就业市场时，他感到焦虑不安，但又无可奈何。他念高中的时候正值大萧条最严重的时期。毕业并不意味着事业的启航，而仅仅是找一份工作，因为他的家人需要钱。

富兰克林·德拉诺·罗斯福总统想努力使美国摆脱金融危机，不料，1938 年国民生产总值反倒下降了 4.5%，失业率更是高达 19%。当时的斯坦利正试图褪去高中生的青涩，真正自食其力，但罗斯福变革的失败引发的经济衰退令他的转型更为艰难。

具有讽刺意味的是，斯坦利毕业几个月后，希特勒入侵波兰[①]，促使美国进入战争计划和生产阶段，也因此振兴了经济。在珍珠港事件发生的前几年里，美国向世界各地的盟友运输产品，同时也在为它似乎难免要加入的全球战争做准备。然而，经济复苏并没有及时帮到斯坦利。

帮忙养家糊口对他来说是义不容辞的责任，大学梦是必然破灭了。在他的童年和少年时期，他梦想过要成为一名演员或律师，但

① 此处原文为“希特勒入侵德国”，疑为笔误。1939 年 9 月，德国闪击波兰，被视为第二次世界大战的开端。——译者注

短期内他只打算找一份工作。他需要的是一个稳定的工作，而不是像高中时做过的那些既不体面又枯燥烦琐的兼职。利伯一家在金融危机中遭受了损失，因此斯坦利毕业后的薪水能给家庭带来经济上的稳定。在他小时候，家里绝大多数时期的经济来源都很不稳定。

对于20世纪二三十年代的许多美国家庭来说，经济崩溃司空见惯，大家每天做的最多的努力就是挣扎着让生活回归正常。大萧条时期在纽约的成长经历对年轻的斯坦利·利伯产生了深远的影响。他还记得华尔街崩盘前的短暂光景，他将这段美好的回忆珍藏心底，但父亲无法找到稳定工作的事实还是给他的世界观的形成带来了极大的影响。失业给利伯一家造成的混乱带给这个男孩强烈的震撼，他因此确定了自己今后对待工作和生活的态度。

斯坦利的价值观是："对一个成年男性来说，最重要的是有份工作，忙碌且被人需要。"[37] 这一观念塑造了斯坦利成年后的生活——不仅渴望工作，而且渴望被需要。"即便我过得很好，我父亲也不觉得我很成功，"他回忆道，"他大部分时间只专注于他自己。这方面我也受到了一些影响。我总是这山望着那山高，看到那些比我更好的人，我就希望自己也能做他们正在做的事情……始终觉得自己还没有取得成功。"[38]

用斯坦利的话来说，"对贫穷的恐惧"给他父母的婚姻蒙上了一层阴影，耗尽了这对夫妇之间曾经拥有的爱与欢乐。[39] 对失业的恐惧促使斯坦利把工作和谋生看得比什么都重要。其他同时代的人也与李有着同样的经历，包括漫画界的前辈同人，他们中有许多人都是第一代移民和犹太人。他们熟悉彼此的社区，他们在纽约市和在大萧条时期的美国也有过类似的生活经历，包括目睹排队领面包的人的绝望，或者眼睁睁看着周围的人被赶出公寓或失去工作。

尽管母亲很宠爱斯坦利，一再强调他将来会非常成功，但几近贫困的动荡生活和父母之间无休无止的争吵让他刻骨铭心。一位作家认为，所有冲突因素加起来对他童年的影响，造就了一个“极度敏感、高度渴望被认同、容易受他人影响”的小伙子。他非常聪明，渴望拥有比生命更为宏大的事业，从而实现母亲认为他可以获得的名气和财富。[40]

第二章　少年编辑

及时漫画公司的首席主笔兼编辑部主任乔·西蒙站了起来，伸出手去欢迎他的新助手。他面前的书桌凌乱不堪，散落着杂乱的图片，处处堆积着信件。

从申请职位到成为正式的全职员工的时间很短，以至于斯坦利·利伯都没缓过神来，他仍然觉得有些头晕目眩。他微笑着，用力握住长辈的手，内心充满了感激之情。

想想看，每周可以获得——8 美元的稳定薪水！

对于一个刚刚高中毕业、家里总是经济困难的孩子来说，这份微薄的工资（如果没有其他津贴的话）或许意味着他能帮助这个家庭重新站稳脚跟。然而，更重要的是，一份全职工作不仅给了这个年轻人安全感，也给了他从事写作和迈入出版行业的机会。语言的魅力深深吸引着他。小时候，为了逃避父亲失业的现实，逃离拥挤、廉价公寓的恶劣环境，他一直在苦读，梦想着有一天能写出一部“伟大的美国小说”。

不过，在斯坦利的写作之路正式开始之前的很长一段时间里，他每天都在给西蒙和另一位及时漫画公司的画师兼编剧杰克·科比打杂。有时，他需要给画师的墨水瓶灌上墨水。其他时候，他会在这对著名组合创作新的超级英雄故事时帮忙跑腿去买三明治。

虽然他在绝大多数时间里要么是在扫地，要么是在帮忙擦掉已经完成的书稿上零散的铅笔记号，为出版做准备，但斯坦利并不介意这些机械重复的工作。他一边观察，一边向两位行业巨擘学习。

更重要的是，他已经实现了当下最重要的目标——找到一份稳定的工作。他有工作了！他非但没有重蹈父亲的覆辙，还开启了属于自己的事业大门。

斯坦利早年生活中的许多片段都模糊不清：他的祖先在 20 世纪初就消失了，要么就是官方记录把线索引入了死胡同。同样，这个年轻人从克林顿高中毕业后，又是如何成为及时漫画公司里西蒙和科比的助手的呢？

关于这份工作的来源，有几个不同版本的说法。其中一种版本始于斯坦利的母亲西莉亚。她在儿子念高中时督促他赶快完成学业，在他提前毕业后又帮助他找工作。显然，西莉亚把所有的希望都寄托在大儿子身上，尤其是在她对丈夫的过分期望几乎快把这个家庭毁掉了之后。

西莉亚告诉儿子，她弟弟罗比所在的一家出版公司在招人。该版本的说法是，当这位年轻的高中毕业生来到西 42 街的麦格劳 -

希尔大厦时，他其实不怎么懂漫画，甚至不知道这家公司到底是做什么的。不过，西蒙很快向他解释清楚了什么是漫画，漫画书又是怎么做出来的，然后就录用了他。事实上，当时西蒙和科比的工作都非常繁忙，不停地加班。尤其是当他们推出的《美国队长》一炮而红后，他们迫切需要额外的人手帮忙（任何人都可以），这样他们就可以更专心地搞创作。

罗比·所罗门是另一个版本的核心，但在这里他是主要人物，也就是西蒙和出版社老板马丁·古德曼的中间人。罗比不仅是西莉亚·利伯的弟弟，他还娶了古德曼的妹妹西尔维娅。尽管古德曼对每个下属都很专横，但他喜欢把家人安排在身边。虽然这层关系并没有挑明，但有罗比的背书，以及与古德曼的亲戚关系，让斯坦利的录用似乎成为理所当然的事情。因此不管西蒙对斯坦利有什么看法，西蒙还是得接受他。据两位漫画历史学家回忆："李的整个出版帝国其实是一个家族企业。"[1] 所罗门本人就在出版社扮演着一个可疑的角色，算是古德曼的眼线，负责检举那些工作不够努力或不遵守公司规章制度的员工。

虽然这个依靠家庭关系的故事是可信的，也进一步佐证了有关马丁·古德曼广泛任人唯亲的传言，但李自己的说法则使他在及时漫画公司的工作更多地变成了一种巧合。他说："我那时高中刚毕业，如果可能的话，我想进出版行业。"李并没有承认是被他舅舅罗比带进到这家出版社的，他的说法是："当时报纸登的一则广告上说一家出版社在招聘助理。"[2] 这个版本不禁让人对李早年的出版生涯产生疑问，而且他的受聘日期通常的记录是 1940 年，但如果按照这一说法，他的受聘日期则会变成 1939 年。[3]

作为一个正在找工作的年轻人，斯坦利可能对漫画书了解不多，但他确实认识到，以他的才能，出版行业会是一个可行的选择。他知道自己会写作，但又无法衡量自身真正的创作才能，而且他对出版公司的运作也知之甚少。虽然古德曼是他的亲戚，但古德曼毕竟跟他这个年轻亲戚没什么来往，所以古德曼也并非刻意把斯坦利带进公司，培养他做管理。尽管这个孩子记得出版商第一次在漫画部看到他时露出的惊讶神情，但没人知道所罗门到底向西蒙使了多少眼色，以及古德曼是否知晓这次招聘。

虽然这个少年天资聪颖又勤奋刻苦，但他还是需要停一停。在经济大萧条的停滞时期，他上不起大学。家庭收入的不稳定迫使他们不得不依靠亲戚的接济来维持生计。他在及时漫画公司最初的工作仿佛是一段漫长的学徒期，日复一日的琐碎工作似乎变成了一所"漫画大学"里的在职培训。

斯坦利尽职尽责地与西蒙和科比合作，在两位前辈创作的时候他也忙着学习业务。这两位都以工作速度快而闻名，斯坦利得以亲眼观摩漫画行业里两位杰出的人才是如何工作的。他从中学到的经验为自己日后职业生涯的腾飞奠定了基础，帮助他成长为一名优秀的编辑和撰稿人，同时也使他具备了生意场上不可或缺的管理能力。

不管年轻的斯坦利在及时漫画公司的工作是基于家庭的关系，还是纯靠运气，抑或恰好是天时、地利、人和，他努力与出版商马丁·古德曼建立的这种长期关系从根本上确定了他的职业生涯。

古德曼于 1933 年创立及时漫画公司，销售廉价、低俗的男性杂志。他无意把伟大的艺术带到世界上，也无意以其他任何方式进行创新。古德曼只看重钱，他想用最省力的方式赚大笔的钱。

虽然古德曼专注于男性杂志方面的业务，但作为一个精明的商人，他密切关注着出版行业的整体趋势。他要求杂志的封面图片必须抓人眼球、暴露、挑逗，尤其是他喜欢的男性低俗杂志封面上那些半裸的女人的图片更应如此，然后再配上如“神奇的科学故事”“神秘传说”等有趣的标题。古德曼和竞争对手们卖的有些杂志过于淫秽，基本上就是色情杂志，所以只能偷偷摸摸地卖，也因此吸引了各种各样的黑社会团体，包括黑手党及其他黑社会成员。他们通过低俗杂志来赚快钱，并使自己或自己的商业利益半合法化。

古德曼宽敞开阔的大办公室位于第八大道和第九大道之间的西 42 街的麦格劳–希尔大厦。在那里，他专注于研究其他出版商的作品，摸清哪些杂志卖得好，然后就把公司的全部精力投入到这股新热潮中。创新并不是他所关心的，他只希望公司能一直保持良好的经营，自己可以过上舒适的生活。和那个年代所有经营低俗杂志的出版商一样，古德曼成长于这个流传着各种可怕的破产和腐败事件的混乱行业，也练就出一身久经考验的快速致富本领。

20 世纪 20 年代，人们对杂志的需求暴增，许多出版商通过发行低俗男性杂志而发家致富。他们通过先进的印刷技术呈现高质量的图片，还打造出更好的分销系统，从而满足公众的急切需求（他们此时有更多的闲暇时间来阅读，也有闲置资金拿来购买杂志）。虽然古德曼等人在杂志行业取得了成功，但由于淫秽的故事内容和艳俗的封面图片，也导致他们成了众矢之的。

为此，很多出版商成立了空壳公司，这样出版书的种类就可以反复无常。一家大公司可能会建立几十家小公司，这样的话，其中一家的倒闭不会拖垮整个集团。在这种情况下，债务可能会被转移到其中一家公司，任其破产，然后资产会由一个秘密的姐妹公司以很低的价格收购。在缺乏监管的情况下，出版商不停地追赶着潮流——从色情的冒险故事，到讲述衣着暴露的少女陷入困境的真实犯罪剧，再到科幻小说。这些杂志的主要特色就是色情内容和封面女郎，诸如《真正的忏悔》和《神秘传说》的书名都是为了迎合男人最下流的欲望。

出版这些低俗杂志的初衷都是为了满足男性的幻想。随后，纽约市的官员开始介入并整顿这一行业，先是威胁报摊，然后是分销商，最后终于轮到出版公司的高管，向他们提起可能会让他们锒铛入狱的淫秽指控。20 世纪 30 年代中期，当经济大萧条席卷全美时，低俗杂志的出版商企图绕开托马斯·杜威等地方检察官制定的规定。杜威是当时纽约市活跃的公共利益倡导者，也是之后的共和党总统候选人。[4]出版商们一直在想方设法规避这些规定，但在维护社会公德法方面，他们还故意比那些言辞激烈的消费者权益团体和政客们领先了几步。

令古德曼始料未及的是，各种力量正在联合起来反对低俗杂志，最终导致另一种杂志开始引人瞩目——漫画书。漫画书由报纸上的连环画发展而来，最初只是将这些连环画重新印刷后装订在一起，便在报摊上销售。大多数漫画都是给孩子们看的，比如，理查德·奥特考特的《穿黄衣的小孩》、巴德·费舍尔的《马特与杰夫》。后来，低俗杂志在故事中加入了更多的英雄人物，以挑逗和娱乐阅读杂志的大众。泰山、野蛮博士和魅影侠都拥有超级英雄的力量、神秘的起源和非凡的能力，成千上万的读者如饥似渴地阅读这些故事。于是，这样一种介于低俗杂志和儿童漫画之间的出版物就诞生了。

1929年，戴尔出版公司出版了《连环画》，这是第一本原创的漫画书，而非报纸的重印本。尽管这本书只短暂地出版了一年，但却启发了其他人来尝试出版独立漫画书。东方色彩出版公司曾为美国东北地区的许多大型报纸印刷彩色的周日漫画。该公司的销售人员盖恩斯在20世纪30年代初期至中期试验了更小尺寸的漫画书，封面标价为10美分。因为宝洁等大公司和金尼鞋等零售商纷纷采购漫画书作为他们促销活动的赠品，《驰名连环画》创刊号很快售罄，其他许多漫画也颇受欢迎。没多久，漫画书的销量就突破了每月 10 万本的大关，而用作促销活动的漫画销量则达到了数百万本。一股漫画热就此形成。

20 世纪 30 年代中期的漫画行业，是由两个近乎神话般的疯狂人物马尔科姆·维勒–尼科尔森少校和哈里·多宁费尔德这对奇怪的组合发展起来的。维勒–尼科尔森有一段不为人知的过去，他描述过自身的很多传奇经历，比如，他曾在第一次世界大战时服役，在俄国与布尔什维克作战。来到纽约后，他成了一名杂志作家，由于他真实地为读者描绘了战争中的千难万险，而获得越来越大的名气。多宁费尔德是来自罗马尼亚的犹太移民，在下东区长大的他学会了拼搏、奋斗，并劝说别人和他一起创业。多宁费尔德在出版界平步青云时，与黑社会勾搭上了（有传言在禁酒令期间，他利用自己在出版界的人脉协助黑手党卖酒）。早在休·赫夫纳创办《花花公子》之前，多宁费尔德就出版过一些等同于色情作品的低俗杂志，它们通常被称为“裸女杂志”。

维勒–尼科尔森同意让多宁费尔德的独立新闻公司经销他新出的侦探漫画系列，两人的命运在此刻有了交集。1937—1938 年，维勒–尼科尔森几乎没有什么偿债能力。由于手头总是很紧，又欠了经销商一大笔钱，他只好同意与多宁费尔德联合创办侦探漫画公司，出版新漫画书的第 1 卷（很快这家公司被简称为 DC）。后来，独立新闻公司通过在拍卖会上买下维勒–尼科尔森的国家联合出版公司，将其扫地出门。根据漫画历史学家杰拉德·琼斯的说法，

“这位田纳西州出生的骑兵少校不喜欢犹太人”，所以和多宁费尔德做生意让他很反感，但“他别无选择”。多宁费尔德和他的亲信们“显然想要掌权”，他们一旦吞并了少校的公司，就几乎已经完成了进军漫画界的举动。[5]

这场关于漫画书的革命尚需一星火花才能在全美掀起一场风暴。在俄亥俄州的克利夫兰市，这一催化剂就在两位认真的业余漫画创作者——苦苦挣扎的编剧杰里·西格尔和画师乔·舒斯特的手中引燃。他们创造的第一个角色——超人，获得了巨大的成功。经过漫长的出版过程，这位超级英雄出现在了《动作漫画》创刊号的封面上。在漫画中，超人将一辆汽车举过头顶，破碎的汽车头部一下飞了出去，旁观者惊恐地逃离现场。起初，没人想到超人能引发如此大的轰动，但几个月后，多宁费尔德看到了销量数据，这也印证了报摊老板告诉他的消息：他的书大受欢迎。最终，《动作漫画》为多宁费尔德的侦探漫画系列贡献了每月 100 多万册的销量。1939 年年初，独立发行的《超人》漫画书卖出了 90 万本。遗憾的是，西格尔和舒斯特与几乎所有的漫画编剧、画师一样，抛售了该角色的版权。因此，以最初定的每页 10 美元的价格计算，他们写出的第一个超人故事让他们总共赚了 130 美元。

“超人热”引发了各大媒体上的营销，包括报纸连载、广播节目和系列动画片。据一位作家说，广播节目进一步推广了超人这一形象，“截至 1941 年，连环画已经卖给了近 300 家报纸”。多宁费尔德聘请的宣传人员称：“有 3 500 万人在至少一种媒体上追读超人的故事。”[6]在媒体渠道之外，还有无数的周边商品可供出售，包括收藏卡片、徽章和金属人偶，这些产品最终让这位出版商赚得盆满钵满，甚至大大超出了他自己的预期。

多宁费尔德甚至也加入了这场潮流，他在燕尾服下穿了一件超人T恤。当他在纽约市的酒吧餐馆里与朋友、情人痛饮狂欢的时候，人们会带着敬意指着他说："这就是出版《超人》的人。"不过多宁费尔德从来都谨言慎行，除非有一些小事故发生，他才会一跃而起，扯开白色礼服的衬衫，露出里面英雄的标志。[7]

眼看着竞争对手把这个流行题材当成摇钱树，古德曼可不会袖手旁观。他也顺势加入了漫画书的潮流。曾在东方发行公司与古德曼合作过的连环画公司销售经理弗兰克·托毕力劝古德曼成立一个漫画部门。两人达成协议，及时漫画公司负责出版比尔·埃弗雷特和卡尔·伯戈斯的作品。这两位几乎不为人知的编剧同时也负责作品的绘画。他们的超级英雄，也就是焦虑的海王纳摩和苦恼的机器人——初代霹雳火，成了首期《漫威漫画》里的核心人物。这本漫画是古德曼于1939年8月底出版的。向来谨慎的古德曼对漫画书采取了一种保守的观望态度，把漫画系列的生产一股脑儿地外包给了连环画公司的团队。[8]

第1卷仅在9月份就卖出了8万册，最终销量是80万册，超过了多宁费尔德出版的大多数漫画，甚至比肩《超人》的销量。《漫威漫画》很快就变成《漫威神秘漫画》，并专注于这两个大获成功的超级英雄。[9]随着该系列漫画的不断发行，海王纳摩和初代霹雳火变得越来越强大了，换句话说，他们越来越像超人了。然而他们并不是这个新兴产业中唯一模仿超人的漫画角色。几十家出版商涌入这个市场。纽约市的画师和编剧们不停地接到类似的电话：“快给我找到下一个超人！”

古德曼决定自己雇佣画师和编剧，而不再付钱给连环画公司的团队。他不想过度依赖他们，因为这会导致不断增长的漫画业务被外人控制。他给经验丰富的自由职业者乔·西蒙开出了每页 12 美元的价格，远高于这位编剧兼画师给连环画公司工作时的价位。西蒙还带来了一位名叫雅各布·库兹伯格的年轻画手。来自下东区的硬汉库兹伯格曾是黑帮成员，但后来迷上了创作漫画英雄。他早年的经历包括在著名的弗莱舍兄弟动画工作室工作，参与动画片《大力水手》《贝蒂娃娃》等的制作。这位年轻的画师创作作品的速度之快可谓前所未有，给每一个与之共事的人留下了深刻的印象。

后来，这位画师以新笔名杰克·科比与西蒙达成了合作。最初，他们为新奇出版社合作了一个由西蒙创造的名叫布卢·博尔特的角色。文案功夫够好的创意团队比比皆是，但西蒙和科比却想出了如何创造真正的爆款的方法，而且他们每个人都可以独立完成从写作、铅笔绘图到绘制封面的每一项工作。当他们被问及在某个项目中他们各自的任务是什么时，西蒙耸耸肩说：“每个部分我们两个人都参与了。”[10] 由此，两人建立起长达 16 年的搭档关系，直到“二战”把他们分开。

古德曼意识到西蒙和科比才华横溢、非比寻常，与此同时，漫画市场又在飞速发展。他很看好两人的前景，于是决定赌上一把，在按页计费的基础上又向他们支付版税。1939 年年底，他给了西蒙一个全职岗位，让他担任及时漫画公司的首任编辑，尽管西蒙在此之前已经在负责这个职位的工作了。[11] 之后，西蒙又说服古德曼以比其他画师更高的单页价格雇用他的搭档科比，并解释说，科比的工作速度如此之快，给他开出稳定的周薪绝对值得。西蒙和科比的双人组合开始全力为及时漫画公司打造新的作品。古德曼故意让漫画部门保持小规模，直到感觉可以获得可观的回报率，他才真正愿意投入资金。

古德曼不喜欢事无巨细的管理（尽管他总是对封面设计和是否增加新角色而过分担心），他几乎把整个漫画部门都交给了西蒙和科比。在经历了包括《红乌鸦》和第一代《幻视》在内的几次销量低谷之后，两人终于开始驾轻就熟。他们一起创作了《美国队长》，尽管两人对创作中各自发挥的作用各执一词，都说自己功劳更大。史蒂夫·罗杰斯（美国队长）的超能力来自军方试验的超级血清，这种血清让他几乎战无不胜。西蒙和科比意识到他们创造的爱国英雄得有一个完美的反派对手，于是把希特勒放在创刊号的封面上：邪恶的纳粹士兵朝队长开枪，却只是在白费力气，他用一记强有力的右勾拳把希特勒打得差点儿跌倒。

在西蒙和科比负责漫画部门之后，古德曼继续专注于低俗杂志业务，其中包括《欢乐》《神奇侦探案件》《离奇故事》等 20 多个系列。与此同时，他也因为海王纳摩和初代霹雳火迅速大赚了一笔。1940 年 12 月 20 日，西蒙和科比的《美国队长》第 1 卷出现在书报亭中（漫画书封面的日期总是提前 3 个月，所以正式日期是 1941 年 3 月）。据一位作家说，这本漫画书“销量接近《超人》，达到了 100 万册”。[12] 瞬间，及时漫画公司就走红了。西蒙和科比在创造《美国队长》后一举成名。老牌的 DC 漫画公司曾推出业界最火的两个 IP——超人和蝙蝠侠，而美国队长是真正意义上第一个并非出自 DC 漫画公司之手而大获成功的超级英雄。

西蒙聘用了斯坦利，给他找了一个地方办公。23 岁的科比和 27 岁的西蒙比斯坦利年纪稍长，也更富有经验，他们在现代漫画产业孕育之初就已经入行。西蒙曾在意大利锡拉库扎的报社工作，对混乱的出版行业了如指掌。虽然西蒙并不觉得自己是一个伟大的商人，但他洞察到了内容创造者所拥有的力量，为他自己和搭档科比争取到了比当时其他人都要优越的条件，甚至连西格尔和舒斯特组成的“超人奇迹团队”也不如他们。

尽管人手不足，古德曼和他的管理团队也不够赏识他们，但西蒙和科比二人还是开始在漫画业务的经营上慢慢上手。随着初代霹雳火、海王纳摩和美国队长成为主要的超级英雄并在读者中广受欢迎，一股狂热的能量业已形成。

年轻英俊的斯坦利有着一头浓密的黑发，总是面带微笑。他加入了新老板的团队，坐在了拥挤的办公室里。形成鲜明对比的是，他的上司们粗鲁得很，几乎不停地抽雪茄，把房间里弄得烟雾弥漫。

起初，西蒙让斯坦利干的都是些杂活。“我要帮他们灌墨水，买三明治，还要校对书稿。”李回忆道，“有时，校对的时候我会说：‘这个句子感觉不太对。应该这样写。’‘那就改呀！’他们不在乎！”[13]

为了想方设法让自己成为众人关注的焦点，斯坦利还在办公室里吹笛子。这搞得科比很烦躁，他经常随手就朝这个年轻的学徒身上扔东西。西蒙则会在他的搭档越来越激动的时候在一旁哈哈大笑。科比是个典型的艺术家，他对画画有一种近乎偏执的狂热需求，不仅要一刻不停，而且还要画得快。

西蒙和古德曼在《美国队长》大受欢迎的浪潮中激流勇进，设计了更多相关的角色，以扩大超级英雄的阵容。他们为主角们创造了一些年轻的左膀右臂：美国队长的助手巴基，他在第 2 卷里踢了希特勒的肚子；初代霹雳火的助手托罗是一个表演口吞火把的马戏团演员，也能突然燃起火焰，与坏人战斗。DC 漫画公司的蝙蝠侠有罗宾，因为漫画作者认为，这样一个少年助手会帮助超级英雄吸引年轻读者。蝙蝠侠的成功引发了少年搭档的热潮。但是新角色也增加了工作量。科比和西蒙不得不找一些自由职业者来帮忙赶进度。接着，他们又突然抛给斯坦利一些用于补白的奇怪故事，来测试这个孩子是否有天赋。

西蒙和科比随手丢给这个少年为《美国队长》第3卷（1941年5月）写故事的任务，该卷的标题为《美国队长挫败了叛徒的复仇》。这个故事也使斯坦利开始启用新身份“斯坦·李”，他用这个笔名是为了把真名留给自己将来可能要写的小说。根据出版时间表显示，他写这个故事的最迟时间可能是在1941年2月，但也可能是在那之前。这个日期很重要，因为它足以说明斯坦利的职业发展。假如他于1939年年底紧随科比和西蒙之后加入公司的话，那时这两位前辈正在努力地打造《美国队长》，应该没有什么写作的活儿可以分给斯坦利来做。但如果是在1940年年末（该时间可能更加准确）加入该公司，斯坦利则可能很快开始执笔，因为当时的西蒙和科比手忙脚乱，既要筹备《美国队长》和其他一些早期作品，又要编辑且监督初代霹雳火和海王纳摩的制作。

后来李自己承认，那两页的故事只是用来充数，使漫画书可以“达到邮局的页数标准，获得邮费上的优惠”。同时他也承认：“我并不介意从来没人花时间读它们。因为我出版过作品了，是一个职业作家了！”[14] 西蒙很欣赏这个年轻人在完成任务时的热情和勤奋。

在一张美国队长击倒一个男人的动态画面旁边，配着斯坦利第一次为西蒙和科比写的文章。这两页纯文本的故事夹在另外两个故事之间，一个是关于一个恶魔杀手躲在好莱坞逍遥法外的故事，另一个则是有关一个纳粹独裁巨人和另一个身着蝴蝶服的杀人凶手的故事。“这给了我一种庄重感。”李回忆说。[15] 虽然当时很多读者可能忽略了这篇文章，这个年轻人在后来的写作中呈现出的独特、大胆激昂的语言及诙谐的文字，已在这篇早期文章的节奏和风格中初露端倪。

反派卢·海恩斯非常邪恶，尽管我们无从知晓他到底做了什么坏事才得到了“叛徒”的绰号。剧情是典型的李式风格，这个坏人对基地指挥官史蒂文斯上校咆哮道：“我要警告你，我一定会回来找你算账的。记住我的话，你会为此付出代价！”在与坏人的肉搏战中，就在读者以为英雄可能难逃一死的紧要关头，美国队长给了他致命的一击。“没人能承受如此重创，”这位少年写道，“海恩斯立刻松开了手，瘫倒在地，失去了知觉！”[16] 第二天，当上校问史蒂夫·罗杰斯头天晚上有没有听到什么动静时，罗杰斯说他睡得很沉，没听见任何吵闹声。史蒂文斯、罗杰斯和助手巴基一起开怀大笑起来。这个“叛徒”的故事当然尚未充分显露出斯坦利后来的自信和与读者之间的默契，但已经能表明他正在培养对观众的理解，他特有的风格和节奏也正在形成。

在《美国队长》第5卷（1941年8月）中，李完成了自己第一个“真正”意义上的漫画故事，这个题为“标题猎人，外国记者”的5页补白不是简单的文本，而是传统的漫画故事。报社记者杰瑞·亨特正在饱受战争摧残的伦敦寻找独家新闻。这位记者其实算不上什么超级英雄，但狡黠的他展现出了超强的力量，一身时髦的蓝色西装和红色领带让他看上去有点儿像美国队长。

最后，亨特成功阻止了纳粹分子窃取英美两国之间的海军货运路线图的计划，甚至在此过程中还炸毁了德国的一个军火库。在故事的结尾，亨特对美国大使说：“哦，天啊，这不算什么！另外，快瞧瞧我这篇一流的独家新闻。”青涩的语言和夸张的语气呈现出李已经开始显露的漫画风格。从亨特的行为举止和说话方式来看，他可能是蜘蛛侠彼得·帕克的雏形。鉴于它只是广受欢迎的《美国队长》漫画中的一个补白，这个故事只能算是得体的。但比起同一期上的《洞穴男孩图克》来说，真的要好太多了，这篇抄袭泰山的文章把洞穴人描述得很夸张。当时那期漫画有 60 多页，美国队长的文章占了三分之二，补白故事的作用是为了扩充页数，降低邮费。

李不满足于自己发表的第一篇超级英雄的文章。他能这么快从勤杂工变成编剧和编辑，主要是因为漫画的迅速流行导致及时漫画公司需要以有限的资源来满足市场需求。及时漫画公司的团队很小，这就迫使年仅十几岁的李也要开始创作内容，承担起新的角色。

李想成为作家的渴望、市场对内容的需求，以及紧张的出版进度，共同推动着这个年轻人创造出第一个属于他自己的英雄角色。就在他的第一个超级英雄故事刊载于《美国队长》第 5 卷的同月，他还在《美国漫画》第 1 卷（1941 年 8 月）中引入了杰克·弗罗斯特这一角色。

虽然这是李的首部个人作品，但杰克·弗罗斯特的故事充满了李特有的对话风格和激情。当“寒冷之王”在他“永恒的死一般寂静”的国度里发现一个垂死之人时，他发誓要将凶手绳之以法。他大声喊道：“死了！我听说世界各地犯罪猖獗，但现在它已蔓延到我的国土……我要报仇雪恨，杜绝更多类似的事情发生！”杰克·弗罗斯特甚至可以说得上是一个反英雄的人物，他主动提供帮助却被纽约市的警察局长误会，探长还拿他寻开心。最终，杰克·弗罗斯特救下了陷入困境的少女，消灭了一群“孱弱的恶人”。故事的最后，弗罗斯特站在了警察的对立面，当警察试图逮捕他时，他说：“受到这样的待遇之后，我改主意了，既然不能一起共事，我就只能和你作对，下次见面的时候你可得小心点儿！”超级英雄既可以行善，也可以作恶，或者至少是一个矛盾体，这样的想法已经在李脑海中有了雏形。

鉴于李在《美国队长》系列中的写作经验，他用一个类似的起点来塑造另一个同样成功的角色也就不足为奇了。这个角色就是他与画师杰克·宾德联合创造的“破坏者”。出现在《神秘漫画》第6卷（1941年10月）封面上的超级英雄是记者凯文·马洛，他因被指控为希特勒纳粹德国的间谍，而被关进了集中营（当时该词还没有和犹太人大屠杀联系在一起）。与美国队长产生联系发生在马洛被注射了一种超级血清后，他获得了超凡的力量，变成了以一个头骨作为标志的“破坏者”。同美国队长一样，这位超级英雄与纳粹作战，破坏了希特勒的残暴势力。

“破坏者”从未成为像美国队长那样家喻户晓的人物，但当这个角色在饱受战争摧残的欧洲与邪恶、可怕、被描绘成不人道和充满兽性的纳粹军队作战时，销量有所上升。为了掩盖自己的身份，“破坏者”穿上了血红色条纹的裤子，戴上了深红色的长手套。这身装束让“破坏者”看起来就像他所对抗的恶棍一样不人道。

从某些方面来看，漫画发展的初期可谓是一场人才争夺战。当西蒙和科比成为漫画界最热门的创意二人组时，他们发现自己同时受到了其他出版商的追捧。其他出版商开出的价码太诱人了，尤其是对总担心缺钱的科比来说。两人在及时漫画公司总部附近租了一间酒店房间，用作工作室，午饭时间和下班后都在那里做兼职。那时，整个漫画业似乎都依赖于这种暗箱操作，漫画作者们为了获得最好的价格，让一家（或多家）出版商相互竞争。大多数创作者只是按页计价，但是西蒙为自己和科比争取了更好的条件。

据西蒙说，当他和科比冒险离开办公室时，李经常跟着他们。有一次，当两人偷偷溜到酒店的工作室时，李追了上去。因为甩不掉李，他们只好让他进去。在那一刻，李终于意识到原来这两人在为DC漫画公司创作漫画角色。西蒙说他接着就“让李答应保密”，尽管“我觉得在漫画界，发生的一切大家都知道……圈子里没秘密”。[17]

西蒙已经感觉不妙，再加上漫画行业的同人常会因为一页收费多少、为哪个出版商工作而相互嫉妒，因此他们最终被及时漫画公司发现并解雇，也就不足为奇了。西蒙在他的回忆录中写道，在创作《美国队长》第 10 卷的时候，阿贝、戴夫、罗比等几个古德曼家族的公司职员挤进了办公室，与西蒙和科比对质。

“你们在给 DC 漫画公司干活，”阿贝指责两人，“你们对我们不忠，你们应该为自己的行为而感到羞耻。”西蒙回忆道。[18]

接着，阿贝给他们下了最后通牒：完成那期《美国队长》之后，他们就会被解雇。然而，古德曼家族里的一个准成员当时不在场，西蒙解释说：“斯坦不见了。”[19]

虽然西蒙只是觉得被解雇“非常丢人”，但这件事却激怒了科比。科比把“枪口”对准了李，因为时机似乎太过巧合，而他与古德曼家族的关系又非常紧密。“科比一直觉得是斯坦向他舅舅告状说我们在帮 DC 漫画公司工作，”西蒙回忆道，“他从没放弃过这个念头，一生都在恨斯坦，一直恨到自己去世的那一天。”西蒙不愿像科比那样走极端，在后来的回忆录中，他对科比的暗示提出了质疑。[20]

若科比果真从未摆脱被解雇的阴影，一生都恨着李，那这就又给这对后来彻底变革漫画的创意二人组之间的关系增添了一道波折。首先，他们必须一起处理（或埋葬）该事件。然后，在漫威的全盛时期，他们需要找到并肩作战的方法，年复一年，月复一月，不断推出一期又一期漫画。后来，他们为到底是谁在著名的漫威超级英雄的创造中起了更重要的作用而起了争执，可谓旧恨未了，又添新仇。

李对这一事件的回忆则全然不同。他记得古德曼发现西蒙和科比在给竞争对手 DC 漫画公司做兼职后，亲自把他们扫地出门了。李说："万万没想到，乔和科比竟然离开了及时漫画公司！听说理由是他们在给 DC 漫画公司做兼职。"他接着说："事实上，我从来不知道他们究竟为什么离开。只知道，突然之间我就开始负责漫画了。"[21] 早前，李称"1941 年乔和科比离开及时漫画公司"是"一件出人意料的事情"。他还把这归结为"运气"，并认为"似乎生活中绝大多数事情靠的都是运气"。[22]

西蒙和科比的突然离职是李职业生涯中的又一个谜。要是他果真把导师出卖给他的舅舅或其他职员，那手段也确实是太卑劣了。但若干年前穷困潦倒的生活依旧历历在目，这可能是他背叛的动机。或者也可能如西蒙所说，这是一个公开的秘密，即马丁·古德曼不得不接受挑战。古德曼并没有忍受不忠，科比和西蒙团队一手打造的销量爆款《美国队长》让他赚得盆满钵满。也许古德曼决意让李或其他创意团队接手《美国队长》，从而将损失降至最低。

光靠主观臆测的话，有可能会出现各种观点。不过证据表明，事实上各方都存在严重的欺骗行为。一方面，古德曼和他的会计师们当时正在剥削这个艺术团队，通过少报销量来减少他们应得的利润份额。另一方面，西蒙和科比偷偷用及时漫画公司的资源为 DC 漫画公司和其他出版商工作。他们打算加入 DC 漫画公司，与 DC

漫画公司秘密协商了总共500美元的周薪，但因为他们想找到过渡方案，并继续同时从这两家公司赚钱，所以还依旧领着及时漫画公司发的薪水。

即使是像李这样想象力丰富的少年，也做梦都想不到自己年纪轻轻就接管了整个漫画部门。除了年纪小，他最大的劣势就是完全没有管理经验。好在这个部门规模很小，基本只有李一个人。古德曼似乎既不担心这个部门的发展，也不打算管得太细。画师阿尔·阿维森和西德·肖尔斯负责继续画美国队长，而李则接手了写作的工作。[23]

不过，《美国队长》的成功确实给李的继续创作带来了额外的压力。但他根本没有时间去思考这一切，出版日程不等人。西蒙和科比二人是在创作《美国队长》第10卷时被炒鱿鱼的，而漫画的封面日期是1942年1月，所以他们离开及时漫画公司的时间应该是在深秋。

在被推到一个计划之外的领导岗位上以后，李做了一件极聪明的事，就是模仿科比和西蒙。他在各种各样的项目上埋头苦干，几乎一刻也没停过。他回忆道："我要负责所有的故事，不是自己写，就是花钱雇别人写。”他的工作范围也扩大了。“工作的时候，我既是编辑也是美术总监，因为你不可能只编辑故事，而不去管绘画是不是恰当、能否提高故事的质量……故事也要能增强美术效果。两者必须相辅相成。”[24] 当比他年长、经验更丰富的两位导师离开公司去了DC漫画公司之后，这个十几岁的孩子突然之间就成了主笔、总编和美术总监。所有的部分必须结合在一起，他的工作重点就是管理整个流程。

这位少年编辑必须拿出成果。他没有给读者营造一种他在唱独角戏的感觉，而是用了一些极易被看穿的笔名，比如，斯坦·马丁、尼尔·纳特斯，还有其他在真名的基础上稍加改动的名字。及时漫画公司上色部门的经理斯坦·戈德堡说，李是当时“唯一的编辑”。戈德堡记得，他有一位名叫阿尔·苏尔曼的助理，但工作并不多，还有两位女行政助理。[25] 美术方面，李要和自由职业者一起完成科比未尽的事宜。幸运的是，他身边有不少才华横溢的画师和编剧，包括画师亚历克斯·尚伯格、伯戈斯和埃弗雷特，他们参与了及时漫画公司很多流行漫画的创作。

在写作的巨大压力下，这个少年的产出比谁都多，而且写得也更快——几乎是科比的翻版。但他的作品在质量上存有争议。

“李早期的漫画作品几乎没什么开创性，”漫画编剧兼历史学家阿里·卡普兰解释说，“他在20世纪40年代创作的超级英雄漫画和其他人都差不多，在马丁·古德曼的监督下，几乎没什么创新和塑造复杂人物的空间。”[26] 但画师戴夫·甘茨却惊呼道：“我那时觉得他就是漫画界的奥森·威尔斯①!”[27]

古德曼可能只是想在他找到合适人选之前让这个孩子临时替代一下，但是李抓住机会证明了他能胜任这项工作。而且恰巧李真的是唯一有能力管理这个部门的人。“我觉得他肯定是想找一个成年人，”李回忆道，“但很显然，他的这个想法持续时间不长，并最终放弃了寻找。”这位十几岁的编辑给自己起了个新名字叫“及时漫画先生”。[28] 于是李开始打磨自己的写作技巧，担任主笔，编辑自由职业者的作品，还监督绘画。随着工作职能的逐渐完善，他慢慢成长到可以胜任这份工作了。

---

① 奥森·威尔斯，美国演员、导演、编剧、制片人。代表作有《公民凯恩》《第三人》《历劫佳人》等。——译者注

第三章　军中剧作家

1942 年，美国断断续续进入全面备战状态。珍珠港事件或许加速了这一进程，但要将一个刚刚开始从大萧条中逐渐恢复的经济体转变为一台全球战争机器，需要时间，也需要全面的协调。

战争绝不仅仅只与战场和战略相关。美国的战备和整个冲突的解决都依赖于美国工业的广泛支持。大大小小的公司、企业都必须加入这个错综复杂的基础设施网络中去支持这场斗争。尽管战争动员影响了国内的平民百姓，但他们都团结了起来，采取了一切必要的措施来帮助海外战场上的部队。

年仅 19 岁的斯坦 · 李意识到，当无数年轻人在战场上抛头颅洒热血、拼尽全力对抗纳粹战争机器的时候，他便不能继续待在国内领导漫威了。他的首篇出版作品就是关于美国队长的，这位超级英雄在创刊号的封面上打倒了希特勒。因此对他来说，置身事外是绝无可能的。1942 年 11 月 9 日，李应征入伍，此时距离他的 20 岁生日还有 7 个星期。

陆军部队需要聪明的士兵，所以会用“陆军通用分类测试”来评估应征者的智力和能力倾向。新兵里 5 个级别都有，但因为陆军通信兵的工作技术含量高，所以招募的人员多是在测试中获得较高级别的。就在李入伍之前，大约 39% 的新兵测试结果为 Ⅰ 类或 Ⅱ

类，但到 1943 年，这一比例跃升至 58%。李的智力让他获得了足够高的分数，因此他得以进入通信兵部队。[1]

古德曼对自己的主编要上战场这件事深感不安。没人知道这场战争会持续多久。其他一些画师和编剧总是仓促地填满页面，等到最后一分钟才把稿子起草完毕。但古德曼也不好说什么，毕竟战争之外的任何事情都可能被视为不爱国。

虽然很多漫画家和画师都去了国外，这当中大多数人都和杰克·科比一样，置身于敌人的炮火之中，李却有幸留在了美国。他转去了通信兵内部的一个特殊部门，从事指导影片和其他战时信息材料的制作。李之前为古德曼工作的经验派上了用场。他写文章很快，风格又轻松活泼，新兵和其他受训者都能看得懂。陆军部队也欣赏这样的特质，因为战备的效果取决于跨越无数专业领域的强大的沟通技巧。

李留在国内还有另一个好处，那就是距离及时漫画公司相对比较近，方便他继续为漫画部门工作，给古德曼的杂志撰写文章，也让他得以时刻把握行业动态。所以，当许多漫画人物在战争中几乎消失的时候，李依然在磨炼他的技能。他一方面努力地履行军职，撰写文章，甚至画一些卡通人物；但另一方面，他工作狂的本性还是占了上风，下班后他花了大量时间为古德曼工作。

战时的漫画产业蓬勃依旧，《美国队长》仍然是及时漫画公司最受欢迎的作品。据知情人士透露，到 1943 年，书报亭上售有 140 多本漫画书，“每个月有 5 000 多万人阅读”。但由于战争动员时的纸张是限额配给的，只有大约 100 本漫画书能够保存到年底。[2]供纸不足在一定程度上限制了这个新兴产业的发展，但军人对漫画书的需求却不断飙升。比如，1944 年，福西特出版公司的《惊奇队长历险记》卖出了 1 400 万册，同比增长了约 21%。超级英雄人物提升了销量，但出版商们也在不断拓展其他领域，比如用幽默故事、搞笑动物故事、青春期爱情故事等来对冲风险。[3]

随着销量的攀升，漫画出版商也变得富有起来。突然间，古德曼似乎有了点石成金的魔力。痴迷的读者也给李带来了稳定的收入。他既能领取军饷，又能从及时漫画公司的兼职中获得额外收入。在这之前，李从没发过大财，但战争带来的机遇却让他手头宽裕起来。

决定志愿参军的时候，李已经在及时漫画公司当了一年的主编。他大部分时间都在创造新角色和保持畅销漫画的持续发行，特别是《美国队长》系列。

但在战争期间，李和古德曼需要找一个编辑来代替他。他们求助于李的朋友、画师文斯·法戈，他是早期的动画师之一，曾为著名的马克斯·弗莱舍经营的弗莱舍工作室制作过《超人》《大力水手》和《格列佛游记》。科比在职业生涯早期也曾在这间动画工作室工作过。弗莱舍公司的竞争对手是在动画产业利润颇丰的迪士尼公司。二者的不同之处在于，弗莱舍关注的是人物角色，比如贝蒂娃娃和小丑柯柯，而不是会说话的老鼠、鸭子、狗等其他拟人化的角色。后来，弗莱舍兄弟把动画公司卖给了派拉蒙影业公司。

"你觉得我的工作怎么样？"李问法戈。[4]

法戈知道李和古德曼雇用他是为了让公司的漫画部门能正常运转，但在战争期间，公司已经不一样了。人们的兴趣变了，许多读者想看的是更轻松的喜剧。迪士尼的角色和弗莱舍的动画大受欢迎，打开了儿童市场。像古德曼这样一个不断追逐、模仿的人，很快就加入了这场卡通的潮流。法戈的专长就是制作小孩子喜欢的有趣的动物卡通，所以由他接手李的工作合情合理。另外，担任古德曼的主编还能有每周 250 美元的稳定薪资。

迪士尼把其角色的漫画版本授权给了戴尔出版公司。古德曼参照迪士尼，将及时漫画公司转变为迪士尼的简化版，推出了一系列有趣的动物漫画，出版了《喜剧漫画》《小丑漫画》等。其中一些角色是李设计的，比如齐吉猪猪和西利海豹，是他和后来担任《疯狂》杂志插画师的阿尔·贾菲一起创作的。喜剧双人组中的齐吉是聪明理性的那个，而西利则是搞笑笨拙的那个，它们与塔菲猫展开了较量。塔菲猫穿着裤脚磨破了的鲜红色裤子，吊带也不相配。它们的滑稽所引起的热烈反响，帮助及时漫画公司顺利度过了战争时期和随后的其他时期。这对喜剧双人组单独的一系列漫画书一直出版至 1949 年 9 月。[5]

及时漫画公司推出的角色越来越受欢迎，以至于法戈几乎跟不上需求，这也是公司在发展初期一直面临的问题。他估计每本漫画的印刷量约为 50 万份。“有时我们一周至少要出版 5 本书，”法戈回忆道，“看到销量数据就会知道古德曼当时已经是个百万富翁了。”[6] 古德曼一直密切关注漫画读者的动向，以及竞争对手的作品，因此他真正的聪明之处在于，对新的题材进行深思熟虑之后大胆进行尝试，并根据其他出版商的销售情况来推断流行趋势。

在儿童市场取得成功后不久，古德曼就推动及时漫画公司向女性读者发起了攻势。“美国小姐”是一个十几岁的少女，继承了大笔财富，她在被闪电击中后获得了超人的力量和飞行能力。她第一次出现是在《漫威神秘漫画》第 49 卷（1943 年 11 月），封面上的初代霹雳火和托罗挫败了一艘日本战舰。1944 年 1 月，《美国小姐》有了自己的单行本。然而，由于销量低于古德曼的预期，他们把下一期杂志推迟到了 11 月，将其更名为《美国小姐杂志》（第 2 卷），由一位身着漫画中“美国小姐”服装的真人模特作为封面。随着新形象的出现，新内容也随之而来。法戈和他的团队逐渐淘汰了超级英雄题材，转而关注少女话题。

李的基础训练是在新泽西州的一个大型基地蒙茅斯堡进行的。陆军通信兵就驻扎在那里。研究人员在这支队伍和这个基地中发挥着举足轻重的作用。几年之前，研究人员在这里研发出了雷达和极其重要的手持无线对讲机。在接下来的几年里，他们要学会使用月球反弹①。[7]

在蒙茅斯堡，李学会了如何连接通信线路并进行修复，他觉得这是在为海外作战任务做准备。陆军战略家们认识到战争的胜败往往由基础设施所决定，所以通信兵在现代战争中为保持通信畅通发挥了重要作用。即使在不断招募天资聪颖的新兵，通信兵的数量也难以满足战争的需要，因此，在密苏里州的克劳德营和加州萨克拉门托附近的科勒营开设了额外的培训中心。在基地里，李也要完成所有士兵都得执行的日常任务，比如，在周边巡逻，在新泽西寒冷的冬季提防敌方船只或飞机发动突袭。李说，从大西洋刮来的寒风几乎把他给冻僵了。

然而，当李的上级官员意识到他是一名编剧兼漫画编辑时，他在海滨的任务就结束了。他们把他分配到恰好位于皇后区的阿斯托

---

① 月球反弹，也叫作“月面无源发射通信”，是一种无线电通信方式。在这种方式中，月球被当作一个被动的卫星。——编者注

里亚的影片培训部。他与其他 8 名画师、制片人和编剧一起创作了一系列的公关作品、宣传内容和信息共享文件。正是撰写剧本的能力为他赢得了这次调任的机会。李做的是辅助性的工作，担任类似职位的军人还有很多。到 1943 年年中，通信兵中共包含了 27 000 名军官和 287 000 名士兵，除此之外，还有 5 万平民与他们并肩作战。

陆军在阿斯托里亚的第 35 大道和第 35 街购买的改建建筑是通信兵的摄影中心所在地，官方摄影师和制片人都驻扎在此，负责战争时期的一些后勤工作。梅尔文·吉列上校负责指挥这个中心，他之前是在蒙茅斯堡的电影制作实验室担任相同的职位，直到 1942 年 2 月陆军购买了皇后区的这个场地。摄影中心搬到皇后区大约 9 个月后，李应征入伍。在吉列的监督下，士兵们对这座始建于 1919 年的破旧电影制片厂进行了大规模的翻新改造，其设备基本达到好莱坞大型电影制作公司的水准。

吉列和其他陆军官员意识到，军队需要数量空前的培训影片和辅助工具去培训来自全美各地、教育程度参差不齐的新兵。还有一些包含敏感内容和高度机密的材料，需要军方全面控制从脚本撰写、拍摄，到之后储存的整个过程。该中心于 1942 年 5 月启用，很快成为服务于战争的整个影片和摄影工作的行动总部。

位于长岛阿斯托里亚的这座摄影中心，从外观来看甚是宏伟。一排高大的圆柱守卫着前门，两侧是一排排又高又窄的窗户。陆军在里面建造了东海岸最大的录音棚，让制片人可以重建或模拟任何类型的军事场景。

李想办法融入了这一小群作家的圈子。“我编过培训影片、搞过剧本、做过海报，还写过教学手册，”李回忆道，“我是这个时代伟大的老师之一！”[8]这个杰出部门的成员包括许多著名的或即将成名的人，从3次获得奥斯卡奖的导演弗兰克·卡普拉、《纽约客》漫画家查尔斯·亚当斯，到童书作家兼插画家西奥多·盖泽尔。而盖泽尔那时已经以“苏斯博士”的笔名而举世闻名了。在停工或休息期间，办公室里流传着他的那些故事。

李在编剧工作区占了一张桌子，就在著名作家威廉·萨洛扬右边，当时，这位反战主义作家刚来这儿工作的时候还是很有名气的。萨洛扬因1939年的话剧《你这一辈子》获得普利策奖，他大部分时间都在曼哈顿的一家酒店里写作。萨洛扬当时拒绝了领取普利策奖，这让他在读者和其他艺术家中更受欢迎。后来，陆军把他派到伦敦去拍摄影片。李和包括编剧伊万·戈夫和制片人小亨特·斯特龙伯格在内的其他人一起，获得了美国陆军军事职业专业的正式称号——剧作家。[9]

尽管在纽约市已经建有一个全流程的生产中心，一些陆军部门还是需要李和他的同事们到现场工作。他担任临时勤务（军事术语叫TDY）的时候去了许多营地，主要奔波于美国东南部和中西部，在北卡罗来纳州、印第安纳州等地待过。每个基地都迫切需要简明易懂的指导手册、影片或其他公关材料。随着大量人员通过强制征兵或主动应征入伍涌入军队，军队很难保证每个人都能得到全面的训练。每次在写剧本、影片，以及在战斗中使用军事装备（还有其他一些他知之甚少，甚至一无所知的东西）时，李总是想方设法地简化信息。他说："我经常把整个培训手册做成漫画书的形式。这是一种很好的教育和沟通方式。"[10]

一份临时工作让李深入到美国的心脏地带——印第安纳州的本杰明哈里森堡，就在印第安纳波利斯东北部。对于一个在纽约市长大、从来没真正去过乡下的男孩来说，来到这里肯定会觉得很震撼。他在陆军财务部工作。因为陆军有金融背景的新兵不够多，财务部似乎总是疲于应付薪资管理，亟须培训手册和影片。[11]

看着那些想当会计和薪酬专员的人在各种军事训练中行军，李注意到他们无精打采、死气沉沉。所以，他为他们写了一首歌，让他们可以一边行军一边唱歌。歌曲以著名的"空军之歌"为基础，插入了新的歌词。这位精力充沛的编剧写了一些简单好记的歌词，比如，"我们写作、计算、静心等待，不要开枪"，这首歌给队伍注入了活力，让操练的氛围更加活跃。

另一个项目也能说明在战争年代这位年轻的军人在陆军部队做的工作。财务部的高层意识到对薪资管理人员的培训花了他们太多的时间，于是他们就让李重写指导手册，以提高培训项目的效率。因此，李创造了一个卡通人物，以举重若轻的方式处理培训手册，帮助受训人员轻松愉快地学习正确的操作方法。"我重写了枯燥的军队薪资手册，让它们读起来更简明易懂，"李回忆道，"我塑造了一个名叫财政弗雷迪的角色，他想要讨薪水。我利用这个角色设计了一个游戏，还加入了几个小笑话，最后成功地将薪资管理人员的培训时间缩短了50%以上。我觉得自己单枪匹马地赢了这场战斗。”[12]很明显，李意识到幽默可以帮助大家轻松掌握复杂的流程。

接着，李又开始了另一个项目，他称之为“有史以来接到的最奇怪的任务”。[13]这项工作的重点是制作面向欧洲部队的“反性病”海报。性病在历史上一直困扰着军队，所以美国领导人非常重视这项工作。虽然大力开展了广泛的教育项目、分发安全套的活动，但仍然有很多人死于梅毒和淋病。性病的预防是一个关键问题，需要竭尽全力做好。比如，英国人在文化上难以直面性病，在意大利战役期间，每个月有4万人因性病而需要接受治疗。

在海外服役的军人普遍都接受了培训，有时一个月多达6次。每个人在自由过夜或休假时都会得到一套预防用品，包括药膏、清洁布和清洁纸巾。军队还经常会给军人发安全套，一盒有3个。另一条预防路线主要是教育宣传。军队领导人采取了极端的措施来预防性病的传播，包括制作宣传海报，海报上指出希特勒、墨索里尼和东条英机蓄意通过传播性病来使盟军队伍瘫痪。在许多画面中，例如，在艺术家阿瑟·希克的著名作品中，轴心国领导人都被描绘成兽类，面貌似鼠。将这些人与性病联系起来，则是利用了普通盟军士兵的排外心态，故意制造了一种敌对的氛围。

李坐在书桌前，不知该做一个什么样的海报。用李的话说，他必须在“整个欧洲”推广军队设立的预防站。他们之后去了这些小屋，接受了一系列难以接受的治疗，以避免患上性病。李说：“到处都设有这些小型专业机构，入口上方亮着小绿灯，易于辨认。”他一开始想了好几个方案，一直纠结于哪个更好，后来他意识到，越简单的信息传播效果越好：“性病？我没有！”[14] 李在海报上配了一个卡通形象，描绘了一名军人高兴地走进站点，站点的入口上方显眼地亮着一盏绿灯。这个设计方案获得了上级的认可，无数海报涌向海外的哨所。这张海报可能是李的作品中阅读量最大的作品，但同时也是他被彻底忽视的作品。

通信兵制作的这些影片、海报、照片和其他材料的重要性虽然难以量化，但军队却发现，利用影片来培训士兵可以减少 30% 的训练时间。在国内，通信兵为影院播放的新闻短片提供了 30%~50% 的片段，让公众得以及时了解这场全球冲突的进展。摄影师甚至能够使用最新的远距拍摄技术在前线拍摄照片，并能立即将照片传回美国。李、卡普拉、盖泽尔和其他军队剧作家为战备做出了重要贡献。

李为军队制作影片剧本、海报和宣传手册，和他为古德曼工作时一样高效。由于速度太快，其他剧作家完全无法跟上他的节奏。指挥官只好命令李放慢速度。

像李这样的工作狂是停不下来的，他利用自己多出来的时间给及时漫画公司做兼职，赚点外快。在杜克大学服役期间，他用额外的收入买了自己的第一辆车。那是一辆 1936 年的二手普利茅斯，花了 20 美元。尽管已经破烂不堪，不过车还能开，车身还有一个折叠的挡风玻璃，可以让北卡罗来纳温暖的风吹到他的脸上。

李尽可能多地做兼职。不管陆军把他派去哪里，他都会在周五准时收到古德曼的编辑们的来信，信中会简述他们需要什么样的故事。他会利用业余时间把故事写出来，周一的时候寄回去，以确保在编辑们设定的截止日期前完成工作。

除了在漫画部为法戈工作，李还帮忙给及时漫画公司的低俗杂志撰文，包括为《读起来！》杂志编写卡通字幕。该杂志是古德曼面向成人读者的出版物之一。1943 年 1 月，李写了一首小诗："一把电锯可以把你锯成两半 / 一架机枪可以把你身体打穿 / 但其实它们的威力 / 都不及一个女人的一半！"旁边的配图是一个胖胖的女人在给她丈夫喂食，她的丈夫是个秃头，被拴在了狗屋里。[15] 这种粗俗的幽默富有时代特征，当然也很适合古德曼出版的男性杂志，这些杂志里充斥着性别歧视、色情照片，以及血腥暴力。

李也继续写那种结尾有反转的短篇悬疑小说，他之前就在《美国队长》漫画中为乔·西蒙写过。在刊登于古德曼《小丑杂志》（1943—1944）上的《只有盲人才看得见》一文中，李给读者上了一课。文章讲的是一个盲人乞丐，虽然他是真的失明了，但大家都以为他是个骗子。这本书是用第二人称写的，这样李就可以直接和读者对话，并把他们称为“伙计”。这个倒霉的乞丐不愿意跟那些诋毁自己的人争论，直到最后他在街上被一辆超速行驶的汽车撞倒，人们才知道了真相。[16] 这种类型的短篇小说为李在战后创作科幻小说和怪物漫画奠定了基础。

虽然李的上级和战友基本都没发现他利用业余时间给及时漫画公司做兼职，但他却曾因此被捕，这很符合李一贯的鲁莽风格。他通常都在周五收到邮件任务，这样周末就有更多空闲时间可以写作。有一个周五，收发员遗漏了他的信，并坚称李的邮箱是空的。第二天，李在已经关门的收发室旁边转悠，却看到自己的信箱里有一封信，寄件人处赫然写着“及时漫画公司”。

为了不耽误期限，李让管理收发室的军官开门，却惨遭拒绝，军官让他周一再来。李很生气，就找了把螺丝刀，轻轻拧开邮箱的铰链，为了及时领到本周的任务，不惜铤而走险。不料，此举被收发室的军官看到，把他带到了一个本就不喜欢李的基地指挥官那里。李面临着扰乱邮件收发的指控，如果罪名成立，他可能会被送往莱文沃斯监狱。幸运的是，掌管财务部的上校在事情还没闹得太大的时候及时介入，帮李摆脱了罪名。在这种情况下，“财政弗雷迪”真的是力挽狂澜！[17]

李的军事记录非常好，他基本没有犯过错误，除了仅此一次的与军官的争执。他余下的战时服役时光都是在办公桌上度过的，他制作了大量的培训材料和海报。

中士李在陆军退伍的文件上签上自己的名字，再用蘸了墨水的大拇指在文件上面盖了手印。墨水还没干透，这个年仅 23 岁的小伙子就跳上了他的新车。那是一辆黑色的别克敞篷车，火红的皮座椅、白胎壁轮胎和轮毂盖都闪闪发光。这辆别克比起他在北卡罗来纳州买的那辆破旧的普利茅斯，明显高了好几个档次。

李收到了 200 美元的奖金（所谓的“退伍费”），这是陆军发给士兵的，目的是让他们迅速回归平民生活。但他没去参加随之附带的强制课程。离开前，他把一半的钱存进了储蓄账户。1945 年 9 月底，陆军拨给他 42.12 美元的路费，让他从印第安纳州中部阿特伯里营的退伍中心返回纽约市。阿特伯里营位于哈里森堡以南约 50 英里①处。

作为一个汽车迷，李尤其喜欢修长、时髦的敞篷车。终于能回家了，他激动万分。他开玩笑地描述自己“烧了制服，跳进车里，马不停蹄地直接开回纽约，速度堪比协和式超音速飞机！”[18] 他想回及时漫画公司继续做主管工作，古德曼此时已经将漫画部和杂志业务搬到了帝国大厦 14 层的新总部。李开着车向东奔驰 700 多英里回到了纽约。

① 1 英里约为 1.6 千米。——编者注

第四章　重返漫威

仿佛荧幕上横冲直撞的卡通人物一般，斯坦·李在百老汇大街上一路狂奔，吓到了正在逛街的行人，他们瞥见一个模糊的身影，疯狂地在人流中穿梭。李从阿拉马克酒店的两室新居出发，向南一口气跑了 2.5 英里，终于到达及时漫画公司设在帝国大厦里的办公室。经过中央公园的马场时，他或许会跳上马背驰骋一段，然后再继续投入一天的辛苦工作中。他的双脚踏在人行道上，踩出强劲且疯狂的节奏，能跟得上这频率的，唯有他脑海中迸发的创意和笔下流淌的文字。

战后的岁月给像李这样积极进取的人提供了无数机遇。“二战”期间，漫画书销量激增。人们想要转移注意力，尤其是前线作战的士兵，以及奋战在国内外不同基地以支持战备的人。漫画读来充满乐趣、令人兴奋，恰好满足了人们追求轻松、快速的阅读需求。媒体不断发来的报道中充斥着激烈的战斗和无尽的伤亡，漫画能让人们逃离战争的冷酷无情，获得片刻的休息。据业内人士估计，战后，90% 的 8~15 岁的少年儿童会定期阅读漫画书。

由于李在军队服役期间还一直活跃在漫画市场，他知道漫画类型的周期性变化并不会影响读者的痴迷。战争结束后，这个国家似乎充满了活力。以配给和牺牲为特征的战争年代过去后，各式各样的流行文化相继迸发，伴以生动且新鲜的色彩、声音和图像。这是属于出版业的黄金时代。

从美国中西部服役归来的李回到了纽约，也重新回到古德曼的及时漫画公司总部。位于百老汇大街和71街交汇处的阿拉马克酒店是一座宏伟的深褐色砖砌建筑，共19层，竣工于1925年。酒店在20世纪20年代中后期成为许多爵士乐队的大本营，美国职业棒球大联盟的球队也在这里入住。阿拉马克酒店约有600间客房，酒店的一楼有几家商店和一家餐厅。后来，在20世纪50年代初，阿拉马克酒店被中央情报局用于安置并保护冷战期间为美国国防行动工作的德国科学家和技术人员。

战争期间，李被运送到各个偏僻的军事基地和训练场地。回到家乡后，他非常兴奋。阿拉马克酒店让他可以源源不断地结识新朋友，也常能与老友叙旧。尽管他从这儿去及时漫画公司的办公室得走40个街区，要花一个多小时，精力充沛的李还是愿意走路上下班。他去这个城市的任何一个地方几乎都是靠走，不管距离有多远，因为他想保持身材苗条，消耗掉多余的热量。在每天上下班的路上，李欣赏着城市的景色，聆听着它的声音，从激动人心的时代广场、高耸的摩天大楼，到熙熙攘攘的人群。有时他会租一条船，在中央公园的湖上摇橹、赏景。

李非常喜欢自己的工作。有了一个不错的住处、稳定（且还在不断增长）的收入，以及无数可以约会的年轻女性，他觉得如获新生。但他也有烦恼。“让我既恼火又沮丧的是，”他解释说，“除了我们自己小圈子里的人，没人说漫画的好话。”[1] 大多数人都觉得看漫画是浪费时间，导致李觉得自己的努力是白费力气。

尽管总体上来看，这份工作还是挺令人开心的，但外界的所有负面评价导致李经常因在漫画行业工作而产生强烈的自我意识。他如此渴望成功，几乎从一出生就觉得自己将来必成大器。于是他陷入了烦恼。在战争期间，他曾和这个国家最有创造力、最了不起的一群天才共事；而现在，他又回归到仅是一名漫画编剧的生活。此时 20 多岁的李觉得人生还有无限可能，但他所从事的这个行业，在大多数人眼里，只是在迎合一些天真的少年儿童和不得志的年轻人，身处其中又能收获怎样的可能性呢？

每当回答完别人关于他职业的询问后，对方的反应总是让李很恼火，但他的确很喜欢在及时漫画公司的工作，在那里他可以专注于编剧和创作。李在通信兵培训影片部工作的时候，目睹了动画、电影和娱乐的价值，它们是教育和启发观众的一种手段。事实上，这场战争表明了娱乐和创意产业未来将会遍地开花。

消费者的消费意愿也开始转向这些文化形式。正是由于战争期间的技术进步和战后经济的蓬勃发展，让他们可以把更多的钱和空闲时间花在文化产品上。战后，美国获得了真正的超级大国的地位，也因此催生了蓬勃兴起的中上层阶级。但其他人在知道李的职业后投来的异样眼光还是会在某种程度上抵消掉日常工作带给他的乐趣。

那些否定漫画行业的人并不知道李的过去，更不知道幼时的经历让他极其渴望拥有一份稳定的工作和薪水。就像这个行业众多的东欧和犹太画师、编剧一样，李的贫困经历和父亲的长期失业给他带来了沉重的压力。及时漫画公司给了他一份工作，编辑这个职位的收入可观，而且他也很喜欢这份工作。要想让人们在听说他的工作就是创作和编辑搞笑的动物与青春期爱情漫画时不再露出不屑一顾的神情，那恐怕仍需一段时日。

在李因服役不在公司时，他建立了一个团队来经营及时漫画公司。李主要把编辑的工作交给了他的朋友文斯·法戈，这个小小的团队却在战争期间出版了数百万本漫画书。古德曼的钱包越来越鼓，这也让李在回归平民生活之后能够顺利地坐回这家公司的管理职位上来。因为法戈想转岗去全职画画，所以李归来后过渡得非常顺利，漫画部门重新回到了这个年轻编辑的掌控之下。

当李在军队服役时，及时漫画公司的重心发生了变化。法戈在非超级英雄漫画方面的专长更是推动了该方向的发展，读者对超级英雄之外的其他主题也越来越感兴趣。李回来时，古德曼的出版公司所服务的读者几乎已经完全不同了。1942 年年底首次出版的《阿奇漫画》，让阿奇和他的一群少年朋友大红大紫，整个行业也因此转变了方向。以公司利益为重的李也很快将自己的精力转向了年轻女主角和青少年幽默类型的漫画，以满足大众的需求。

著名的画师兼编剧露丝·阿特金森创作了轰动一时的《模特米莉》。《模特米莉》从1945年年底开始长期出版，此时正值李刚刚回到编辑的位子上。作为较早进入漫画行业的女性之一，阿特金森为其他女性进入漫画行业铺平了道路。此前她还创作了《美国小姐杂志》系列的衍生作品《帕齐·沃克》。按照及时漫画公司的一贯作风，李紧随时代潮流，打造了《护士内莉》，也是对青少年幽默/爱情这一新的漫画题材的又一次肯定。

随着1945年步入尾声，“二战”期间对纸张的限制被解除，漫画业开始腾飞。1946年全年，报摊每月的销售量约为4 000万册。虽然老牌漫画的销量依然不错，包括福西特的《惊奇队长》，以及DC漫画公司的《超人》和《蝙蝠侠》，但读者们已经从超级英雄题材转向了犯罪故事、青少年闹剧和科幻小说。

1946年年末，李试图将女性主角和超级英雄的题材结合起来，创造了“金发幽灵”这个角色。[2]路易斯·格兰特是私家侦探马克·梅森的秘书，她对自己“金发幽灵”的身份守口如瓶。但一到晚上，她就穿上鲜红色的晚礼服，戴着面具，用武术套路和一把点45口径手枪与罪犯搏斗。“金发幽灵”这一角色脱胎于DC漫画公司的神奇女侠和及时漫画公司自己的“美国小姐”。“金发幽灵”的故事是作为一个单独的漫画发行的，始于《金发幽灵漫画》第12卷，持续出版了大概两年。这段时间里，“金发幽灵”也出现在及时漫画公司出版的其他几部选集中。

李想最后再尝试一次超级英雄的故事，他将及时漫画公司的一些英雄组合成一个超级团队，就像 DC 漫画公司首次亮相于《全明星漫画》第 3 卷（1940—1941 年冬季刊）里的美国正义协会那样。李创作的《全赢家漫画》第 19 卷（1946 年秋季刊）汇聚了美国队长、初代霹雳火、海王纳摩、威瑟尔、“美国小姐”和他们的少年助手们。典型的李式封面宣传语映入读者眼帘：“绝对火爆的动作惊悚系列！”李聘请了著名的《蝙蝠侠》创作者比尔·芬格来为这支新的超级英雄团队撰写剧本。芬格把最初的故事设定为一个坏人企图偷核武器。这本漫画却遭到了读者们的一致批评，“全赢家”团队最后变成了“全输家”。该系列还出了第二本，随后就被古德曼取消了。这一决定是在另一个团队系列——《青年联盟漫画》第 20 卷结束后做出的。该系列自 1941 年夏季诞生于乔·西蒙和杰克·科比之手以来，一直势头强劲。对李来说，市场的不断发展意味着要尽可能试一试所有的题材，看看到底最后什么能行得通。

尽管超级英雄团队失败了，漫画业总体上还是实现了增长。1947 年 11 月，《作家文摘》杂志邀请李为其撰写封面文章，李因此获得了大量的正面宣传。这本杂志出现在报摊上的时候，还不到 25 岁的李在杂志封面上大口地吸着烟斗，努力让自己看起来比实际年龄更成熟且睿智一些。尽管他仍然怀疑自己的未来是否就只局限在漫画行业了，但他在讨论本行业时，俨然就是一个经验丰富的专家。因为漫画行业越来越火，《作家文摘》的专题获得了不错的反响，也给了李首次在全美曝光的机会。

在《漫画中有黄金屋！》这篇文章里，李给打算从事漫画编剧的人提供了一些建议，强调了写实对话及其与人物发展之间的关系。这篇文章透露了李早期的写作思想，具有重要意义。后来，在20世纪60年代及时漫画公司的鼎盛时期，李树立了漫威风格的原则，而他也在实践中利用了这些基本理念。和许多努力想要发声的年轻作家一样，李也用独特的观点表明了他对如何在这一领域取得成功的成熟见解。

当李的个人品牌开始引起人们的兴趣时，古德曼却放弃了“及时”这个名字，尝试了一些“惊奇”的变体，但那些名字最终也被砍掉了。整个漫画行业的销量继续增长，但出版商们都在努力寻找读者最渴望的那一剂灵丹妙药。他们从一个话题跳到另一个话题，尝试了不同的题材，包括新的青春期爱情领域，西蒙和科比就为克莱斯伍德出版社的奖品漫画系列推出了《少年罗曼史》（1947年9月）。这对长期合作的创意组合获得了成功。作为以第一人称叙述的“真实”故事，《少年罗曼史》的销量有数百万册。这一成功使西蒙和科比得以建立并管理一个建立在巨大销量基础上的小型漫画帝国。这两位行业老手一直在寻找富有才华的自由职业者，他们雇了一批优秀的人来制作漫画，他们自己则负责细心监督。据估计，在20世纪40年代，《少年罗曼史》及其衍生作品每月的销量约为500万册。[3] 该系列一直持续出版到1963年6月，直到被克莱斯伍德出版社卖给了DC漫画公司后，再由DC漫画公司接着出版至1975年。

在战后和冷战席卷美国之际，漫画行业经历了一波又一波的潮流，漫画题材似乎每年都在变化。读者不断地从一个题材跳到另一个题材。超级英雄让位给了青少年喜剧，接着演变成爱情故事，然后又变成西部牛仔漫画和真实犯罪。当然，古德曼公司的那些毫无特色的漫画系列此时还是在报摊上继续销售，在出版界保持着靠前的地位，但从未有足够的创意火花能让它迸发能量，发展成更大的公司。像往常一样，他命令李紧随对手的脚步。因此在1947年年底，《海王纳摩漫画》突然就变成了《官方真实犯罪案件漫画》的第24卷，后者直接沿用了前者的出版序号。[4]

随着人们的娱乐偏好逐渐向影视靠拢，影视也开始对漫画产生影响。吉恩·奥特里、罗伊·罗杰斯等西部牛仔电影明星的流行引发了人们对西部牛仔漫画的兴趣。罗杰斯和他最信赖的马"扳机"及妻子戴尔·埃文斯一起出演了《牛仔之王》(1943)、《俄克拉何马之家》(1947)等脍炙人口的电影。从20世纪40年代初到50年代末，罗杰斯一直是全美最受欢迎、最成功的西部牛仔电影演员。他开创性地签署了授权协议，让自己的照片和画像出现在无数产品上，仅次于华特·迪士尼。罗杰斯发行了热门唱片，还在一个长期播出的广播节目中担纲。后来在电视流行起来以后，他又向电视荧幕转型。

对西部片狂热的读者纷纷被福西特的《霍帕隆·卡西迪》所吸引，这本书在1947年卖出了400万册，次年又卖出了800万册。

1948年年底，DC漫画公司推出了《戴尔·埃文斯漫画》，该漫画利用了这位女演员的人气及其与罗杰斯的关系。为了在整个组织内分摊成本，古德曼用西部小说出版公司的名义出版了《狂野西部》（1948—1957）等系列小说。《狂野西部》的主要人物是小子科尔特，但也有其他一些主角，比如阿帕奇小子、亚利桑那州的安妮。李担任了《狂野西部》的总编，也亲自撰写了一些故事。绘画部分则是由自由职业和全职的画师交替完成。

到1948年3月，李已经彻底融入了这场西部牛仔的浪潮，推出了《双枪小子》第1卷，双枪小子和罗杰斯、奥特里一样酷爱唱歌。5个月后，《西部英雄小子科尔特》第1卷问世，这个广受欢迎的角色有了自己的单行本。漫画的主角是一名神枪手，他杀死了谋杀父亲的凶手后化名为小子科尔特，一边逃亡一边寻求救赎。这个说不上是好人但也不完全是坏人的角色，成了李的团队在十多年后创造的超级英雄的雏形。

李最喜欢的西部牛仔形象是“黑骑士”，他的公开身份是一名医生，秘密身份是打击罪犯。这部漫画还给了李在写作和编辑工作之外的一个难得的机会。古德曼并不会亲自参与杂志和漫画的日常运作，尤其是当盈利状况很好的时候，但他却一直对封面很在意。他更喜欢在漫画书封面上印照片，就像早期的《美国小姐》漫画那样。其中一期《黑骑士》的封面上，李身着黑色服装，戴着黑色面具，手持两支6发式左轮手枪，看起来就让人有不祥的预感。

漫画读者不断转移的兴趣让出版商坐立不安。为了保持销量增长，出版商们似乎越来越没有下限，就像 20 世纪二三十年代的那波色情杂志浪潮一样。消失于这一时期的真实犯罪和犯罪类的图书，是历史上具有较高影响力的类别之一，其引发的负面评价后来几乎颠覆了整个漫画行业。

1948 年，犯罪漫画市场大获成功，每家出版社都推出了新作品，有些作品平淡无奇，有些作品则充斥着耸人听闻的故事和公然的暴力。例如，福克斯公司发行的《谋杀集团》（1948 年 1 月）封面上，一位体态丰腴、怒气冲冲的女性向出老千的男子开枪，从封面图片上看，子弹好像刚刚射入他的胸膛。虽然封面介绍上写着“成人读物”，但创作者们的目标读者肯定是年轻一代。

总体来看，犯罪漫画的流行使当年漫画系列的出版数量同比增长了 20%，并在两年内飙升 50%。犯罪书籍的狂热也带来了负面影响，成年人认为暴力和恐怖画面会损害年轻读者的道德观。1948 年，《时代周刊》发表了一篇文章，暗示一些青少年因为受到漫画书的影响而模仿犯罪。这种恐慌发酵成了一场全美性的危机。有关青少年犯罪的报道让报纸和杂志大卖，所以各大媒体都开始关注这类报道，于是在社会上引起了进一步的争议。颇具影响力的作家、精神病学家弗雷德里克·魏特汉[①]也助推了反对漫画的宣传。他组织了

① 弗雷德里克·魏特汉是美籍精神病学家，同时也是一位改革作家。他曾积极抗议大众传媒和漫画上对儿童成长有害的暴力画面。他最广为人知的著作《诱惑无辜》（1954）引发了美国国会对漫画产业的调查和漫画准则管理局的创建。——译者注

一个研讨会，最后得出的结论是：漫画美化了犯罪、暴力和性。一夜之间，一场真正的危机席卷了整个漫画行业。

战后的几年里，及时漫画公司都是由李负责管理漫画部门，他总是非常忙碌。他精力充沛且富有天马行空的想象力，似乎独独缺少了一点开拓自己事业的创业精神，而乔·西蒙、威廉·盖恩斯等其他画师和编剧正是凭借了这样的洞察力才抵制了出版商的压榨。对李来说，稳定的收入很重要，况且他也真的很喜欢与其他编剧、编辑和画师一起合作推出漫画，即使他发现他们的很多作品其实都只是照葫芦画瓢。他总结了一下与古德曼之间的典型沟通方式：“每隔几个月就会冒出一种新趋势，因此我们必须得紧跟潮流……我觉得我们公司抄袭成风。”[5]

尽管李在“二战”前的职业生涯都是围绕漫画书展开的，退伍后的他却变得焦躁不安。也许他意识到，他的文字所蕴含的意义和力量绝不仅仅局限于给小孩子看的滑稽动物故事或怪物书籍。

当李终于大胆尝试脱离古德曼的控制时，他专注的是相对安全且能发挥自己优势的项目。《作家文摘》封面故事的成功，让他开始思考这个刚刚起步的行业，思考编剧和画师怎样才能进入这个行业。1947 年，他自行出版了《漫画背后的秘密》。这本杂志的定价为 1 美元。在漫画书售价仅 10 美分的时代，1 美元对读者来说是很高昂的价格。这本杂志采用了类似漫画的字体，用插图描述了写作和绘画的过程，封面上醒目的大字印着“斯坦·李著”。杂志的字里行间流露出他一如既往的热情与赤忱。这本书是献给李的弟弟拉里及古德曼的孩子伊登和奇普的。

出乎意料的是，“头号秘密”就是李本人。李在杂志里向读者回答了李是谁和他为什么写这本杂志的问题。旁边有一幅李的头像，画中的他勤奋刻苦，戴着一个斑点图案的领结，耳朵上面挂了一支铅笔。介绍文字中罗列了诸多李在及时漫画公司担任“主编和艺术总监”时所打造的作品。[6] 在书的几乎每一页里都能感受到李标志性的写作风格：“现在，有史以来第一次，斯坦·李将向您揭秘连环画到底是怎么写出来的！”[7] 除了李写的这些“秘密”，这本书还留有空白的插图区，读者可以根据李的剧本来尝试亲手画一画“金发幽灵”。

李时不时会需要编辑或管理一本成人杂志（或者更确切地说，是古德曼把这样的机会摆在这个年轻的爱将面前）。尽管漫画在“二战”期间销量巨大，但漫画行业却从来没被认为是成年人的“正经”职业。然而，低俗杂志的地位还是要略高一点儿，哪怕是古德曼出版的那些蹩脚货。当古德曼需要人手的时候，他就会让李去成人杂志那边帮忙。比如，1950 年的名人照片杂志《聚焦》。这本杂志又被称为“照片床单”，因为它宽10英寸①，高14英寸。借助穿着比基尼的封面模特（包括未来的银幕明星玛丽莲·梦露）和耸人听闻的封面标题，杂志的目标直指美国男性读者（或者至少是那些对照片感兴趣的男性）。但到了第二年，古德曼将杂志改版为仅有4×6英寸的袖珍杂志。[8]众所周知，古德曼最喜欢时不时地调整一下杂志封面、名称和出版物的大小，他总是希望从竞争对手那里学来的一些小改变能带来巨大的销量。

李依然心怀不满，但又不想惹麻烦，更不想冒着失业的风险。和许多对大萧条的肆虐仍然心有余悸的人一样，李对失业和缺乏安全感有一种与生俱来的恐惧。往事历历在目，他无须深入回忆，就能想起父母为凑钱交下个月的房租而争吵的事情。

旺盛的精力给了李大量做兼职的机会。因为李担心古德曼发现了会炒他鱿鱼，因此他的许多兼职作品要么没有署名，要么是以别人的名义写的。李解释说：“我是帮别人代笔，署了别人的名字。”他的工作涉及面很广，从电视节目和广播节目到撰写广告文案。而为数不多的署了名的作品之一是刊载在星期天的报纸上的漫画《豪迪·杜迪》，该系列漫画从1950年一直连载至1953年，正值豪迪·杜迪木偶最受欢迎之时。[9]

这位忙碌的编辑每天要花很长时间经营古德曼的漫画部门，但他也很享受战后纽约夜生活重新燃起的活力。对李来说，纽约简直

---

① 1英寸等于2.54厘米。——编者注

就是天堂，在这里可以和妩媚动人的女子约会，有很多值得做的事情，还有纽约所焕发的独特生机。1947 年，当李遇到英国模特兼演员琼安·克莱顿·布科克时，李的生活发生了翻天覆地的变化。李的一位亲戚打算给他安排一次相亲，相亲对象是那位亲戚熟识的一位模特。于是，该亲戚就嘱咐李去模特的经纪公司见面。他敲门时，开门的正是琼安本人。李脱口而出说爱她，因为她简直就是他从小的梦中情人。琼安并没有惊慌失措地跑掉，反倒因他的狂喜而忍俊不禁，并同意和他约会。两人很快就坠入爱河。

琼安之前是一个挺成功的帽子模特，在英国嫁给了一名美国军官后，她以战争新娘的身份来到美国。后来她意识到这段婚姻是个错误，便计划去内华达州的里诺市离婚，因为依据纽约州的法律她几乎不可能成功离婚。在位于蛮荒西部的内华达州，一名妇女只需居住满 6 周便可满足离婚条件。

琼安住在里诺市的那段时间，李便紧张地等待着，但这位年轻的模特吸引了众多追求者。在李收到一封她写的"亲爱的杰克"的信之后，李知道必须得迅速出击。任何小心谨慎的想法都被他抛到了九霄云外，经过 28 个小时绕圈子的飞行后，李终于见到了琼安。李向琼安表明了自己对她的深情，从而打动了她。他们在里诺市举行了一场特别的结婚仪式：在一个房间里与法官会面，宣布琼安的上一段婚姻无效，然后立刻走进隔壁的房间，让同一个法官为他们证婚。几分钟的时间，琼安·布科克就变成了斯坦·李夫人。[10]

这对年轻夫妇乘火车回到纽约时正值圣诞购物季。他们搬进了曼哈顿第96街一套位于莱辛顿大道和第五大道之间的小公寓，这里距离中央公园水库不远，在公园另一边的不远处就是他以前在阿拉马克酒店的住处。对于这个几乎一生都住在狭小公寓里的城市男孩来说，这套新公寓算得上是富丽堂皇了。他和琼安安顿下来后，还养了两条可卡犬，一只名叫哈姆雷特，另一只名叫赫克犹巴。

两年后，李的母亲去世了。15岁的弟弟拉里无家可归，便搬过来与哥哥嫂嫂同住。这个小家庭觉得郊区的环境更适合他们，于是就搬到了长岛的一个小镇，在休利特港的西百老汇大街买下了一幢8居室的别墅，还从一位美国海军“蓝天使”特技飞行队的飞行员那里买了一辆绿色的别克敞篷车。这辆车的新奇之处就在于它的“散热器上的装饰是一个凌空飞舞的女子”。[11]

夫妇二人享受着李的事业成功的果实（就像20世纪40年代末和50年代初的许多男人一样，李不希望琼安追求自己的事业）。1951年，这对夫妇和他们年幼的女儿琼·西莉亚①（这个出生于1950年的女儿最初叫“小小琼”，长大后更名为“J.C.”）搬到了不远处的另一栋房子里，就在休利特港理查兹巷226号。斯坦和琼安喜欢这栋略显陈旧的房子，他们一家搬进来的时候，房子已有25年的历史了。他们的新家所在的这条街道名称无疑影响了李，多年后他将神奇四侠的领袖命名为里德·理查兹。[12]

马丁·古德曼一家就住在几英里开外。古德曼的孩子们经常来

---

① 后文中的“琼·西莉亚”“小小琼”“J.C.”均指斯坦·李的女儿。——编者注

李家玩耍。古德曼的儿子伊登甚至是在李家的车道上学会开车的。[13] 虽然李疏远了他的老板兼亲戚——古德曼，他们的关系表面看起来很冷淡，但有相当多的证据表明，两人实际上密不可分。1953 年，李的第二个孩子简出生仅 3 天就夭折了，此时这个家庭急需家人和朋友的支持。与许多失去孩子的夫妇不同，李和琼安设法战胜了悲痛，为自己和 J.C. 建立起一个稳定而幸福的避风港。

休利特港的房子坐落在一处两英亩的土地上，李有一个单独的房间作为工作室。搬到长岛后，他要花一个小时通勤至曼哈顿与画师见面拿回他们完成的作品，但后来他逐渐开始每周在家工作一两天。待在长岛让李得以保持疯狂的节奏，争分夺秒地做出大量的漫画书。由于他的工作还包括管理员工和自由职业者，以及审核绘画和文章，每周节省下来的这几个小时就显得愈加珍贵了。古德曼的策略是推出大量的漫画来覆盖市场，李必须得有这么大的产量。

在家办公的另一个好处就是可以与家人待在一起。暖洋洋的天气里，他会把打字机搬到院子里，放在一张桥牌桌上，搭成一张临时的站立式办公桌，这样他就可以一边站着，一边比画、表演故事和打字。琼安给家里买了一个 12 英尺 ① 的圆形塑料小泳池，预备在夏天骄阳似火的时候使用。李开玩笑说他只要划水 1.5 次就可以“从这头游到那头”。后来，在及时漫画公司的办公室里，他会和同

① 1 英尺约为 0.3 米。——编者注

事开玩笑说："今天我游了100个来回。"[14]

为了努力挣钱以实现成为中上层阶级的梦想，李埋头苦干，把精力都投入到古德曼漫画部门的写作、编辑和美术指导上。尽管他总是有诸如跳上桌子，在其他兼职同事敬畏的目光中表演各种疯狂的举动并展示其内心宏大的愿景的行为，李还是逐渐成长为一个精力充沛、鼓舞人心、聪明、懂行的编辑总监。

李写的剧本越多，就对古德曼的生意越重要，他获得的按页计费的奖金也就越多，这让他得以养家糊口。才华横溢的李的创造力和工作速度都超乎常人，同时他还享受着做管理的好处，但他有时仍然无法摆脱阵阵沮丧的情绪，担忧自己的未来。李将该时期称为自己的"迷茫岁月"。他似乎陷入了一成不变的生活："去办公室——回家写作——周末和晚上的业余时间。"故事写到一半，他会和琼安一起出去吃饭、陪小小琼玩耍、看看汽车。[15]李赚到的钱让一家人可以享受高品质的生活，但他必须马不停蹄地工作才能维持这样的生活水准。

随着美国的社会情绪由战后的兴奋转向对冷战的恐惧，从杜鲁门岁月过渡到艾森豪威尔时代，李实现了大多数美国人渴望实现的目标：从事一份有意义的工作、组建家庭、拥有住房。但是，正如很多其他处境相似的人，他觉得自己没什么职业成就感。尽管他很享受与全职员工及自由职业者团队一对一的合作关系，但无休止的生产周期让他的工作环境异常压抑。

更重要的是，在很多人眼里，漫画编剧并非真正的写作。这种看法不仅让李火冒三丈，也让他对自己在漫画行业的前途产生了质疑。工作之余，他也会尝试一些兼职写作，这些大多为匿名写就的作品表现出他想尽可能抓住一切机会，然后跳出当下的领域。

对于前路，李有些迷茫。

第五章　头号公敌

漫画彻底完了。

焚烧漫画的熊熊烈火席卷了整个美国，从广场烧到教堂的停车场，再到学校的球场。孩子们和年轻人喜欢漫画，他们一点一点地攒钱，满心期待地等着购买新一期的漫画。但是大人们反对漫画，也告诫孩子们和年轻人远离漫画。家长把孩子们的漫画书点燃，看着浓烟涌向天空，向远在纽约的出版商、当地政府和其他相关人员表明立场：我们不愿再继续忍受了。

“漫画里满是犯罪和性虐待的内容，充斥着欺骗、狡诈和残暴。”青少年从漫画里学到的就是这些，反漫画斗士弗雷德里克·魏特汉如是说。作为一位喜欢哗众取宠的精神科医生，他于1954年撰写的《诱惑无辜》[1]一书，曾一度引起公众热议。自20世纪40年代末以来，魏特汉一直在四处发表反漫画言论。无论是报纸、论坛还是广播节目，只要有听众或读者，魏特汉都在抨击漫画和漫画创作者。他认为漫画威胁到国家安全，应该彻底从美国文化中剔除。他眼中的漫画是邪恶的东西，对人们恣意施虐、谋害生命、破坏社会，其危害甚至超过了希特勒。

魏特汉发现，青少年犯罪与漫画中暴力、血腥和色情的内容之间存在直接联系。在他看来，美国的孩子们是否有健康的未来取决于人们能否抵制漫画，拒绝书中展现的不良内容。

对魏特汉来说，国家的道德准则已经到了生死存亡的紧要关头。

早在 1938 年，“国家高雅文学办公室”（NODL）等宗教组织就联合起来反对“不雅文学”。一些天主教教宗宣称，漫画和淫秽杂志是“淫秽出版物”，“严重威胁国家道德、社会和国民生活”。主教们认为，这样的出版物最终会拉低社会道德水平，从而摧毁宗教，严重损害社会秩序。[2] 1939 年，该组织的统计显示，已出版的淫秽出版物大约有 1 500 万份，每个月大约有 6 000 万读者会阅读这些出版物。来自印第安纳州韦恩堡的文学组织主席约翰·诺尔主教带头号召与纽约市的出版商对峙，他指责他们利用了可怜的孩子们。

反漫画的高涨情绪在“二战”期间有所减弱。但在战后，反对者们再次将目标瞄准漫画。怒火蔓延到了媒体，致使当地政府开始禁止销售漫画，公众的反对情绪也愈发强烈。而不久前，电影、音乐和文学也同样被放在公众的放大镜下。人们对詹姆斯·乔伊斯的

《尤利西斯》加以指责，还制订并通过了海斯法典①，迫使电影制作人严守道德标准，大众文化备受批评。1950—1954 年，国家高雅文学组织在每月的《牧师通讯》中列出 40~140 幅内容不雅的漫画。上榜的漫画包括一些明显的惊悚漫画，比如《犯罪侦探》《爱情丑闻》，以及当时流行的讽刺杂志《疯狂杂志》。[3]

“二战”后，繁荣的经济和军事力量的提升共同推动了国家的发展。然而，人们有了更多的空闲时间后，就开始担心一些问题和想法是否符合规范。在一个循规蹈矩的时代，只要被贴上“非典型”的标签，就远远超出了主流引导者规定的合理范围。在 20 世纪 40 年代末，许多国家的新闻机构都刊登了反漫画的报道，包括美国广播公司、《新共和周刊》，以及《科利尔周刊》。

漫画行业出版了大量包含暴力和色情内容的犯罪小说和恐怖漫画，这正好为提倡漫画改革的改革者提供了理由。一些出版商意识到，这场愈演愈烈的风暴会危及整个漫画产业。1948 年年末，几位业内领导者联合起来，聘请亨利·舒尔茨（曾担任过律师和纽约高等教育委员会委员）为“漫画沙皇”来领导新的漫画杂志出版商协会（ACMP）。在一段时间之后，该协会取得了一些成果，但仍有一些出版商没有加入该协会。这些未加入的出版商完全忽视了该组

---

① 海斯法典（Hays Code），美国历史上限制影片表现内容的审查性法规。由全美电影制片和发行人协会主席 W. 海斯与耶稣会教士 D. 洛德等人起草制订，1930 年 3 月 31 日公布。该法典规定电影不准表现犯罪、性、淫秽、渎神等内容。1966 年，该法典被正式取消。——译者注

织的工作。到 1950 年，该协会逐渐开始衰落。[4]

古德曼的“山寨”出版社尽管销量不错，但由于并非行业思想领袖，所以像魏特汉这样的自封为文化警察或国家高雅文学办公室成员的人并没有专门针对他或斯坦 · 李。李自称曾于 20 世纪 50 年代初直接与魏特汉或其手下有过辩论，但并没有证据支持这种说法。[5]

不管李是否真的当面驳斥了抹黑漫画的人，但李在《悬疑》杂志第 29 卷（1953 年 4 月）中用一幅漫画对魏特汉进行了反击。漫画作者乔 · 马奈利是李的密友，也是一位自由画师，后来因为一场火车事故而丧命。《悬疑》杂志中的漫画展现了李典型的夸张风格，他把这个故事命名为“狂妄的疯子”，在其中虚构了一场李和一个魏特汉式人物之间的辩论。在漫画里，编辑听完入侵者的反漫画言论之后，将其按到椅子上，就开始一个人自言自语地发表天马行空的言论：“在独裁政权里，人们会用武力来改变你的想法！你该庆幸自己身处一个动口不动手的国度！”故事的结局有所反转，这也是李最擅长的地方，原来入侵者是从疯人院里跑出来的病人。李回到家后，看到琼安和女儿还在等他，就哄着女儿入睡，并给她讲“活跃的小个子”的睡前故事。虽然我们无从知晓这本漫画最后是否到了魏特汉或者他的同僚手上，但李为了出版这个故事的确冒了极大的风险，他把自己置于风口浪尖。[6]“在我看来，魏特汉是一个狂热分子，就这么简单，”李解释道，“人们竟然如此轻信他人，这令我惊讶不已。”[7]

由于对漫画的负面宣传和攻击愈演愈烈，美国参议院发起了调查行动，并于 1953 年成立了青少年犯罪小组委员会。此前，埃斯蒂斯·基福弗曾经组建过一个类似的组织犯罪小组委员会，并在电视上转播了听证会的过程，收视率飙升，甚至差点儿把这位来自田纳西州的民主党成员推至总统的位置。因此，参议员们深知电视转播听证会的重要作用。罗伯特·亨德里克森领导了此次调查，基福弗和其他 4 名参议员也参与其中。与上次一样，委员会对丹佛、波士顿和费城的听证会进行了电视转播。参议员研究了不同地点发生的青少年犯罪的缘由，随后亨德里克森宣布纽约地区犯罪的根源在漫画书。他们最有力的证人就是魏特汉，他本人乐于成为全美瞩目的焦点。因为电视的宣传，他上半年出版的书也热卖起来。这位精神科医生一直鼓吹漫画书对年轻读者的负面影响，这次出庭做证可以说是他多年来的努力所成就的巅峰。

听证会于1954年4月末和6月初在纽约市联邦法院110室进行。一众教育行业、社会学及儿童服务机构的专家都站了出来，指出漫画出版商和创作者对孩子的不良影响。然而，出人意料的是，多数人认为指控的证据不足。当然，魏特汉的证词最为致命。他说："我认为与漫画业相比，希特勒都不值一提。漫画专对小孩儿下手，在 4 岁的孩子们尚未识字时就教会他们种族仇恨。"[8] 参议员们似乎将他《诱惑无辜》一书视若珍宝，基福弗和他的同事们都丝毫没有质疑魏特汉的研究成果是否属实。

1954 年 4 月 21 日，听证会似乎出现了转机。一直热衷于对外宣传的基福弗请《娱乐漫画》的出版商威廉·盖恩斯出庭回答“漫画内容是否得体”的问题。为了准备证词，盖恩斯彻夜未眠，靠着迪西卷（当时中产阶级常用的一种用于缓解疲劳的特效药）强打精神思考发言内容。盖恩斯相信，只要人们从他的角度出发来看问题，就会恢复理智。基福弗当然另有想法，他准备到电视转播时再提出。

小组委员会顾问赫伯特·比瑟提问时诱导盖恩斯，想让盖恩斯对漫画一概而论。从如何命名漫画到什么样的品味才是好品味，比瑟埋下了一个个暗雷。基福弗耐心地等待时机准备出击。盖恩斯后来承认，随着迪西卷药效的逐渐消失，他开始感到力不从心，难以跟上节奏。[9]果然不出所料，就在这个关键的时刻，基福弗拿出了他的最有力的证据：《娱乐漫画》旗下《犯罪超级故事》第22卷。这期杂志的封面是一副令人战栗的特写画面，一个男人右手举着一把血淋淋的斧头，左手拎起一个金发女人的头颅。女人的嘴角和斧头上都滴着血，她赤裸的双腿叉开摊在地板上。盖恩斯没有退缩，坚持声称，作为恐怖漫画，该封面并不为过。这段交锋成了电视机前的观众和次日《纽约时报》正版头条的读者做决定的关键之处。后来，盖恩斯受到了全美各地报纸和杂志的严厉批评，其中包括影响深远的《时代周刊》和《新闻周刊》。[10]

此后，愤怒的舆论使盖恩斯不堪重负，最终他放弃了出版犯罪和恐怖题材的漫画。他声称是应家长的要求而为，但实际上在这次惨败之后，已经没有经销商愿意与他合作。人们把漫画的所有问题都归咎于盖恩斯。行业里其他出版商纷纷退出。由于漫画销量急剧下滑，那些继续经营漫画的公司也入不敷出、捉襟见肘。古德曼的漫画部门的销量从 1953 年的每月 1 500 万册下降到 1955 年的每月 460 万册。[11] “全美各地的父母们都禁止孩子们阅读任何与动作冒险或较刺激的战争相关的刊物。”李说。[12] 唯一还能售卖的类型是以女性角色为主的故事，比如地狱猫系列，以及其他一些科幻小说、青少年幽默漫画、有趣的动物故事和西部电影，且其前提是内容不能过于暴力。古德曼和李拥有很多此类主题的作品，足以维持经营，但他们也不再需要额外人手或聘请自由画师了。

受到参议院调查和魏特汉的影响，公众对漫画的不满冲击了整个行业。要求改变的呼声越来越高，人们无法再忽视这个问题。精神医学家魏特汉用他的“天字第一号讲坛”呼吁改革，最终促使 1954 年美国漫画杂志协会（CMAA）出台了漫画出版规范。该协会由出版商组成，旨在规范行业纪律。

根据漫画出版规范的要求，出版商必须将他们的漫画书提交给审查委员会，由委员会审核漫画是否有不雅内容，包括像吸血鬼这样无害的主题，以及封面上是否使用“恐怖”这样的字眼。如果通过审核，漫画可以在封面上印有漫画出版监督机构的“批准”字样。实际上，出版商不得不这样做，因为发行商不愿意冒险出售未经批准的漫画。

漫画出版规范背后的思想与严苛的海斯法典相似。海斯法典多年来一直严密监控电影制作，对电影如何描述特定主题有严格的限制。与好莱坞工作室一样，漫画出版商宁愿自我监督，也不愿面对可能的制裁。这些制裁事实上主要是为了吓退违反漫画出版规范的发行商和报刊亭，让他们不再发行和出售不良漫画。无论人们是否认为这些规定侵犯了言论自由，许多人都将监管视为一种保障。

古德曼看到销量下降后，又一次逼着李裁员、终止与自由画师的合同。古德曼再一次甩手，把当面解雇的苦差事甩给了李。“漫画市场崩溃了，”李说，“大量的画师和作家被解雇了。我很惊讶马丁把我留下了。但他也的确需要有人帮他解雇其他人。”[13] 李解雇了朋友和同事之后，尽力保持积极的态度。他绞尽脑汁地努力，想创作一个让魏特汉等人挑不出毛病的新漫画类型。

魏特汉和参议院听证会给漫画产业带来了巨大的压力，但古德曼的公司却不断地推出不同系列的作品。一看到竞争对手卖什么，古德曼就转身催促李创作类似的内容。李手下只有一个小团队，包括几个自由画师、上色员和上墨员。如果想要完成古德曼的任务，李的团队要创作爱情、动物、战争、犯罪和西部故事，还要赶在最后期限之前交印。在古德曼的公司里，数量绝对比质量重要。[14]“我是黑客中的黑客。”这位年轻的编辑感叹道。上色员斯坦·戈德堡回忆说："古德曼把所有事情都推给了斯坦。他从来没有进过斯坦的办公室，我也从来没有在大办公区域里见过他。"[15]

漫画产业愈发保守，李创作了许多平淡的且没人能挑得出毛病的系列漫画。其中的很多内容都愚蠢到了近乎荒谬的地步，充斥着一些老掉牙的角色，情节索然无味，比如，发行了很长时间且风格温和的《护士内莉》和《模特米莉》。李不愿屈就于此类漫画，他回忆说："当时我感觉自己应该可以做得更好，不该把生命浪费在这些没有意义的事情上。"然而这份工作的唯一优点就是，他可以和其他有创意的人才并肩作战。"我还可以再忍耐一阵，"他对自己说，"因为跟他们一起工作很有趣。"[16]

在魏特汉和反漫画狂热分子的影响下，古德曼决定搬出帝国大厦，在美国广告业的中心地段——麦迪逊大道 655 号的小办公室里办公。古德曼把大部分精力和人力都投入到杂志运营上，他成立了一家杂志管理公司，发行各种流派和主题的杂志。也许与在此之前出版低俗书刊的时期相比，现在的内容也没有好到哪儿去。搬到小办公室里的李想通过努力，再次振兴漫画部。可几乎其他所有的编辑和作家都无视他的存在，在他们眼中，李的作品内容低俗不堪，堪称堕落。

随着参议院听证会告一段落，漫画出版规范便开始实施。古德曼做了很多决策，其中一些几乎毁掉了李创建和管理的漫画部门。尽管漫画业有高峰、有低谷，但是古德曼总能把自己的刊物摆到报刊亭的架子上，因为他拥有自己的发行公司。各类出版物竞相争夺报刊亭架子上的最佳位置，但其中总有漫画和杂志的一席之地。

1956 年，古德曼想方设法地压缩生产成本。他决定关闭自己的发行公司，转而投靠业内最大的公司——美国新闻公司（ANC）。该公司是当时全球最大的图书批发商，同时也是绝大多数杂志和漫画的主要发行商。从表面上看，此举很明智。然而，不为人知的是，美国新闻公司已经连续 4 年受到反垄断机构调查，也有传言说该公司有黑道势力做支持。这使政府更有决心拿下这个出版业的巨头。古德曼想放手一搏，但这个决策很快就失败了。

20 世纪 50 年代初，古德曼将出版社更名为阿特拉斯漫画公司（Atlas Comics）。但因为漫画部门已经走向衰落，他并不想把整个公司的未来都寄托在漫画部门上。美国新闻公司本就危机四伏，古德曼刚刚把自己公司的未来交到美国新闻公司手上，情况就进一步恶化了。1957 年 1 月，美国新闻公司的两本最成功的杂志——《科利尔周刊》和《女人的家庭伴侣》停刊。祸不单行，美国新闻公司最大的客户戴尔出版公司在 4 月份决定寻找新的发行商来发行漫画和图书。为了维持经营，美国新闻公司砍掉了漫画发行业务。那一年，这家全美巨头承受了高达800万美元的损失，解雇了8 000名员工。在关闭漫画部门的两个月后，美国新闻公司彻底破产。

美国新闻公司的崩盘对古德曼和李来说几乎是灭顶之灾。李说："我们感觉自己就像是最后买票登上泰坦尼克号的人。"[17]美国新闻公司的破产影响深远，许多杂志和漫画出版商被迫停业。剩下的独立发行商抓住时机，取得了控制权，逼迫出版商要么屈从自己的意愿，要么关门大吉。整个美国杂志业几乎都受到了影响，无论是出版频率，还是产业的实际体量，都有所减少。整个行业变得整齐划一，一些边缘化的系列和主题几近消失。对古德曼来说，美国新闻公司的垮台不仅威胁到李的漫画部门，还危及他自己毕生的事业。现在，他已经没有办法让杂志上架了，也没有办法让消费者买到他的杂志了。

为了拯救他的出版帝国，古德曼做了最后的努力，他去乞求对手——独立新闻公司（国家期刊及DC漫画公司旗下）来发行阿特拉斯漫画公司的全部刊物，包括他的畅销杂志和漫画。在看到美国新闻公司受到指控后，独立新闻公司的高管们担心，如果把古德曼赶走，他们可能会受到影响，甚至被制裁。尽管已经穷途末路，古德曼仍然承诺给独立新闻公司一定的回报。对方明白，如果跟古德曼合作，是有利可图的，尤其是在杂志的发行上。他们知道自己有足够的筹码，于是与古德曼签署了一项条件十分苛刻的协议：阿特拉斯漫画公司每月只能发行8本漫画。长达十年的协议期足以让独立新闻公司牢牢掌控古德曼公司的未来。

一夜之间，漫画部门一落千丈。尽管经历漫画恐慌之后，漫画销量低迷，许多自由画师也因此离开了这个行业，但李仍然每月出版 60~70 本漫画系列作品。他编写了大部分故事和脚本，同时也监督所有的编辑和绘画工作。然而，独立新闻公司一举击败了竞争对手，挫败了古德曼的主要策略。古德曼本来的想法是，当市场流行新的流派时，就推出大量仿冒品。古德曼和李决定出版 16 本双月刊的漫画书，其中囊括了各种畅销类型，包括《模特米莉》《地狱猫》《奇异故事》《义海倾情》和《双枪少年》。这 16 本漫画书后来都运用了被停刊的刊物中积压下来的绘画和脚本，这意味着那些自由画师虽然熬过了困难的日子，留在了李身边，但是在一段时间内也不会有很多活干。

尽管古德曼素以强势著称，一个冰冷的眼神就能让对方恐惧到骨子里，但他还是选择再次去佛罗里达州度假，把解雇员工的艰巨任务留给了李。李也不得不削减自由画师的名单。像约翰 · 罗米塔和乔 · 辛诺特这样受人尊敬的画家递交了他们剩下的作品后，暂时也没有新的任务。李回忆说，解雇朋友和队友是“我这辈子做过的最艰难的事情”。[18] 有些自由画师甚至没有拿到报酬。结果，许多画师离开了这个行业，转而投向广告业或企业界里更稳定的职位。

缩在一个小隔间里的李再次投入工作，他一直担心古德曼接下来也会让他走人。这位编辑有几个过人之处足以让他在该公司立足：工作效率高，又是古德曼的远房亲戚，而且，即使漫画利润大幅减少，古德曼也不想错过下一波漫画的发展浪潮。古德曼知道，当读者开始重新购买漫画之时，就是漫画振兴之日，为了那一天的到来，他离不开李的帮助。

李既讨人喜欢，又非常敬业。不得不解雇朋友和同事让他非常难受。他担心自身难保，同时也苦恼于职业的发展。“我无法摆脱那种痛苦的沮丧感，”李说，“仿佛一直在原地踏步，永远也无法摆脱那种模糊的不满足感。”[19] 然而，他觉得单凭自己的本事无法找到一份杂志社的工作，也当不了电影和电视的编剧，所以他选择继续听从古德曼的领导，等待另一个机会出现，尽管他并不确定那会是一个什么样的机会。

在参议院调查之后的几年里，漫画业遭受了重创，但古德曼的出版机器却在扩张。他推出了一系列包括以好莱坞、蓬勃发展的电视业及其明星（比如杰姬·格里森）为主题的杂志、爱情杂志，以及以年轻男性为目标读者的杂志。这些杂志包括模仿《时尚先生》的《雄鹿》，以及其他一些如《男性专属》《男人世界》《男性》等刊物。《雄鹿》和其他杂志突出展示了露骨的照片和内容（近乎色情），但许多一流的作家仍旧选择与古德曼合作，其中包括奥格登·纳什、格雷厄姆·格林和威廉·萨洛扬（李的老战友）。

李在古德曼的两个业务板块之间来回穿梭，主要是为了寻求安全感，但是也在追求一份体面。讽刺的是，彼时李认为（出版业之外的人也如此），像《焦点》这样不加掩饰的好莱坞手绘美女杂志，尽管其中的照片有伤风化，画中的女性摆着挑逗的姿势，故事也包含性暗示和引诱的内容，但仍旧比创作和编辑漫画书要体面，如“我绑架了国王的后宫宫女”“离婚者是炸药”等。这些伤风败俗的故事充斥着性暗示及全裸或半裸的画面。

1956 年，古德曼试图用《斯纳福》来复制《疯狂杂志》的成功，甚至让李召集了包括比尔·埃弗雷特和乔·马尼利在内的全明星画家阵容。尽管李尽了最大努力，但只发行了 3 期的《斯纳福》并没有流行起来。[20] 古德曼懂得及时止损，也不会允许情况进一步恶化。如果他感觉读者不再喜欢某一系列，或者完全不感兴趣，就会果断放弃，寻找下一个可发展的机会。如果机会没有马上出现，古德曼可能会尝试“旧瓶装新酒”，比如，给旧文章加上新标题，然后在不同的杂志上以原创文章的形式刊发。在他的职业生涯中，古德曼曾数次因出版行为游离于法律之外，或者因完全违法而受到联邦贸易委员会的制裁。

1958 年 6 月，李打电话给他以前合作过的两位画师：史蒂夫·迪特科和以前的上级——杰克·科比。这两个人都需要找工作，尤其是科比。科比转投竞争对手 DC 漫画公司时就断了退路，而他和乔·西蒙的合作关系随着漫画行业的衰退也消失殆尽，而西蒙转向了广告业。因为没有足够的业务，画师的业务量都有所下降，科比走投无路。古德曼完全无视李的漫画板块，甚至都没有注意到李已经重新雇用了之前离职的明星画家，尽管两人之间可能因《美国队长》的利润分配问题仍心存不满。

李让迪特科和科比创作科幻小说和奇幻漫画。迪特科流畅的笔触和扣人心弦的画风完美地展现了画中人物的外形和大小，他非常适合此类型的创作。相比之下，科比就没那么高兴了，他很在意薪水。科比和李的家庭背景相似，但他比李更缺钱。因此，为了养家糊口，他可以不顾一切。他按照李的要求画了怪物漫画系列，尽管画这个类型的画无须动用像他这样高水平的画家。

李和科比都对漫画行业持保守态度，但他们也需要这份工作，两人的决心和坚定的意志也都无人能及。作为古德曼的杂志撰稿人和编辑，李认为古德曼故意怠慢他，因为漫画部门力量薄弱。古德曼既是李的老板，也是李的亲戚。李记得有一次古德曼径直从他身边走过，一句话也没说。此时的无言振聋发聩，传递了一个明确的信息。李意识到，“漫画部门仿佛一艘沉船，而我们就是船上的老鼠，得想办法下船”。[21] 科比说，他觉得自己在古德曼的公司里如“沉舟一般”。

李、科比和迪特科三人都没有意识到，不久他们就将给漫画产业和流行文化带来一次天翻地覆的变化。

第六章 神奇四侠——新英雄的诞生

斯坦·李开着马力十足的别克敞篷车，一路风驰电掣地驶向长岛，甚至都没有仔细地看前方的道路。杰克·科比抽着雪茄，坐在李右手边的副驾驶座上。同为李的得力干将——画师约翰·罗米塔坐在科比身后的座位上，他双手紧紧地抓住科比的座椅靠背，一边看着前排的二位，一边观察路况。担心出事的罗米塔因为没法儿下车，只能充当忠实的听众。

李滔滔不绝。风从他脸上狠狠刮过，城市的轰隆声在耳畔不断回响，李大声叫喊着讲述4位超级英雄的星际历险。“飞船坠毁后，他们在返回地球的途中被伽马射线击中了，每个队员都因此获得了一种超能力并发誓要以此来打击邪恶势力。”

科比不时地打断李，然后插入一两句俏皮话。即使风很大，他也会把雪茄从嘴的一边移到另一边，等着李停下话头。李一踩油门，两个人就又开始争论起情节和故事安排了。

李淡定地在车水马龙的路上巧妙地躲开一辆接一辆的车。科比因为过于专注争论故事情节，并没有注意到李酷炫的车技。两个人就故事发展争论不休，各执己见，罗米塔知道他们俩谁都不会服软。罗米塔回忆说：“他们都有自己的想法，听不进对方的意见，我从来都不知道他们最后会如何做决定，因为两人的角度都各有不同。”[1]

李和科比争论了一路，直到李把他送至在东威利斯的家，两人才休战。东威利斯是一个拥有不到 3 000 人的田园小村庄。这位伟大的画师小时候住在犯罪猖獗的下东区，这个村庄与之相比完全是另一番景象。

这样的故事讨论，不管是在飞驰于长岛的敞篷车里，还是电话上，或是在帝国大厦局促的小办公室里，都是李和科比在 20 世纪 60 年代创作超级英雄故事的方式。然而作家和画师完全没意识到的是，彼此之间无数次的争论给漫画创作带来了一次颠覆。

全新的写作风格融合了故事、情节和视觉表现（后被称为“漫威式创作法”）。作家和画师都对作品的最终形式有发言权，而不是像过去那样，画师仅仅遵循作家写好的剧本。李和画师们采用的新模式让李和科比都能参与故事情节的创作。当读者为新的超级英雄团队而疯狂时，李和科比意识到他们正处于一个新时代的黎明。

而这一切都是从伽马射线和神奇四侠开始的！

《超人历险记》一开场便是撞击地球的镜头，随后是激烈的交火，火车在拐弯处急转直下，逼向观众。电视剧给了观众真实的刺激感，让观众紧张到骨子里。当旁白宣布这位英雄为“真理、正义和美国方式”而战时，乐队奏起宏伟的乐章。演员乔治·李维高大挺拔，胸膛坚实宽阔，乌黑的头发整齐地梳向后方。他把杰里·西格尔和乔·舒斯特创作的人物演绎得栩栩如生。《超人历险记》在20世纪50年代风靡一时，全美各地的观众都在收看这个节目。

古德曼的主要竞争对手DC漫画公司的总编辑朱利叶斯·“朱莉”·施瓦茨意识到，《超人历险记》给DC漫画公司提供了一个良机，它重新燃起了人们对超级英雄漫画的兴趣。从1944年起，施瓦茨一直在编写神奇女侠、闪电侠和绿灯侠的故事。尽管施瓦茨一直面临魏特汉的挑战和电视业的诱惑，但他始终认为如果公司可以重点开发超级英雄题材，漫画的命运可能会得到逆转。

从1956年开始，施瓦茨就小心翼翼地把公司的重点转向超级英雄，对闪电侠、绿灯侠、鹰侠、原子侠等故事进行更新。这些英雄题材接连取得了成功。后来，闪电侠的成功让他打造了一个以20世纪50年代的美国正义协会为蓝本，却与之略有不同的超级英雄团队——美国正义联盟。该联盟最早出现在《英勇与无畏》第28卷（1960年3月）。[2] 虽然封面上没有超人，但是超人和蝙蝠侠都作为联盟成员出现了。《超人》系列电视节目和新英雄团体的登场让DC漫画公司在行业里遥遥领先。[3]

施瓦茨并不是业内唯一意识到超人复出及其影响的人。和以前一样，马丁·古德曼也嗅到了商机，想要主动出击。他对创新不感兴趣，一心只想赚钱。古德曼只有一个看似简单的指令：尽快赚钱。虽然他一生都喜欢牛仔故事，对科幻小说也有一些兴趣，但他对二者的感情就像对杂志和漫画书一样复杂，他认为它们都仅仅是有利可图的产品而已。

古德曼的商业头脑集中表现在先观望竞争对手有哪些畅销产品，然后厚颜无耻地抄袭上。他成立了一家空壳公司，以防某个漫画系列失败而导致整个“出版帝国”坍塌。他也会趁着对手的某个流派正炙手可热时搭一段“顺风车”，借机捞钱，直到潮流消退。似乎漫画行业的大部分人都遵循着这样一种理念：观察行业的领军者采取什么行动，然后跟着走。许多经营漫画公司的人彼此都很熟悉，他们一起打牌、喝酒，在同一家高档餐厅用餐，一起打高尔夫球，甚至连在迈阿密海滩度假时也住得很近。尽管他们的作品在书报亭上竞争激烈，但他们同时具有漫画业和出版业从业人员的共性，漫画和杂志不佳的口碑让他们成了一个奇怪的群体。[4]

从 20 世纪 40 年代中期到 20 世纪 60 年代初的几十年里，古德曼想尽了一切办法赚钱，为了达到目的不择手段。《男人专属》和《雄鹿》系列就是为了迎合男人最原始的本能冲动，本质上是依靠出版软色情、惊悚犯罪现场照片，以及盗版好莱坞影星的电影剧照来加强杂志内容的刺激性的。古德曼甚至还让公司员工和自由职业者为杂志做模特，这样他就能省下雇用模特和演员的成本。[5]古德曼得到了回报，《雄鹿》和其他淫秽杂志的售价为 25 美分，而漫画书只卖 10 美分。

在竞争激烈的出版业中，想要盈利，就必须降低成本、规避风险。古德曼认为，购买漫画书的人主要是十几岁以下的男孩，他们只喜欢拳击、机器人大战之类的故事，只对打斗场面和动作场面感兴趣，还有一大群读者是脑子不太够用的成年人。古德曼认为，这些人根本不在乎质量。他让编辑力推传统题材。古德曼紧跟对手引领的新趋势和流派，兴奋地喊道："如果发现某个系列正在流行，就赶紧接着创作几个，这样你就能赚大钱。"[6]

斯坦·李不懂高雅艺术。尽管他曾经的梦想是创作伟大的小说或拍电影，但在跟随古德曼工作多年后，他放弃了这些想法。他认清了出版业本身就是利益驱动的现实，因此他的首要任务就是创作销量好的作品。然而，李也意识到，出版业可不仅是创造利润。他知道漫画可以在年轻人的生活中扮演更重要的角色，比如，帮助学习、阅读，或者激发他们的想象力，对他们日后的生活有所裨益。

李的内心十分纠结。为了完成古德曼的战略目标，他必须马不停蹄地写作和编辑漫画，这种单调的工作让他感到不安。作为漫画部门的编辑、作家和艺术总监，他感觉自己逡巡不前。他扪心自问是否把生命都浪费在了漫画上。"我们只是在重复同样的事情，一遍又一遍，既没有得到更大的经济回报，也没有获得创造性的满足。"[7] 1960年，在这个行当里摸爬滚打了近20年之后，李被逼上了绝路。在沮丧与绝望之下，他想尝试别的职业道路，只要能摆脱漫画中充斥着的平庸话题、情节和人物，其他任何职业都可以。

年近不惑的李开始考虑其他选择，然而，童年家庭的不幸打消了他乐观的想法。父亲在大萧条时期长期失业，长年累月地与心魔做斗争。经历过这段岁月之后，一想到离职，李的内心就止不住地绝望。父亲雅各布·利伯失业的时候，比现在的斯坦大不了几岁，最终引发的后果就是家庭破裂。斯坦忘不了父亲的长期失业引发了父母间激烈争吵的往事，这最终导致父母的婚姻走向破裂。

李必须要进行抉择。他思考着两方面的利弊：一边是稳定的收入和幸福美满的家庭，另一边是永无止境地、越发绝望地创作毫无感染力的漫画作品。作为首席作家和编辑主管，李整天都在编写脚本，编辑青少年爱情故事和幽默漫画，如《少年爱情》《米莉的生活》，以及经久不衰的西部题材，如《牛皮小子》《义海倾情》《双枪小子》等。李经常给怪物题材添加意想不到的结尾，包括《奇异故事》《神秘之旅》等。这些也占用了他大量的时间。

综合考虑之后，李觉得漫画行业似乎注定要失败。20 世纪 50 年代，漫画销量一路攀升，但在 50 年代末大幅下降。公众抗议影响了行业的发展，李也愁眉不展。他说："我们兴致勃勃地编织着怪物题材的故事，写的漫画多到可以一车一车地搬运，但其实什么用都没有。"[8] 无论选择哪条路，他都备感压力：留下来，拿稳定工资，继续忍受折磨，为古德曼创作抄袭来的人物；或干脆一走了之，把干了一辈子的工作抛在身后。

1961 年夏，李采取了行动。他决定创建一支超级英雄团队，让这家二流的出版社一战成名。他马上着手组建团队。正义协会和正义联盟是由拥有不同特质的个体组成的，而李决定组建一支家庭式团队，像所有普通的家庭一样，他们也会面对人类在现实世界中所面临的挑战。李认为，唯一的区别是，这些看起来普通的人物不得不应付外界强加给他们的超能力。李想：如果邻居有一天经历了飞船坠毁的事件，存活了下来，但他们突然间获得了拯救地球或者毁灭世界的超能力，他们会做何反应？

李想“把不真实变成真实”，“把不同寻常的人放在超凡的环境中，然后让他们表现得像普通人一样。普通观众无法抗拒这种题材的故事”。他回想起自己年轻时吸引他的书或者广播内容，然后模仿那样的叙述方式。“把超级英雄放到普通人熟悉的场景里，你就创作出了经典低俗小说。”[9]

和引人入胜的剧情片（就像大多数家庭）一样，李从主角里德·理查兹和苏珊·斯通之间的爱情故事开始写起。然后，他又给苏珊增加了脾气火暴的弟弟约翰尼，增强了戏剧性和家庭活力。接着，李把本·格瑞姆拉进故事中，观众可以从他的身上瞥见自己的影子。格瑞姆变身石头人之后，这支超级英雄团队既获得了喜剧效果，又显得更加人性化，他怪物的外表下其实隐藏着一颗敏感的心。这支团队的成员既是超级英雄，又是普通人，他们如何处理与新世界及彼此间的人际关系推动了漫画情节的发展。李将这一点作为漫画的核心，他解释说："我喜欢设想与角色一起工作，就像电影或'肥皂剧'里那样。角色的个人生活有助于编剧创造情景、设计对白。"[10] 这个四人组合是一个有爱但也不失矛盾的大家庭。他们因感情聚在一起，但又需要应对拥有超能力而带来的一系列挑战。

李以时事为故事背景，并从中汲取灵感。团队搭乘宇宙飞船，一心想赶在苏联之前探索太空。而苏联人实际上已于 20 世纪 60 年代在美国之前就发射了第一颗人造卫星"伴侣号"，同时把名为贝尔卡和斯特雷卡的两只狗送进了太空轨道。这样看来，李的故事情节就像是一段修正主义的历史。

当该组织与首个超级反派"鼹鼠人"作战时，这个恶人袭击了"铁幕国家的一座核电站"和法国在非洲的一处设施，团队处于红色警戒状态。故事借用了时事背景，同时，李为了迎合迅速发展的名人文化，在设计人物时让他们保持了真实面容，这些都使得这个故事更加吸引人。熟悉的领域和常用的术语能使读者更好地了解英雄们所面临的困境。

找合适的画师来展现这部漫画史诗对李来说是最容易做的决定。杰克·科比多年来一直尽职尽责地为李制作封面和故事，基本上形成了公司的风格。科比擅于表现太空题材和动作场面，能让读者感受到巨大的星系怪兽在城市中蹒跚前行时的冲击力。"我事先没有和科比讨论这件事，”李说，“我先写完故事，然后告诉科比由他来设计漫画，因为他是我心目中的最佳人选。”[11] 据科比的搭档说，科比“有一种不可思议的能力，他能在头脑中清晰地呈现令人难忘的场景，他所要做的就是把令人惊叹的想象力付诸纸面”。[12]

一个可怕的绿色怪物抓着一个半透明的金发女郎从城市的人行道上冲了出来，旁边有一个火炬般的人影在空中盘旋，这引发了大量市民的高度恐慌。读者可以看到后面还有一个类似某种怪物的角色，而第四个人似乎可以伸展四肢，他松开了缠在自己身上的绳子。对话框记录下了每个人的名字，并宣布他们“首次出现在一本伟大的杂志上”。

神奇四侠来了！

书中有充满戏剧性的画面、万分紧张的情节，但真正吸引读者眼球的是漫画书标题中大胆的红色和奇特的文字。显眼的标题代表了冷战初期的原子时代。标题旁的一个小框里标有大写的“M”和小写的“c”。可见在当时李和科比就已经考虑将《漫威漫画》与公司的其他杂志进行区分了。

杂志《神奇四侠》由四部分组成，李决定采用非线性叙述法。虽然从封面上可以得知英雄即将与怪兽进行一场恶战，但直到第三幕，读者才能看到这个完整的场景（前两部分介绍了团队成员，同时讲述了该团队的起源）。

起初，当理查兹使用烟雾信号“4”来召集队友时，市民和警察都很恐慌。人们把石头人当作怪物，警察也怀疑他的出现是否预示着“外星人入侵”。他们试图击毙这个怪物，以防他躲进城市地下的排水道里。随后，政府用战斗机对付霹雳火，用核导弹向他射击。神奇先生把“导弹远远地抛向大海，引爆后没有任何人员伤亡”，他不仅救了约翰尼，也拯救了城市。

下一节从里德和本两人之间的故事展开。他们就实验火箭的安全性以及穿越宇宙射线的可能后果争论不休。本对驾驶一艘不安全的飞船持怀疑态度，而苏珊说本是一个“胆小鬼”。苏珊用激将法最终获得了本的同意。很快，队员们身着深紫色宇航服，头戴蓝色头盔，偷偷溜进了火箭。接下来的场景是科比在这本漫画中尽情施展才华的时候了。宇宙射线击穿了飞船，本的身体四分五裂，约翰尼整个人燃烧了起来，隔着书页，读者仿佛都可以闻到约翰尼的飞行服着火的味道。

飞船坠毁后，从残骸中走出来的队员们既茫然又愤怒。苏珊是第一个受到影响的人，逐渐地，她开始隐形了，这让其他人惊恐不已。“如果她不再现身了怎么办？”苏珊的弟弟吃惊地问。接着，本和里德开始生气了。本变成了一个拥有橘黄色皮肤的石头人，就像发了疯的巨大石堆一样。慌乱中，他表达了对苏珊的爱慕之情，他大声说道：“苏珊，我要向你证明你爱错了人。”然后本把一棵大树连根拔起，砸向理查兹。而理查兹舒展身体，扭动脖子，躲开了本猛烈的攻击。然后，理查兹运用新获得的超能力，将手臂变成了绳子，把本缠了起来。最后，约翰尼突然自燃，点着了灌木丛。他们都发现“我们变了！我们所有人都变了！我们再也不是普通人了”。随后，本代表组织宣称他们“必须利用这种力量来帮助人类”，同时他们将紧密团结在“神奇四侠”的头衔下。

在《神奇四侠》第1卷的最后两章里，团队成员再次身着紫色队服，试图在“怪兽岛”上追踪一个神秘的威胁。在岛上，他们与一只会飞的三头怪、一只巨大的岩石怪，以及其他各种各样的怪兽战斗，当然，其中也包括封面上的绿色巨人。他们利用霹雳火的熊熊烈焰击败了鼹鼠人，最终把他和其他怪物都击毙在岛上。事毕，团队乘坐私人飞机疾驰而去，一起面对未来更多的严峻考验。

科比和李都没有对两人携手打造的《神奇四侠》抱太大期望。“好了，就这样吧，”李想，“我要被炒鱿鱼了。我已经毫无保留地把想法展现出来了。”[13]

李为自己的工作感到骄傲，他愿意冒险一试，但他和科比都没有时间静心等待《神奇四侠》的成功。漫画书实际上在印发日期前3个月就已经发行了，而具体销量需要再过几个月才能看到。另外，作为作家和画师的李不能停下手里的工作，因为古德曼之前与DC漫画公司签订的不平等合同使得他们还要在DC漫画公司旗下出版10~12卷漫画，其中包括《神奇四侠》的下一卷。

当李和他的团队拼命赶稿的时候，他们意外地收到了许多粉丝寄到漫威总部的信，这种情况前所未有。《神奇四侠》创刊号正式出售不久，粉丝的信件就蜂拥而至。读者们为新的超级英雄团队而疯狂。李说，读者来信属于前所未有的情况。在此之前，他们收到的绝大多数信都是因为杂志出现勘误，读者要求退款。

科比和李非但没有失手，反而挖到了“金矿”。李回忆说：“信件如洪水般涌来，我们每发行一卷，就会收获更多的信件。”[14] 几个月后公布的销售数据再次证明了该漫画书的受欢迎程度。李很惊讶，他说：“我从没想过会有这么好的销量。”[15]

作为对粉丝的回应，李开始在漫画页面内回复粉丝的来信，并设置了一个聊天专栏，让读者了解漫威漫画及其员工的内部信息。从表面上看，与粉丝们轻松愉快的互动似乎很无聊。然而，随着时间的推移，专栏互动成了一个重要的环节，李不仅成了漫威漫画的核心，也成了整个漫画行业的核心人物。李似乎变成了每个读者最喜欢的大叔，因为他总是乐于分享公司里流行的俏皮话和内部八卦。

读者和这位作家兼编辑之间的互动使许多年轻人成了漫威的铁杆粉丝。读者仿佛和斯坦及其同事们一起在纽约的办公室里。读者想象他们自己用李给他们起的有趣绰号来互相称呼对方，也像李夸下海口的那样，每个人都有过人之处和独特的个性。作为一名天生的表演家，李利用漫画书最后一页的空间来与粉丝互动。他破釜沉舟创造出的《神奇四侠》终于有了回报。

尽管《神奇四侠》销量奇佳，但漫威并没有把它列入 1961 年的销售数据，因为它是在当年年末才被发布的。[16] 然而，如果这本漫画是当年公司最畅销的一卷，人们就可以推断它的销量应该超过了排名第 40 位、共售出约 18.5 万册的《惊奇故事集》。相比之下，1961 年《守财奴叔叔》（戴尔出版公司）的付费发行量超过 85 万份，名列榜首；而《超人》的发行量高达 82 万份。据出版商上报的销量,《神奇四侠》要到 1966 年才正式出现在官方名册上。同年，《神奇四侠》以 32.9 万册的销量名列第 19 位。

影迷们热情高涨，漫威麦迪逊大道办公室的信件堆积如山，这意味着李到了事业的一个分水岭。1961 年，DC 漫画公司的美国正义联盟获得了“美国漫画艺术与科学学院漫画年度大奖”，此奖项第二年的得主便是《神奇四侠》。漫威的革命之路正式开始了。

尽管多年后，科比和李都认为是自己成就了《神奇四侠》，开启了漫威时代，并为此各执一词，但是两人的确都倾注了各自的创作才华，像音乐家、电影制作者或者运动员一样，收获了合作的产物。如果没有科比独特的艺术技巧，超级英雄团队就不会如此栩栩如生，跃然纸上。他生动地展现了巨大的能量和丰富的动作性，使读者几乎可以对太空深处的空间有身临其境之感。读者可以想象一个人的手臂伸长数百米后的效果，感受到全身燃起熊熊烈火的滋味。负责撰写故事的李，有着独特的对话和叙事模式，这些在英雄团队和他们不断增加的对手中可见一斑。

到 1961 年，李和科比都已经是业内经验丰富的老手了，他们把自己几乎所有的精力都投身在漫画行业。他们成为传奇人物指日可待。自从创作了《神奇四侠》，他们受到了几代人的赞扬。但人总是健忘的，两人都对个人生活及职业生涯中频繁出现的困境深感不满。他们对自己的前途以及献身的行业感到担忧，内心充满了焦虑与恐惧。不久之后，尤其当李声名鹊起后，科比嫉妒不已，他觉得自己被利用了。两人陷入了冷战。当《神奇四侠》初次上架时，作家用他的一根根手指敲击着发出咔嗒声的打字机，另一个人则专注地伏案绘画。他们没有意识到自己正在创作一部伟大的作品。对他们来说，这不过是又一个普通的作品罢了，这个作品将与其他作品一起把他们困在这个行业里。

李和科比性格倔强、才华横溢，且都是工作狂，有着强烈的进取心。尽管两人的性格截然不同，但他们的组合集结了恐惧、担忧、自豪和激情。很显然，李和科比完善了“漫威式创作法”，因为两人都心甘情愿地为之投入自己的才华。几十年来，漫画历史学家们一直根据两个人的工作片段的材料争论谁应该在哪些方面受到嘉奖。

几年前，李无意中发现了他最初的两页《神奇四侠》第 1 卷的故事梗概，并将其与《另一个自我》杂志编辑罗伊 · 托马斯分享。罗伊 · 托马斯曾师从斯坦，后来接替他担任漫威漫画的主编。他们在手稿中有意外的发现，李笔下的故事情节和人物遵循了漫画出版监督机构的规定。例如，李直接告诉科比按照漫画出版规范的要求，在原著故事中，霹雳火“不能用火焰烧死任何人，他只能烧绳子、门等，绝不能烧人”。托马斯推测，李在写故事梗概之前就设定好了人物，因为他担心遭到有关部门的反对后可能会推迟作品的出版。[17]

这件事也揭示了李作为作家兼编辑的两面性。虽然李在创建新超级英雄团队中重燃工作乐趣，但当截稿日期如此重要之时，他也必须讲究实效和策略，以便获得标准审查机构的批准。当李早期接受采访谈到“漫画之王”科比时，李称赞他的搭档能将故事和视觉完美地结合在一起，这样的本事在业内无人能及。他还提到科比自己也会参与情节创作，“我们俩都算剧本作者”。[18] 这位“漫画之王”也承担了非正式的艺术总监的角色，科比会按照公司的风格（实质上就是自己的风格）来培养新画师创作超级英雄系列。

随着超级英雄的人气和销量不断上升，李的表演技巧逐渐崭露头角，自信心也在不断增强。在《神奇四侠》的第3卷里，神奇四侠要对战催眠师，李大胆地在标题下面写道：“世界上最伟大的漫画杂志。”在第4卷里，李把这句话稍做改动，并且将其放到标题上面，使其更为醒目，仿佛在向读者宣战。尽管这个副标题带来了一些负面影响，但李早有心理准备。为了提高销量，李愿意尽一切努力，他说：“我知道这样的标题一定会引起大家的注意，可能会被认为有点儿不自量力。”[19] 李知道这是一步险棋，但没有人能够真正证明这一点或驳斥他。就像一个伟大的快速球投手或摇滚乐吉他手一样，李仿佛用这个标题在沙地上画了一条线，向对手宣布：“我们是世界上最好的漫画公司。”

夸张点儿说，《神奇四侠》的成功甚至像飓风一样使李和科比被代入英雄团队的内心深处。李回忆说，在出版了10卷之后，“我们都对神奇四侠及其接连不断的对手有了新的认识”。李解释说，这不仅限于漫画书里的创作，“现在里德、苏珊、本和约翰尼似乎已经成为我们的家庭成员了”。对这位长期从事写作的作家来说，“写这样的剧本很顺畅。我很容易就能想象出他们在各个具体的场景里会说哪些话、做哪些事。因为对我来说，他们就像朋友一样熟悉”。[20] 神奇四侠在继续拯救世界的同时，他们每个人和这支英雄团队也为此承受了巨大的压力，使得这个家庭的故事越发精彩。

在许多粉丝心中，石头人本是这支四人团队的核心英雄。科比以自己为雏形创作了这个人物，同时增添了硬汉风格，这是以他幼时在下东区与流氓帮派斗争的经验为蓝本创作的。李说，格瑞姆是他心中英雄的缩影，“我意识到，他既不是怪物，又不是幽默、丑陋的英雄。他在得到超能力的同时也变得与周围格格不入，这给读者平添了一丝伤感”。[21]

这对创意组合还特意创作了一系列超级反派，让读者一直为英雄们担心。例如，他们重启了比尔·埃弗雷特创作的海王子，把该人物设计成一个被人误解的皇室恶人，他本来只想保护自己的水下王国，但他在遇到苏珊之后，就想把苏珊占为己有。看到海王子对自己的未婚妻动起了心思，里德简直无法按捺心中的怒火。

实力强大的毁灭博士则是一个更有趣也更卑鄙的犯罪天才，他在自己位于拉特维里亚（李虚构的一个东欧王国）的家中制造出一场全球灾难。科比和李的讨论常常精彩纷呈，也往往争执不下。某次，两个人讨论要创作一个能真正对神奇四侠构成威胁的反派人物。李坚持使用“毁灭博士”一名，但科比却对此持怀疑态度。尽管两人各执一词，但他们最终还是找到了解决分歧的办法。李回忆说：“无论什么时候，只要思路正确，我们很快就能把作品中的人物组合在一起。每个小想法都可以引出另一个更令人兴奋的想法。”[22]

为了展现毁灭博士的邪恶，科比给他设计了一副盔甲，并且把他的脸藏在一副冰冷的灰色钢制面具后面。该反派首次登场是在《神奇四侠》第5卷中，书中简单介绍了人物背景，之后有更加详细的描写。那期杂志以李设计的“彩蛋”为开篇，不久这也成了李标志性的风格。在“彩蛋”里，约翰尼·斯通正在阅读新一卷刚刚上架的《绿巨人》。约翰尼取笑本说：“我一看见这个怪物就会想起石头人。”本气得向霹雳火约翰尼大发雷霆，把桌子砸坏了。家庭矛盾被激发后，里德和苏珊不得不出面干预，苏珊用灭火器熄灭了弟弟约翰尼的怒火，里德用身体把本捆成一团。里德感叹道：“我们4个怎么了？不打坏人的时候就打自己人！”李的强势性格可能在此有所显露，粉丝喜欢看到超级英雄像普通人一样与自家人吵架斗嘴。

当毁灭博士把英雄团队困在摩天大楼总部时，里德认出了藏在面具后的人就是他的大学同学维克多·冯·杜姆，“他是一位优秀的科学系的学生……只对‘黑魔法’中禁止的实验感兴趣”。毁灭博士把苏珊扣为人质，然后把全队人马带到他的堡垒。他用自己设计的时间机器，把 3 名男性成员送到过去去寻找“黑胡子的宝藏”。队员们利用超能力，以少胜多，战胜了实力强大的海盗，夺取了宝藏。然而，里德并没有把宝藏交给毁灭博士，他意识到，“既然毁灭博士那么想得到它，其中必定蕴藏着某种危险的力量，我们得确保它永远不落入博士之手”。

海盗们误把本错认为黑胡子。希望成为法外之徒的本将计就计，命令船员攻击里德和约翰尼。须臾间，一场龙卷风把船撕裂，约翰尼差点儿被淹死。之后，里德和约翰尼发现了被冲上岸的本。本道歉说：“我终于感受到了像普通人一样被人接纳的滋味，哪怕接纳你的人是一群残忍的海盗。我只是一时糊涂，被这种情感蒙蔽了双眼！”本给李提供了一个全新的叙事角度。本渴望成为人类，总是想着放弃超能力，这给故事情节增添了张力。本内心的挣扎及其在公众面前呈现的怪物形象，都强化了《神奇四侠》中无处不在的冲突感。

当毁灭博士通过时光隧道把 3 个队员带回现实中后，博士发现自己被骗了。一怒之下，他把队员们关了起来，同时切断了氧气。苏珊用隐身的超能力阻止了毁灭博士，救回了其他 3 人。最终 4 人成功逃离了毁灭博士的堡垒，但博士早已使用便携式喷气背包逃之夭夭，成了漏网之鱼。

李和科比让反派得以逃脱，他们没有把结尾设计成圆满的大结局，这改变了传统漫画的情节。创意二人组发明了类似连续剧的漫画模式，每一集都挖掘关于反派的一些信息，而故事又有连续性。科比和李用这种方法给《神奇四侠》加入了背景和历史，为后续情节做了铺垫，这样一来就能吊足读者的胃口。

《神奇四侠》创刊号发布后，粉丝们关于毁灭博士的邮件很快就堆满了李的办公室。不久，李和科比意识到，毁灭博士“可能是漫威顶级的反派，无论是在外观、能力、个性上，还是在对读者的吸引力上，都是最强的”。[23]

在《神奇四侠》第 10 卷的封面上，里德愤怒地离去，毁灭博士看似要加入神奇四侠的团队，这让读者很疑惑。尽管封面设计得如此精心，读者仍旧会注意到封面的左下角，那里有李和科比发表的自己对本卷的看法和与粉丝进行的互动。

在故事里，3 名队员必须处理好他们日益增长的名气，避开找碴儿的粉丝，也有粉丝认为他们不用太过担心石头人。当队员到达本失明的女友艾丽西亚的公寓时，他们才知道原来本没有遇上麻烦。然而，一提到海王子，里德和苏珊就会发生争执。苏珊脱口而出：“我不确定自己是不是选对了人。”而此时故事突然切换到科比和李在漫威麦迪逊大道的办公室，室内摆放着绿巨人、雷神托尔和其他超级英雄的形象。创作团队在试图打造另一个超级反派。

突然，毁灭博士走进了办公室。他摘下面具，李和科比吓得直往后缩。毁灭博士威胁说：“你们不是要找故事吗？这就给你们一个！打电话给神奇先生，如果想活命，就把我刚才说的话告诉他！”他从食指射出的一束光摧毁了李的烟灰缸，以示威慑。毁灭博士等待着里德的到来，然后用毒气伏击了他。之后，博士把自己和理查兹传送到他的秘密实验室里。

毁灭博士利用从一个叫作卵状体的高级外星种族那里获得的知识，通过心灵感应将他的大脑传送到理查兹的身体里，而理查兹则被困在博士的盔甲里。博士骗过了神奇四侠，把理查兹锁在一个只有一小时氧气量的地下室里。最终里德得以逃脱，但他被苏珊打晕在艾丽西亚的公寓里。当团队的其他成员（除了藏在里德体内的毁灭博士）到场时，他们才意识到里德说的可能是实话。约翰尼和石头人骗得毁灭博士露出了真面目，电光石火之间，两个人被调换回了自己的身体里。毁灭博士不小心被收缩射线击中，身体逐渐缩小，直至不见。就这样，毁灭博士再一次被打败了。

把作家和画师本身画进漫画里看起来可能有些许戏谑的味道，但是这卷漫画奠定了漫威漫画的基调，使漫威注定与竞争对手有着本质的不同，尤其与 DC 漫画公司那些一板一眼、只会拯救世界的英雄不同。此外，这卷漫画把李和科比打造成了勇敢的角色，他们能够与自己创作的角色互动，甚至也会害怕毁灭博士，这给了读者一种真实感。突然之间，杂志上的名字——斯坦·李和杰克·科比——有了新的意义。而且，正如李所说的那样，粉丝们强烈要求使用这种新的方式："这可能是我们第一次意识到自己是漫画中的角色。这样创作也是为了回应粉丝的要求，对我来说，编写这样的故事是一件非常有趣的事情。"[24] 通过模糊真实与想象之间的界限，漫威漫画向读者展示了该公司及其主要作家兼艺术家二人组顽皮的一面。

就在李 39 岁生日前夕，《神奇四侠》创刊号上市。《神奇四侠》诞生于科比和李生命中的一个转折点，是他们职业生涯命悬一刻时的放手一搏。在经历了动荡的 20 世纪 50 年代和公众对漫画书的强烈反对之后，许多人，包括李，都认为漫画行业可能会崩溃。鉴于其存在的周期性，崩溃也并非毫无可能。但是整个行业又能经得起多少这样的大起大落呢？

然而，那卷漫画并非李的告别作品。相反，粉丝们的邮件堆满了他的办公室，这是从未发生过的。通常，衡量一本漫画书成功与否的唯一标准就是销售数据，而销售数据要在漫画书发行好几个月后才会被公布。当李仔细查看这些信件时，他意识到，12~15 岁的读者在无意中发现了这本漫画，且很喜欢里面的内容。这些读者想看更多类似的故事，这让李重拾了信心。之前他一直埋头苦干，没有与粉丝进行任何互动，此次大量粉丝的支持来得正是时候。

脾气乖戾、行事谨慎的科比的反应没有李那么强烈，他不愿像以前热门漫画出现时那样经历情绪上的大起大落。他继续埋头创作，总能出手惊人。李认为收到的这些信件和明信片证实了自己的创作理念，即把自己当作读者，如果自己觉得不错，读者也会满意。

《神奇四侠》不仅为李和科比创作更多超级英雄奠定了基础，而且振兴了整个漫画产业。此前李一直靠模仿，现在他有了新的定位：做潮流的引领者，而不是追随者。他相信自己的直觉，知道自己的故事能被读者喜欢，也对科比非凡的艺术创造力坚信不疑。

第七章　蜘蛛侠扭转败局

一个新的超级英雄在画面中风驰电掣，仿佛马上就要跳到读者面前。他浑身肌肉紧绷，头戴面具，人们看不到他的嘴和鼻子，只有通过像外星人一样弯曲的眼睛才能看出他是人类。他的超能力让人替他捏一把汗，他的一只手漫不经心地抓着一个面目狰狞的罪犯，另一只手弹出细如发丝的蛛丝，以此在城市的街道上荡来荡去。在画面背景中，屋顶上站着许多很小的身影，他们惊讶地看着眼前的场景。

这位超级英雄看似失去平衡，却能在一瞬间保持静止，仿佛一位惊慌失措的摄影师连拍了好几张照片。画面正好捕捉到英雄飞快的速度，如飞机飞行般呼啸而过。这位英雄的三角肌纹路和腿部肌肉线条清晰可见。一些细细的网丝从他的肘部一直延伸到腰部。这是人类还是另一个世界的物种？

答案其实是二者皆非。从漫画左边亮黄色的对话框里，读者了解到令人震惊的真相。这不是成年人，不像蝙蝠侠或超人那样年长、成熟，后两位英雄一个在不停地怀疑自己存在的意义，另一个是外星“老好人”。不，这位英雄只是一个自称“胆小少年”的孩子，名叫彼得·帕克。帕克感叹道：“这个世界嘲笑我这个面具后的少年，但人们将会因我的‘新超能力’而感到惊奇。”

蜘蛛侠诞生了。

1962年，蜘蛛侠在《惊奇幻想》第15卷首次亮相，这是李经过深思熟虑之后走的一步险棋。他相信自己的直觉，尽管这种直觉并非来自逻辑分析，而是几十年来在混乱的漫画业经历了数次失败之后磨炼出的一种感觉。一本杂志从出版到被置于书报亭上售卖要经历相当漫长的过程，最终的销量取决于出版商出版了什么样的杂志。漫画迷们的兴趣点瞬息万变，这使包括李在内的编辑十分头疼，编辑们只能不断地努力，以预测下一个流行趋势。

冒险去创作新角色需要用宝贵的时间来写作、绘制线稿和上墨，而新创作的系列作品有可能失败，从而浪费了创作其他更赚钱的漫画的时间。在这样一个依赖人才、争分夺秒的行业，优秀的画师和作家没有多余的时间来制作一部销量不佳的漫画。市场需求常常与创意发生冲突，漫画必须创作得又快又好。创意团队每月都在与严格的时限赛跑。

在20多年的漫画作家和编辑生涯中，李目睹了漫画流派的蓬勃发展，可读者总是很快就把注意力转向其他题材。战争故事可能被爱情题材取代，爱情题材在流行一段时间后，怪物漫画的人气就开始飙升，但随后它又被外星人故事取代。在一个少数出版商控制整个行业的时代，他们密切关注着彼此的产品，希望模仿对方畅销的漫画系列。

李把出版商马丁·古德曼称为“有史以来最伟大的模仿者之一”。古德曼与其他出版商打高尔夫球和吃午餐谈天侃地时，能捕捉到各种信息和线索，然后就让李利用这些想法来创作。如果听说西部题材热卖，古德曼就会把李找来，大声说：“斯坦，写点儿西部故事吧。”[1] 每种新时尚的出现，都意味着这类漫画系列也会随之热门起来。李的强项在于他是一个多面手，可以同时创作不同的漫画系列。在这样的条件下工作了这么久，李可以游刃有余地进行多条故事线的创作。李用绰号和双关语来记漫画系列的名字和头衔，比如，重新启用 1960 年《牛皮小子》里的枪手，把他打造成逃犯；或者运用头韵修辞，取有着相同首字母的单词作为题目，比如,《模特米莉》(*Millie the Model*)。

如果某个漫画类型卖得很好，出版商马丁·古德曼就会给李一点儿喘息的空间，但当销量下滑时，他就会给李施加压力。古德曼是个性格保守的主管，他不喜欢改变，这令李很苦恼。同时，古德曼还总是对漫画持贬低的态度，这更使这位作家不满，李说，“(古德曼)觉得漫画读者不过是小孩子或愚蠢的成年人”，也就是说，“如果用一个词能说明白，他都不想让我用两个词。他认为漫画不需要打磨人物性格，不需要添加那么多对话，只要有打斗场面就行了”。由于当时个人出版公司经营状况不稳定，经常有公司倒闭，再加上他二人已经共事很久，李承认："这不过是一份工作而已，我不得不按他的想法来办。"[2]

尽管李和古德曼是远房亲戚，又是长期合作伙伴，但两人的关系并没有很亲近。李认为："马丁擅长做自己的工作，赚了很多钱，但他没有开拓精神，他只是希望一成不变。"虽然出版业竞争一直十分激烈，但大多数企业的高管并不是冷血的行业领袖。古德曼逼迫李加快工作的进度。李回忆道："马丁聘请了一位好朋友当他的业务经理，他们每天会花两三个小时在马丁的办公室玩拼字游戏。"[3]

随着《神奇四侠》销量的飙升，古德曼趁热打铁，用他惯有的管理风格给李下了一个简单的指示："再创作几个超级英雄。"[4]古德曼下这个指示自有道理：超级英雄可能是下一个流行的题材，所以这将是及时漫画公司的新方向。然而，《神奇四侠》巧妙地改变了编辑和出版商之间的关系。由于新超级英雄团队的出现，公司的销量翻了一番，古德曼放松了一些监管，这让李有了更大的权威和影响力。从出版商的角度来看，超级英雄系列的风靡只不过是昙花一现。但是李把赚来的部分利润用来提高自由作家和编辑的薪酬，这样就可以减轻他自己在写作、策划、编辑和批准公司每月有限的漫画系列创作时的压力。然而，随着《蜘蛛侠》的推出，李既是将员工的才能和精力用到自己的板块上来，也是在公然与古德曼叫板。

几个月来，李一直在构思一个与神奇四侠类似的新型超级英雄，这个英雄有超能力，但他同时也会在现代社会中遇到现实的挑战。新角色将是“一个有各种问题、烦恼和焦虑的青少年”。李想出了“蜘蛛侠”这个酷炫的名字，并设想这同时是一个“倒霉孩子”，这个孩子的命运喜忧参半。因为获得了超乎常人的力量，他能够像现实中的蜘蛛一样黏附在墙壁、建筑物的侧面，甚至天花板上，就像一只人形蜘蛛一样。[5] 李预感到蜘蛛侠将会成为公司及超级英雄题材的重要角色。

李在回忆当时去找古德曼的情形时说：“和以前一样，我把想法戏剧化地告诉了我的老板、朋友、出版商兼伙伴。”他甚至美化了蜘蛛侠的创作灵感来源，声称是源于“打字时抬头看到了墙上的苍蝇”。[6] 他把人物特点都设定好了：青少年、孤儿、焦虑、贫穷、聪明，以及其他年轻人所拥有的特质。李以为古德曼不用考虑就会同意这个创意，但令他吃惊的是，古德曼很不喜欢这个故事，不同意把它作为一部独立的漫画书出版。[7]

做了一辈子出版商的古德曼不同意的原因主要有三点：“第一，人们讨厌蜘蛛，所以不能把英雄命名为‘蜘蛛侠’；第二，少年当不了英雄，‘只能做一个配角’；第三，主角应该是果敢英勇的人，而不是一个长着粉刺、不受欢迎、身体瘦弱的孩子。”[8] 古德曼认为，一个并不英勇的英雄，或者不是特别讨人喜欢的英雄，听起来就像一个“喜剧角色”。他生气地问李：“难道你不知道人们讨厌蜘蛛吗？”[9] 李回忆说，这些没完没了的反对意见让他觉得“马丁就是不让我创作这本书”。[10]

古德曼认为，一个青少年角色会让他的公司在漫画出版商里沦为笑柄，这是公司管理人员一直担心的问题。不管该公司取得怎样的成功，古德曼都深知这个行业的起起落落，所以他拒绝了那些他认为会失败的想法，并继续借鉴其他出版商的成功经验。古德曼彻头彻尾地讨厌蜘蛛侠。他通常只在经济低迷的时候会亲力亲为，但当李给他带来这个新角色时，这位作家触及了古德曼心中的不安和担忧，他担心出版蜘蛛侠漫画会影响公司的市场地位和竞争力。

李意识到不能完全绕开老板，于是他决定以低风险的方式推出蜘蛛侠。最好的办法就是把该角色放在一个系列的封面上，他选择了销量低迷的《惊奇幻想》。漫画读者对这个系列没什么兴趣，这里面通常是李写的惊悚及奇幻故事和史蒂夫·迪特科的超现实主义画风。迪特科在公司里专门负责惊悚、超现实和玄幻题材。有一次，李甚至把“成人”这个词直接放到了标题中，希望“惊奇的成人幻想”能引起读者的兴趣。古德曼的蔑视和《惊奇幻想》可怜的销量，已经给了李这位少年英雄两次沉重的打击。

尽管困难重重，老板又明令禁止，李当时仍旧无法放弃这个“书呆子”超级英雄，他说：“蜘蛛侠一直萦绕在我的脑海里。”[11] 他编写了关于蜘蛛侠的一段故事情节，交给了杰克·科比。李认为没人会在意（甚至都不会注意到）即将停刊的最后一卷漫画中的新角色。

在这个快节奏的工作环境里，李实质上是漫威的执行编辑、作家、排印编辑和整体创意总监，他会找他信任的画师干活儿，因为他们无须过多叮嘱，工作效率也很高。通常，李只需要把故事叙述一遍，画师就可以在此基础上进行创作。他们画完后，李再添加对话和其他信息，这样一来，他就有时间编辑或添加画师可能忽略的内容了。

然而，创作《蜘蛛侠》时，科比没有完全领会李的意图。他起初把这个十几岁的“书呆子”画成了一个帅气英俊的小超人，就像一个刚刚崭露头角的宇航员或足球明星。科比没时间反复琢磨一个终将被弃的角色，就转而去做其他项目了。于是李把任务交给了迪特科。毕竟，迪特科是《神奇幻想》的画师，而且他的风格更适合这个另类英雄。

迪特科完美地展现出了蜘蛛侠，但封面效果不尽如人意。李不得不委托科比来画封面线稿，然后由迪特科来上墨。尽管科比画好了封面，帮大家按时完成了任务，李还是对迪特科版的少年英雄更满意。他解释说：“史蒂夫完美地展现了我的新的小蜘蛛英雄。”[12] 他们完成了两部分的故事，将其作为主打故事刊登在《神奇幻想》第 15 卷。李说：“我们当时或多或少地忘了这个人物。”[13] 从这可以看出当时及时漫画公司人手不足的忙碌景象，也说明大家对这个英雄人物没抱多大期望。尽管李和迪特科对这次合作很满意，然而谁也没有想到他们将会把漫画带到另外一条完全不同的轨道上。

李的新式写作风格为蜘蛛侠漫画和整个公司建立了一个新的语言风格。他打破了作者和读者之间无形的屏障（这通常被称为“第四面墙”），在蜘蛛侠初次登场的漫画首页，李用和蔼、朴素的语言温柔地引导读者开始阅读这位英雄的冒险之旅。这种第二人称的叙述方式与 DC 漫画公司的《超人》《蝙蝠侠》《神奇女侠》等超级英雄作品形成了鲜明对比，后者的叙述方式比较正式，且与读者有一定的距离感。

从一开始，李就透露了一个秘密，他解释说，漫画界的人“私下里”称超级英雄为“裹脚布角色”，他们“一毛钱能买一打”。然而，现在李却告诉读者们这个新角色“有点儿……不寻常！”开篇仅用了 100 个字，李就已经和读者建立起了联系，为蜘蛛侠创造了人物背景，让他与其他超级英雄完全不同。作者用十分亲和的语气半开玩笑地强调了这个英雄如何“与众不同”。

在第二页，李向读者叙述道，故事里的成年人都很喜欢彼得，包括他的养父母——婶婶梅·帕克和叔叔本·帕克，以及他的老师们。他们都很“喜欢”这个“干净、勤奋的好学生”。然而，当读者很快了解到帕克是一个好孩子时，李又告诉读者他如何受到排挤，尤其是与学校里最受欢迎的弗拉什·汤姆森形成鲜明对比。帕克约一个女孩出去玩而惨遭拒绝后，女孩转而投向“梦中的王子”

汤姆森。当两人开着一辆红色敞篷车疾驰而去时，帕克建议他们不妨去看科技展，却遭到他们的嘲笑。他的一个同学冷笑着说：“你继续学好科学吧，小子。我们来负责与美女约会。”在下一帧画面中，帕克走进科学实验室，哭着说：“总有一天他们会后悔嘲笑我的！”

被设计成普通人角色的帕克与学校里受欢迎的孩子形成鲜明对比，这更能引发读者对这个青少年的同情。大多数读者都对帕克的处境感同身受，因为每个学校都有弗拉什·汤姆森这样的学生，他们广受关注，同时把快乐建立在欺负像帕克这样弱小的孩子之上。李再一次直接与读者对话，他说：“是的，对于一些人来说，青少年时期总是充满着很多令人心碎的时刻。”作者认为，有血有肉的帕克对于自己被排挤的现实感到十分痛苦。

李没有单纯地把帕克设计成一个局外人，随着情节的发展，故事逐步变得黑暗且危机四伏，他同时展现了这个年轻人全方位的情感。被一只原子动力蜘蛛咬了一口后，帕克就被动地陷入了新发现的力量中。他报名参加了职业摔跤比赛来测试自己的力量，同时赚点儿“外快”。缺乏自信的帕克戴上了面具，因为他不想被沦为“笑柄”。但他仍旧挑战了肌肉健壮的霍根，尽管霍根称他为“一个戴面具的小奇迹（marvel）”。李玩了一个小小的文字游戏，他在此处和封面上都使用了“marvel”一词，这在无意间把人物和公司未来的名称联系在了一起，这也是这位作者兼编辑考虑良久后做出的决定。

接下来，故事的走向急转直下。成年人很快就会想尽一切方法来利用青少年的力量。一位“电视制片人”向戴面具的帕克许下重金，并保证他可以在当时最受欢迎的节目——“埃德·沙利文秀”中亮相。在电视人兼经纪人的指导下，蜘蛛侠引起了一时的轰动，他尝到了传说中的“出名与成功的第一缕甜蜜气息”。然而，当他看到警察在追赶小偷时，这个被名气冲昏头脑的超能力少年却选择了袖手旁观。在李的笔下，帕克虽然身怀神力，却尚未拥有一名真正的英雄的智慧。

后来，叔叔本的死亡真相逐渐被揭露，帕克无法再保持冷静了，他变身成蜘蛛侠，捉到了杀死叔叔的逃犯，随后他意识到此人正是那个原本可以被他阻止的小毛贼。整部漫画中，只有这一帧透过面具展现了蜘蛛侠惊讶时放大的瞳孔。男孩没有杀死罪犯，而是把他用蜘蛛网吊起来放下去交给警察。然而，李描绘了少年深深的自责，他不得不为自己的行为承担后果。在最后一帧，李写下了蜘蛛侠的一句经典名言：“我终于意识到，在这个世界上，能力越大，责任就越大！”

李终于能把他在语言和风格上的创新理念直接应用到新的超级英雄身上了，他通过塑造英雄人性化的一面，来吸引读者的注意力。彼得·帕克是一个内向的少年，经常因为与他人不同而被同龄人嘲笑，这个人物的创作灵感实际上源于李小时候遭受校园霸凌的经历。“因为那时我是班上年纪最小也是最瘦弱的孩子，球队队长和学生中的领导角色从来轮不到我，所以受欺负的总是我。”因此，在探寻帕克内心的声音时，李解释说：“我觉得孩子们能从角色中找到自己的影子。毕竟，大多数孩子都有过类似的经历。后来事实也证明我的判断是对的。”[14] 把那一卷《惊奇幻想》放到一边后，李又匆匆转向下一个需要关注的系列。

漫画业的忙碌节奏使人无暇放慢脚步，更不用说停下来思考公众对某个特定系列的反响了，这也许是为什么《惊奇漫画》第 15 卷，“蜘蛛侠”一词出现了 Spider-Man、Spiderman 和 the Spiderman 等多种写法。李和他的画师小分队已经在争分夺秒地要抢在截稿日前完成新系列的创作了。

不过，尽管几个月后才能拿到销售数据，但看到读者寄来的一包包的信时，李意识到蜘蛛侠火了，此时再现了一年前《神奇四侠》首次推出时的场景。李回忆说，他每天会收到大约 100 封粉丝的来信，有时会更多，每一封他都会认真阅读并回复。

决定命运的时刻终于到了，销量终于被公布了。古德曼冲进李的办公室，后者的桌子上一如既往地堆满了画板、图纸、模型、黄色便签本和备忘录。

古德曼笑容满面地说：“斯坦，还记得我之前很喜欢的蜘蛛侠的点子吗？我们为什么不把它变成一个系列呢？”[15]

如果这还不足以让李激动起来，下面的消息会真正让他振奋：蜘蛛侠不仅销量超高，那卷漫画还是当年最畅销的漫画，并一举夺得十年里最畅销漫画的名头。《惊奇幻想》一直在销量排行榜上垫底，经过李的努力，它的第 15 卷一跃成为销量冠军。[16] 蜘蛛侠是李和迪特科在好几个月前创作的，它的大受欢迎意味着创作团队需要立即开始工作，把蜘蛛侠打造成一个单独的系列。

尽管古德曼一开始对蜘蛛侠持否定态度，科比也不上心，但《惊奇幻想》第 15 卷的大获成功提升了李和迪特科的地位，因为这个新角色将成为漫威超级英雄阵容里的核心。更重要的是，《神奇四侠》和《蜘蛛侠》两部漫画改变了漫威公司，此时公司不再需要依靠模仿其他出版商的作品生存了，而是变身为时髦和热门的代名词。

因为销售数据统计严重滞后，印刷和发行的周期又很长，所以等到新 1 卷《蜘蛛侠》面世已是 6 个月后了。为了给新系列让路，李不得不放弃了另一个系列，因为独立新闻公司的发行协议只允许漫威拥有 8 个不计页数的系列。因此，在《蜘蛛侠》出版后不到一年的时间里，《绿巨人》由于销量有限而被停止发行。1963 年 3 月，首卷《超凡蜘蛛侠》于书报亭亮相。

当《超凡蜘蛛侠》终于出版时，漫画迷们简直不敢相信自己的眼睛。这位十几岁的超级英雄被困在一根悬在半空中的透明管道里，而捉住他的人正是李的超级团队——神奇四侠。霹雳火全身燃烧着火焰，露出眼睛来查看被捉到的英雄是否还在；地面上，石头人挥舞着他强劲有力的拳头，期待燃魂一战。

漫威的另一部突破性作品《神奇四侠》出现在《超凡蜘蛛侠》的首次亮相里，说明李把宝压在了蜘蛛侠身上，并希望通过两个热门系列的联手来提升销量。这一想法似乎从《惊奇幻想》的最后一卷延续而来，当时李告诉读者“敬请期待下一卷”，尽管该漫画马上就要停刊了。李总是留下各种可能性，也许是因为在过去 20 年的跌宕起伏中，他在漫画行业里经历了太多的变化。古德曼的销量数据证明李兑现了诺言，蜘蛛侠的确流行起来了。把神奇四侠加入其中也是明智的商业决策，同时，这开启了一种新的创意形式。

在创作《超凡蜘蛛侠》的封面时，李再次求助于经验丰富、水平高超的科比，尤其出于他是《神奇四侠》的画师和创作者之一。科比的封面设计风格与迪特科的区别一目了然。在封面上，蜘蛛侠看起来没有那么强壮，更贴近蜘蛛这个名字。以出版商詹姆森为首的一群人冲着蜘蛛侠大喊：“你这个危害公共安全的怪物！”蜘蛛侠退回到自己的网里，抓住卷须来保持平衡。李对读者发出了大胆且夸张的宣言："这本漫画独一无二，蜘蛛侠无人能及！"

《超凡蜘蛛侠》创刊号刊登了两个独立的故事，这在那个时代的漫画书中并不少见。两个故事相互关联但目的各异。第一个故事着重讲述了主人公的背景，对于那些可能错过了《惊奇幻想》的粉丝来说，这等同于一次补课。书的后半部分让蜘蛛侠与神奇四侠结识，并引出了这位少年英雄将要独立面对的第一个反派。

蜘蛛侠的第一个故事着重讲述了帕克和婶婶的困境。因为家里缺钱，帕克为了养家付出了很多努力。然而，虽然经理为他的"市政厅秀"开了一张支票，但银行却不予以兑现，这让他的努力付诸东流。接着，詹姆森发表了一篇标题文章，称这位英雄是"威胁"，并在镇上四处宣扬"蜘蛛侠必须被逮捕！我们美丽的都市里没有这种危险生物的容身之所"。这位新闻记者把他的儿子——飞行员约翰·詹姆森当作一个真正英雄的代表，因为约翰即将乘坐太空舱环绕地球飞行。

尽管飞行员的父亲使帕克穷困潦倒，但当约翰的飞行任务出现问题时，蜘蛛侠立即采取了行动。老詹姆森指责蜘蛛侠是一个"寻求公众关注的骗子，一心只想上头条"，而男主角以李惯用的机智方式回应说："与其在这儿动嘴皮子，不如看看我能做些什么！"短短几分钟内，蜘蛛侠就想办法附在即将发射的导弹上，替换了控制零件，帮助飞行员小詹姆森安全着陆。

老詹姆森非但没有感谢蜘蛛侠，反而指责他这些不过是"蜘蛛侠为了夺取公众注意而设计的圈套，他破坏了飞船"。随后，帕克听到一群工人要求自己“离开这个国家”，并向联邦调查局报案。就连梅婶婶也开始反对蜘蛛侠，在这一集的最后，帕克紧张地想要知道成为“威胁”是不是“留给我的唯一出路”。

在第二个故事中，帕克决定向神奇四侠展示自己的力量，这样他们就会邀请他加入团队。为了炫耀，他闯入了巴克斯特大楼。当神奇四侠用摄像机记录下他非法闯入时，约翰尼·斯通打趣道：“他为什么不像其他人一样打电话预约呢？”石头人回答道：“因为他是一个年轻且爱炫耀的乡下人，就像霹雳火一样。”

后来，神奇四侠与少年动起手来，试图控制住他。他们打成了平手，然后蜘蛛侠宣布了他的计划，他大声说：“如果你们高薪聘用我的话，我会竭尽全力的。”苏珊·斯通告诉他：“我们是非营利组织。”里德·理查兹解释说：“我们不发工资或奖金！我们赚的所有钱都用来进行科研。”约翰尼像帕克一样，也是一个爱挖苦人的少年，他说：“你来错地方了，伙计！这里不是通用汽车公司！”李对青少年对话的精准把握，抓住了那个时代讽刺的脉搏。

与此同时，蜘蛛侠即将对战故事中的首位超级反派——变色龙。变色龙是一个高智商犯罪分子，他可以伪装成任何人，也包括蜘蛛侠。变色龙想出了一个窃取秘密导弹防御系统的计划来陷害蜘蛛侠。真正的蜘蛛侠从警察手中逃脱，快速穿越纽约去追逐反派的直升机。他开着摩托艇飞速驶往一艘等待出发的苏联潜艇，用他的蜘蛛网阻止潜艇舱门被打开，然后控制住了直升机。

之后，变色龙通过冒充警察等手段暂时逃脱，并让真正的警察去抓捕蜘蛛侠。警察后来识破了变色龙的诡计，但我们的小英雄跑到了墙上，“气得发疯”，他发誓要让警察自己抓罪犯，他再也不帮忙了。离开现场时，蜘蛛侠的眼眶湿润了，他心想：“一切都不对。我希望自己从来没有得到过超能力！”神奇四侠开始怀疑蜘蛛侠是否会变成下一个恶魔。在这个只有10页的故事的结尾中，李写道：“全世界都想知道结果，敬请期待下一卷漫画！精彩不容错过！”

在接下来的一年里，李和迪特科引出了蜘蛛侠故事中最重要的几个超级反派，从秃鹫、电王、蜥蜴教授到章鱼博士。与这些罪犯打斗的场面给这本漫画书增加了超级英雄漫画所必备的动作元素，推动故事情节发展的是彼得·帕克身边庞大的配角阵容。彼得与婶婶梅和詹姆森的互动，以及系列爱情故事，让这个在无意中变成超级英雄的十几岁少年显得更加真实。

作为一名漫画作家，李借助蜘蛛侠做了几项创新，以求将他自己与其他作家区分开来。与读者直接对话的叙事方式改变了超级英雄故事的模式。除此之外，李还通过人物内心的独白将读者拉入故事的更深层次。正如李解释的那样，独白“可以让读者尽可能多地了解一个角色的所思所想……同时增添了另一维度”。[17] 这些在语言和风格上的创新极大地吸引了读者的注意，同时也让他们意识到书中存在着一个真实的“人”。李随和的态度让读者觉得他们与李是朋友关系，他对读者读到的东西也很感兴趣。

李和迪特科的另一个创新之处在于，他们把蜘蛛侠的故事背景设定在纽约市，让这个青少年和他的养父母一起挤在皇后区的一间狭小的公寓里。李和科比在《神奇四侠》中也做了同样的设定，他们把队员安排在曼哈顿。神奇四侠在全球和宇宙中飞行，而蜘蛛侠仍留在纽约市的中心，李和科比把这样的故事设定完美地表达了出来。对熟悉纽约的读者来说，故事提到曼哈顿或布鲁克林大桥时，能让人备感亲切。而其他人可以想象蜘蛛侠在城市中的无数摩天大楼形成的“钢筋山谷”间穿梭。“蜘蛛侠不是生活在虚构的哥谭市或大都会，”李解释说，顺便抨击了一下对手 DC 漫画公司，“（蜘蛛侠）喜欢纽约，人们可以从格林尼治村到上东区的任何地方看到蜘蛛侠追着出租车到处跑。”[18]

李把所有的英雄都聚集在纽约周围，这样就可以准确地描述设定在他家乡的故事背景，这也给了他另一个新点子：让超级英雄友好地（或者不那么友好地）相遇。从《超凡蜘蛛侠》第 1 卷开始，这种“客串”的形式就让读者很兴奋，蜘蛛侠可以遇到（且有可能交手）神奇四侠、绿巨人或其他人物。

蜘蛛侠越来越受欢迎，李利用蜘蛛侠来引入新角色或提升现有角色。粉丝们总是急于看到更多关于这位少年英雄的故事，这给李和漫威的极限带来了挑战。例如，蜘蛛侠出现在《奇异故事》年刊

第2卷（1963年9月）里，其中他与霹雳火交战的叙述长达72页。在《惊奇故事》中，蜘蛛侠客串了第57卷（1964年7月），那一卷的主角是巨化人和黄蜂女。1964年，《超凡蜘蛛侠》年刊问世，李和迪特科在漫画中被称为“当今漫画业中最受关注的团队”，年刊内每一位漫威英雄都悉数亮相，包括雷神托尔、奇异博士、美国队长和X战警。

现在蜘蛛侠已经站在了漫画帝国的中心。斯坦·李已经写出了最好的结局。

这一切都源于一本濒临停刊的漫画书！

第八章　超级英雄部落

“一个怪物！”马丁·古德曼转过身来，摇了摇头。

在《神奇四侠》大获成功后，出版商古德曼希望斯坦·李和杰克·科比打造另一支超级英雄团队。李告诉古德曼他另有打算，想以“另类”怪物为主角出一本单行漫画。听到此话，古德曼叹了口气走开了。在他看来，如果不趁热打铁继续创作另一支超级英雄团队，哪怕是衍生作品，都可笑至极。李看着老板离开房间的背影，想起自己和科比无意中谈论起的庞然大物。

李说：“我已经绞尽脑汁想了好几天，我想创作一个类型不同、人们前所未闻的超级英雄。”[1] 新角色不仅必须具有超强的力量，还要与石头人及对手 DC 漫画公司令人望而生畏的超人有所不同。

雪花一样的粉丝来信涌入麦迪逊大街的办公室，为神奇四侠助阵。但粉丝们还不满足，他们恳求李继续创作出一位新的超级英雄。尽管在过去的 20 年里，李创造了数百个漫画角色，但他也为创建新的超级团队费尽了心思。作为成功事业的“受害者”，攻城易，守城难，现在的李备感压力。

李从经典和熟悉的故事中取材。在那个时代其他伟大的艺术家中，鲍勃·迪伦将古老的民歌改编成抗议游行歌曲，小说家约翰·厄普代克将彼得·兔的故事改编成 20 世纪 60 年代普通人的故事——海利·安斯特罗姆（绰号“兔子”）。同样地，李也从多年阅读的经典名著中汲取灵感。他满足了粉丝们的期待：一个力大无穷的反英雄怪物。李根据玛丽·雪莱的《弗兰肯斯坦》和罗伯特·路易斯·史蒂文森的《化身博士》创作了绿巨人。为了增加戏剧张力，他还给漫画增添了浓重的冷战时期的焦虑情绪。当全世界都在为原子技术可能造成的破坏而揪心时，李把核武器试验描绘成一个灾难性事件：一位才华横溢的年轻科学家从此变成了一个狂暴的庞然大物。李和科比引入了无敌浩克这个角色。作为一个深沉且略吓人的怪物，浩克加入了漫威反英雄角色的大家庭。李和科比大胆地推断，粉丝们之前能与神奇四侠产生共鸣，这次也能体会到巨人的失败和脆弱。

《神奇四侠》热度不减，粉丝来信堆积如山、好评如潮，后来的销量数据坐实了该漫画的成功。不久后，李就创作了绿巨人、雷神、钢铁侠等其他英雄角色。在接下来两年的发行中，这些作品改变了人们对漫画及其创作者的看法。李和科比成了名人，后来还纷纷获得了粉丝们给予的爱称：“漫画之王”（King）杰克·科比和“漫威之父”（the Man）斯坦·李。

李和科比这对创意二人组就像发现了一颗璀璨的新星一样，他们能够将漫画人物表现得栩栩如生，并从现实生活中寻找素材来充实故事内容。这些英雄不同于以往的漫画人物，也不同于竞争对手作品中的主角。英雄们使用别样的对话方式，居住在一个近乎真实的世界里，仿佛就在读者的窗外一样。与此同时，跌宕起伏的故事情节具有强大的视觉冲击力。

李不再需要对古德曼言听计从，也无须不断地复制超级英雄团队。但他仍然得想出新的想法来安抚古德曼。尽管压力很大，但他终于可以实现自己多年来的梦想，可以随心所欲地进行创作了。李和他的创作团队推出了一系列超级英雄，吸引了大量铁杆粉丝，同时也让许多人开始成为漫画读者。李逐渐成为行业里炙手可热的出版商，他把这些超级英雄推送给了全球的读者。

《神奇四侠》初次亮相后，收到的大量粉丝来信使李受宠若惊。随后，他阅读了这些信件并让行政人员代替他回复。李打算将粉丝作为核心群体，也请他们多写一些漫画中的内容，以便为日后开发新角色提供灵感。

李还记得，很多粉丝在信件中都呼吁“更有创意的角色”。当他坐下来，盯着打字机上的空白页时，脑中想起的也是这些信件。李从最疯狂的想法里寻找灵感，他问自己：“想象一下，要把一个怪物塑造成一位英雄，将会面临怎样的挑战。我们的主人公拥有超人般的力量，但他并非一个集智慧与美德于一身且毫无瑕疵的英雄。”[2] 那个怪物身上既有弗兰肯斯坦的影子，又有毫不在意的特性，以致遭到市民的驱逐。它虽然常被人们误解，却总能在关键时刻挺身而出。

读者拿起《绿巨人》创刊号时可以从封面上获得对该角色的直观感受。科比笔下的绿巨人，手臂像树干一样硕大粗壮，却有着缥缈、近乎乞求的眼神，画师捕捉到了他的悲情与心底的冲突。几页之后，故事徐徐展开。才华横溢但性格温顺的科学家布鲁斯·班纳因受到了伽马射线的辐射，变成了绿巨人，这个怪兽把年轻的里克·琼斯赶走了，并大声喊道："滚开！你这只孱弱的小虫子！"科比精湛的艺术表现力使得绿巨人（最初是灰色皮肤）跃然纸上，似乎向着读者冲去。一位漫画历史学家说："李找到了一个完美展现在现实生活中获得超能力的媒介。""科比粗壮的怪物艺术风格"赋予这位英雄兼怪物无穷的能量，也强化了绿巨人所代表的现实焦虑感和内在本我。[3]

封面上的这幅画传递出人物的精髓，同时也展现出创作者的功力。赶走琼斯时，绿巨人抖了抖身体，琼斯就被震得双脚离地，让读者仿佛身临其境。为了捕捉巨人的困惑，李决定使用"虫子"一词来侧面展现绿巨人的力大无穷，并让他作为一个特殊的"他者"来体会其对"普通"人的感受。他在摧毁军事基地的围墙后落荒而逃，逃跑时还撞毁了一辆吉普车。"我必须得走，必须得……躲起来"，绿巨人一边嘟囔着，一边"冲进并融入无尽的黑夜中"。

《神奇四侠》首次亮相 6 个月后，也就是 1962 年 5 月，《无敌浩克》随之推出，但该作品在接下来的几个月里却举步维艰。读者很快失去了兴趣，这印证了古德曼的反对意见。由于之前签订的合同条款规定，漫威可发行的杂志十分有限，李也无力挽救该系列。当李看到蜘蛛侠人气飙升时，他不得不取消一个系列来为之让位。所以 1963 年 3 月由于绿巨人停止发行，才有了首期《超凡蜘蛛侠》的出版，而此时距离绿巨人亮相还不到一年。

绿巨人的失败凸显了李所承受的巨大压力。古德曼回顾了销售数据，想知道这到底是怎么回事，同时他还总是催促编辑取消创作那些销量不佳的作品。在仅有的6卷中，李对绿巨人做了大量的改动，起初他是在夜幕降临时变身怪物，后来是生气时才变身；接下来，李不停地修改角色的智商和头脑，绿巨人时而笨拙，时而保留班纳的聪明才智。出现在最后一卷的绿巨人最为奇怪，他虽然变了身，但仍然保留了班纳普通人大小的脑袋。这个版本的巨人不得不戴上面具来隐藏班纳的身份。与金属大师对战时，他大喊："别那么惊讶，花生！不是每个地球人都是弱者！"很明显，这个角色已经脱离正常轨道，李的这些修改已近乎荒谬。

发行数目的限制迫使李想另辟蹊径来给角色更大的空间，尤其是当粉丝们要求有更多角色的时候，绿巨人就是一个例子。1964年10月，李在《惊奇故事》第60卷中重启绿巨人。这一卷有两个单独的故事：一个是改版的绿巨人，另一个是巨化人。因为早期的漫画集包含了几个不同的故事，就像李在早期与西蒙和科比合作的漫画一样，所以他想将这个想法运用到组合上。从读者的角度来看，这些漫画似乎比一个单独的系列有更多的动作元素。

绿巨人是《惊奇故事》的主角，在其他系列中也有绿巨人的身影，包括《蜘蛛侠》和《复仇者联盟》。苛刻的发行协议终止后，漫威人气飙升，李终于可以根据自己的喜好来决定出版什么杂志了。他在1968年3月出版了《无敌浩克》第102卷，取代了《惊奇故事》。虽然耗费了数年时间，但随着这位漫威的超级英雄出现在电视动画、午餐盒、T 恤等各种媒介上，他的存在感越来越强，人气也越来越高。

漫威漫画的一大特点是打造超级英雄人性化的一面。然而在 20 世纪 30 年代末期，超人的影响极其深远，漫画业的重心在无敌的角色上，这些角色总是拥有令人难以想象的力量。李知道，他需要一个比迄今为止所有的作品“更大、更好、更强”的超级英雄。李经历了多次失败，他尝试过诸如“超级天神”等古怪的想法，也有左手画出的堆积如山的潦草涂鸦和草图。李认为：“既然要做现今的传奇，就得把之前错过的重新找回来，打磨修缮，然后塑造我们的新版本。”李没有写“上帝”，而是专注于北欧神话，创造了一个“天神”，从而展开了“天神之间持续的善恶之争”，这正是人类几百年来一直在讲述的故事。[4]

李和科比创作的北欧之神被命名为雷神托尔，神奇的乌鲁之锤为其提供神力。这位英雄在《神秘之旅》第 83 卷（1962 年 8 月）中首次亮相，这本书代替《神奇四侠》成为超级英雄团队的双月刊，而《神奇四侠》则晋级为月刊。古德曼几年前不得不和对手公司签订了一份苛刻的分销协议，以便在书报亭上出售刊物，这一协议在此时仍然影响漫威的发展，每月出版数量被限制在 8 本。因此，雷神托尔和其他新创作的角色并没有单独推出系列，他们的首次亮相是在现有的杂志中。然而，不利的发行条件确实给了李机会，让他尝试性地引入一个新的超级英雄，以评估粉丝的兴趣之后再投入全部资源。

由于出版时间和漫画系列数量有限，李不得不在青少年、西部和超级英雄题材之间来回切换。因此，他需要寻找其他作家来填补空白。在编写雷神的故事时，他把编剧的职责交给了弟弟拉里·利伯。“斯坦会给我一个情节，通常是打印出来的，”拉里说，“然后他会说：‘现在回家给我写个剧本出来。’”起初，拉里怀疑自己的写作能力，因为他总是“像艺术家一样思考”，但他说，斯坦“确实教会了我”写作，让他洞悉如何用强有力的语言写出积极、激动人心的故事。“他说的每句话都比我写得好，”拉里说，“在工作中，我从他那里学到了很多。”[5]

开始时，李让弟弟和科比搭档，效果颇佳。李构思情节，然后画师加以扩展，因为他特别擅长创作雷神这类神话故事。不久，李完全接管了这个系列，部分原因是他钟爱这个角色，打算让拉里去承担更多的西部题材。西部题材在超级英雄时代仍然十分受欢迎。

创作《雷神》时，李从他小时候大声朗读的莎士比亚的作品中汲取灵感，其他的灵感来自埃德加·爱伦·坡、亚历山大·大仲马等作家的作品，他尝试用不同的戏剧效果来增加北欧之神的厚重感。李一生中观看、分析了许多部电影，从中了解到把握节奏的重要性，并将其运用到风头正劲的超级英雄的写作风格里。他还从亚瑟·柯南·道尔笔下的福尔摩斯的故事里取材，李认为福尔摩斯才是终极英雄的缩影，因为“超级英雄应该是令人信服的，没有比夏洛克更可信的角色了”。[6] 李创作的许多人物都不太合乎常理，但他们经历的折磨和焦虑引起了越来越多高中生和大学生的共鸣。

李告诉古德曼，他想创造一个超级英雄，一个以霍华德·休斯为原型的英俊的企业大亨兼军火商时，古德曼直截了当地说：“你疯了。”[7] 不管李是不是真的疯了，他认为古德曼没有直接说“不”，于是就和画师唐·赫克一起创作了托尼·斯塔克——钢铁侠。

当时人们对古巴导弹危机记忆犹新，美国前总统艾森豪威尔在告别演说中严肃地提及了扩充军事力量的复杂性。在这样的背景下，李认为钢铁侠应该站在其他超级英雄的对立面：一位富有、温和、英俊，看似超然物外的军火商。李总是从现实生活取材，来给故事设置背景，在创作新角色的时候更是如此。绿巨人的故事就体现了国家对于科学和创新的潜在负面影响的矛盾观点。而李把钢铁侠的故事背景设定在鲜有人知的、地球另一边的亚洲国家——越南，那时大家对越南还一无所知。这个故事也同样探讨了科技问题。钢铁侠是工业巨头斯塔克的另一面，这个角色首次出现在《悬疑故事》第 39 卷（1963 年 3 月）中。

在这本漫画的封面上，钢铁侠身着炮铜色金属外衣，看起来像机器人一样僵硬。他的面部除了眼睛和嘴巴露出两条缝，没有其他明显的特征。李用他典型的兴奋口吻让读者期待“最新、最扣人心弦、最轰动的超级英雄”，同时也告诉读者，这个角色与其他著名的漫威超级英雄“诞生”于同一个“大办公区”。在 1963 年年初，对漫威的读者来说，信任至关重要。李就是要让读者们信任这位新的英雄（后来他成了团队领袖）。

斯塔克和李笔下的许多角色一样，既是一位科学家，又是一位“魅力十足的花花公子，身边总有美女为伴”。故事的大部分情节（由李构思，由拉里撰写）都以回忆的方式被讲述，该故事追溯了斯塔克是如何从休斯式的工业领袖转变为全副武装的超级英雄的。丛林里的地雷伏击了斯塔克和保护他的士兵，他被敌人俘虏了。后来，读者得知斯塔克还活着，只是被关在“游击队司令部”，但因为一块弹片卡在他的心脏附近，他活不了多久。绑架他的越南军阀王秋决定欺骗这个美国发明家来制造炸弹，直到弹片最终逼近斯塔克的心脏，使他的生命终结。

斯塔克知道自己时日无多，于是说：“我答应你……我要造出有史以来最厉害的武器！”然后，他开始制作战甲，既为了保命，又为了击败王秋的军队。著名物理学教授殷森因没有帮助军阀制造武器而被关了起来。在他的帮助下，斯塔克用他强大的晶体管设计并创造了钢铁侠战甲。殷森及时地给他穿上了战甲，游击队杀死了殷森后，斯塔克重获新生。他发誓要为教授报仇，并飞到暗处思考对付军阀的办法。

与王秋对战时，这位超级英雄把王秋抛在一边，然后使用晶体管逆转子弹轨迹，使其射向士兵。士兵见状落荒而逃。王秋把一个重重的柜子推倒在钢铁侠身上，钢铁侠用自身的“电力”逃出。王秋伸手想去拿旁边的弹药时，钢铁侠把油喷射在弹药上。然后点燃了火炬，王秋随之被炸死。钢铁侠放走了其他被关起来的人，他重新穿上棕色的外套，头戴呢帽，默默地走开了。于是，这位超级英雄开始思考他该如何以钢铁侠的新身份迎接新生活，他问道：“谁知道未来的命运会怎样？只有时间才能回答，只有时间……”

赫克和李之所以能联手把《钢铁侠》打造成功，主要是因为赫克学习能力强，能够适应李的新的叙事方法，而其他出版社的画师对这种方法就比较陌生。事实上，赫克第一次从李那里得到故事梗概时，也显得犹豫不决。但后来，他逐渐喜欢上了创作的自由和李对他的信任。“斯坦会打电话来和我讲个开头和结尾。”赫克回忆说，“我会问：‘中间的部分怎么办？’他说：‘你自己来补充。’”[8]一些画师很难适应李的方式，但赫克和部门中的其他人却迅速地成长起来。“漫威式创作法”类似于电视和好莱坞许多编剧的创作方式：由一个人提出故事梗概，然后集思广益。这样创作出来的剧本既有深度，细节又经得起推敲。

李的漫画终于不负粉丝的期待，他想出了创造更多超级英雄的方法，来满足翘首以盼的粉丝。他没有用一些无关痛痒的内容或者陈年旧事来填满每一卷的内容，而是把创作出的新人物加到故事中去。比如，神奇四侠中的霹雳火就成了短篇故事集《奇异故事》中的主要角色。《奇异故事》是怪兽流行时代遗留下来的漫画系列。李的直觉很准，这本漫画之后的销售额开始猛增。

史蒂夫·迪特科和李为霹雳火设计的搭档源自李小时候收听的一档名为“魔术师钱杜”的广播节目。李创作出来的人物变成了奇异博士，这得益于迪特科对魔法世界淋漓尽致的展现以及他魔法般的描绘方式。故事围绕着傲慢的外科医生斯蒂芬·斯特兰奇展开，他的手因为受伤而变得虚弱无力，也无法给病人做手术。去贫民窟求医无果之后，他去拜访了一位神秘的治疗师和智者“古一”大师。师从这位至尊魔法师之后，斯特兰奇变成了一位高级魔法师，随后他回到纽约格林尼治村布利克街开了一家商店。外界对他一无所知，以为他做着骗人的勾当，而实际上奇异博士在与人们无法看到的黑魔法做斗争。

鉴于奇异博士实际上是一个魔术师，因此李为他设计的语言风格是庄严且高贵的，而非市井戏台上魔术师从帽子里变出兔子的把戏。李陶醉于这个角色以及奇异博士使用的新词。他解释说：“当我把词语组合在一起的时候，我可以完全失去自我。我试着把它们串成一段优美的节奏，这样它们就有了自己的旋律。”“一说到奇异博士，我就会兴奋地仿佛置身天堂……我有机会创作出一套完整的咒语。”[9]奇异博士的语言风格独特有趣，他经常说的一句话就是“以霍戈斯远古之主之名”（by the hoary hosts of Hoggoth），既压头韵，又富有魔幻色彩，读者仿佛可以从博士特定的语音、语调中听出李抑扬顿挫的声音。

没过多久，年长一点儿的青少年和大学生就开始欣赏李的语言风格和迪特科绝妙的艺术创造力了。许多人试图剖析斯特兰奇博士奇怪的抑扬顿挫法，追溯其文学渊源。李不敢告诉他们大多数词语其实都是他编造出来的。如果一定要找出处的话，那就是李在成长过程中读过的科幻巨著中出现的短语和符号。当迪特科突然离开漫威后，李与画师比尔·埃弗雷特和玛丽·塞弗林合作，继续创作这个系列。这位神秘的魔法师在漫威宇宙中占据了重要的地位。奇异博士常常与邪恶化身的恶棍做斗争，比如，可怕的多玛姆和生命法庭。在这个黑暗的领域里，斯蒂芬·斯特兰奇无疑是漫威最强大的超级英雄。

《神奇四侠》大热时，所有人都很惊讶，所以古德曼从来没有放弃让李再组建一支超级英雄团队。如果一组英雄漫画卖得好，那么正常的逻辑是在英雄花名册上增加更多的名字。而且，古德曼已经修改了与漫威发行商的协议，该协议允许他们每月可以出版更多系列。

对于独立新闻公司来说，这笔交易纯粹是出于财务上的考虑。虽然他们是 DC 漫画公司旗下的发行公司，但独立新闻公司想利用漫威的声望来赚钱。没人能想到古德曼和李会最终成为市场的主导者，独立新闻公司的想法是，每月让漫威多出几部漫画，这样大家都能多赚点儿钱。独立新闻公司的一些高管可能还认为他们这样是把古德曼玩得团团转：古德曼的漫画卖得越好，对手们就赚得越多。然而 DC 漫画公司的高管们从未想到此举实则是在引狼入室。

粉丝的来信让李知道了《神奇四侠》有多成功，同样，他也从大量粉丝的来信中了解到，公众要求漫威创作一支属于自己的英雄团队。李想到了 DC 漫画公司的美国正义联盟，他认为漫威的团队也应该由几个最强大的角色组成。因为科比在其他系列中画了很多英雄角色，李就让他来负责《复仇者联盟》，该联盟队员包括雷神、蚁人、绿巨人、黄蜂女和钢铁侠。最后，李组建了一支可以与 DC 漫画公司的团队相抗衡的超级英雄团队。

李和科比二人联手打造的复仇者联盟带有一丝优越感，仿佛这支超级团队是漫威宇宙强者中的强者，但同时他们也增加了现实主义的元素，以推动漫画销量的飙升。就像神奇四侠一样，复仇者联盟的成员们也不会总是一团和气或者意见一致。他们也生活在纽约市，住在托尼·斯塔克捐赠的一栋大楼里。李认为自己为“角色塑造了一个他们可以生活于其中的世界”，同时他也“营造了一种现实主义的氛围，让读者觉得自己了解人物，理解他们的困境，关心他们”。[10]

当《复仇者联盟》第1卷（1963年9月）出现在书报亭上时，漫画封面上英雄们的动作栩栩如生——雷神托尔挥舞着锤子，蚁人和黄蜂女突然冲了进来，绿巨人和钢铁侠摆好了作战的架势。读者只能从后面瞥到“恶作剧之神”洛基，仿佛有台照相机从他的右肩上方拍照一样。画面的角度让读者仿佛置身其中。因为科比创作了太多英雄人物，以至于他笔下的雷神和绿巨人看起来像表兄弟。尽管如此，封面的布局为这支新的超级英雄团队提供了一种精彩的诠释。

在故事里，洛基实施了一个邪恶的计划，用绿巨人作为诱饵，来吸引他哥哥雷神露面。英雄团队接到了一通来自里克·琼斯的青少年军团的求助电话，神奇四侠客串了一下，他们因为忙于另外的任务而无法到场。最终，英雄们找到了绿巨人——他乔装成机械人，在巡回马戏团饰演一个超级强壮的机器人，他穿着奇怪的棕色的连体衣和橙色的鞋子，嘴巴上画着白色的妆。他们以为是绿巨人导致了一辆客运列车脱轨，所以英雄们试图阻止他。与此同时，雷神回到阿斯加德与洛基对质。在与洛基交手并挫败了一系列的陷阱后，雷神将洛基带回了地球，并向其他超级英雄揭示了事情的真相。当“恶作剧之神”洛基具有放射性能力之后，他试图再次与雷神交战，但是蚁人和黄蜂女把他困在一个铅衬的容器里，这个容器是专为卡车设计的，用来“从原子测试中运送放射性废物，并把它们的货物倾倒到海洋中做最终处理”。在阻止了雷神邪恶的兄弟洛基之后，这支团队决定联合起来，说服绿巨人加入他们。李在最后一幅画中宣布：“史上最伟大的超级英雄团队之一！力量强大！不可预知！漫威的宇宙星系增添了一个新维度！”

在《复仇者联盟》第2卷开篇，雷神批评了绿巨人，绿巨人又反过来威胁雷神。与其他角色一样，这些超级英雄也面临着现实问题。雷神和绿巨人对彼此摩拳擦掌，而钢铁侠成了和事佬。黄蜂女暗恋雷神，认为他既“可爱”又“帅气”。他们的敌人——太空幽灵，可以伪装成他人的身份。他伪装成绿巨人，在斯塔克的豪宅向其他人挑起内讧。绿巨人在逃脱后遇到了他十几岁时的伙伴里克·琼斯，琼斯错误地告诉绿巨人，只要他愿意，他就可以变回“唐·布莱克医生”（这里是李的笔误，布莱克是雷神的秘密身份，此处可见漫画生产的速度之快，让人应接不暇）。复仇者们召唤北欧之神，打败了太空幽灵。但在与绿巨人的混战中，他们显露出对绿巨人的怀疑。结果，绿巨人退出了复仇者联盟，穿越到了未来。

虽然只是第2卷，但李已经对团队（巨化人也加入其中）做了较大改动，并把绿巨人塑造成一个几乎无坚不摧的人物。在接下来的几卷中，绿巨人与海王子联手，与联盟对战。后来，复仇者联盟找到了美国队长，把他拉进了团队。在对话框里，李大声地宣布这位身穿红、白、蓝相间的衣服的超级士兵已经回归，他还告诉读者，科比已经画好了这位英雄的背景故事，他的第一个故事就是队长的故事。“自此，漫画世界圆满了，抵达了一个新的伟大巅峰！”李还敦促粉丝们，“拯救这期杂志”，或多或少地宣传了把漫画书当成藏品的理念，并解释说：“我们觉得你们以后会将其视作珍宝！”

李和科比这对创意组合点燃了1963年的漫画业，他们在这一年里创作了一群古怪的超级英雄。这些超级英雄看起来很普通，他们于偶然间获得了超能力，也不得不应对由此带来的后果。由于担心读者可能会厌倦这些偶然获得超能力的英雄人物，李打破了这种模式，组建了一支由天生具有“特异功能”的人组成的团队。他回忆说，这支团队将是“变种人……是大自然的反常现象”。李和科比一起创建了两个团体，一伙是好人，一伙是坏人。李认为这两个团体“充满了新鲜感和惊喜”。[11] 他最初想将这一系列命名为“变种人”系列，但遭到了古德曼的否定。李后来从角色具有“额外”（extra）的能力中得到灵感，提出“X战警”一词。古德曼同意使用“X战警”（仿佛这样就更有意义一样）。于是科比和李便坐下来开始进行头脑风暴，策划这个故事。

李和科比创造的这个世界围绕着这样一个中心展开：人类不断地进化，有些人生来就有特殊的能力，而这些能力在青春期时就显露出来了。他们认为青少年有超能力可以俘获更多年轻的粉丝。这些变种人，比如激光眼，可以从眼睛里射出激光；还有凤凰女琴·格蕾，她有读取他人意识的精神感应力量，可以用意念移动物体。他们都上过查尔斯·泽维尔教授（X教授）的天才少年学校。在学校里，他们学会了控制自己的能力，并以此为基础为人类造福。

《X 战警》系列使李得以探索许多青少年所经历的疏离感。故事中的青少年把彼此看作兄弟姐妹，而泽维尔教授则充当了父亲的形象。学校变成了这些年轻人的大家庭，他们中的许多人因为拥有“普通人”无法理解的能力而受到歧视。他们的超能力是福也是祸。只有听从 X 教授的明智建议，携手与邪恶做斗争，他们才能获得一种看似正常的生活，而这种正常的生活似乎总是转瞬即逝。

1963—1970 年，尽管李对《X 战警》寄予厚望，但它从未真正带来强劲的销量。他和科比在创作畅销漫画时面临巨大的压力，所以当科比要求更换系列时，李答应了他的要求。之后，李自己也转而投向销量更好的系列当中去了。

超级英雄题材一经成功，李就建立起一种工作体系，主要把控漫画部门的创意工作。其中一些工作职责延续了他之前从事的绘画、编辑和综合管理，而其他方面是出于现实需求，因为漫威随着名气的增加而慢慢发生了改变。李可能没接受过管理或者招聘方面的培训，但他在业界多年的经历磨炼了他的这些技能。

李懂得什么时候应该更换画师，比如，在早期创作《蜘蛛侠》时，他做了关键性的决定，用迪特科替代科比。此外，他也很尊重那些作为漫画世界支柱的自由画师。他看到了他们的才华，并召集了一批艺术家，为漫威注入了新的血液。超级英雄漫画将艺术和写作以一种业内前所未有的方式结合在一起。李和其他作家创作了独特的语言风格和个性特征，强大的自由画师在语言基础上用视觉效果将其完美地诠释，使漫威在众多漫画公司中脱颖而出。

李的独特能力是将20世纪60年代早期的语言和风格搬到漫画书上来。因此，漫威的读者可以领略到类似演员彼得·塞勒斯出演《粉红豹》（1963）和《奇爱博士》（1964）时带来的幽默和讽刺，同时也能欣赏到伊恩·弗莱明笔下的詹姆斯·邦德这类全力投入的英雄角色——《金手指》（1964）等邦德系列电影包含了一系列复杂的剧情、暴力的镜头和类似超级英雄般的英勇故事。流行文化正在发生改变。李发现了超级英雄人性化的一面，他们拥有超能力，但又面临现实的问题，这种类型很快就成了主流媒体的热点话题。李解释说：

> 我们努力写好脚本，画好漫画，努力把剧情充实起来。这背后的核心思想是把漫画打造为成人的童话故事，创作出我们自己喜欢的故事。[12]

作为编辑和艺术总监，李通过与他信任的艺术家和作家合作，来打造公司的风格。当李发现某个画师或者作家能力过人时，他就特意向他们灌输公司独特的创作理念。例如，李很快发现了乔治·图斯卡的艺术作品中的美。一些业内人士认为，图斯卡是所有漫画书中最有才华的造型师。没过多久，图斯卡就成了李的爱将之一。据《夜魔侠》的画师吉因·克兰回忆："斯坦总是会把图斯卡的作品作为标准，让其他画师学习。"这种管理风格使漫威与众不同，也让公司旗下的画师们明确，李喜欢什么样的风格和标准，且需要按时完工。[13]

在这样一个冷酷无情的行业里，李培养了不少人才。他这么做也是形势所迫，因为漫威远远落后于稳居第一的竞争对手 DC 漫画公司。他需要有才华的自由画师来创作出高质量的漫画书，让人们对漫画有更高的要求，所以李决定冒险让年轻的画师和作家试一试。

例如，在克兰职业生涯的初期，他没能进入 DC 漫画公司，那时该公司不仅封锁了自家人才，还把其他想要进入该公司的人拒之门外。对于德高望重的业界领导者来说，克兰明显经验不足。克兰回忆说："斯坦能从我的作品中发现别人看不到的东西，是斯坦的信任让我有了工作的动力。虽然最初他也不是完全无条件地信任我，当时的我还太年轻，还有许多要学习的地方。"[14] 李面临的另一个严酷的现实是严苛的出版时间表，它不仅注重速度，而且注重效率。

一些画师一开始希望专注于某一特定剧本（或者已经习惯了其

他漫画和杂志公司的工作方式)，但李的风格改变了他们未来的工作方式。克兰还记得李给了画师们“前所未有的自由”，这使画师们很开心。克兰说：“我会跟斯坦在电话里讨论故事情节，我把他的话用磁带录下来，虽然只有短短几句。”李会告诉他：“这是我对故事的开头、中间和结尾的想法，其他由你来定。”对于克兰和李信赖的其他自由画师来说，这开创了一个新的先例：“除了之前已经有的角色，所有的角色都为我服务，我来决定他们的外形。但无论我负责什么内容，我都能做好。”[15]

尽管随着人气的飙升，李已经成了漫画业的代言人，但李明白市场的波动及其后果。因此，许多画师成了李忠实的支持者。这种友情在实际工作中影响巨大，画师们按公司的要求加班加点，按时交稿；同时，李也会给他们安排稳定的工作量作为回报。例如，克兰谈到，他每天画完两整页内容需要耗费大量的时间，按这样的速度，要想达到每月完成两本书的目标，每周工作时间就得超过40小时。因此如果想得到李倡导的艺术自由，就需要付出实际的努力。

李带领的核心自由作家团队接受了李的培训。丹尼斯·奥尼尔曾是一名记者，在漫威漫画公司担任特约撰稿人，后来又在漫威开始了他的漫画生涯。此后，他因《夜魔侠》《蝙蝠侠》《绿灯侠》等漫画作品而广为人知。他说：“我在漫威工作的第一年实际上是在模仿斯坦的工作方法。”这位年轻的作家和他的同事们传达的信息明确且直接：“斯坦的风格即是漫威的风格。”[16]

在奥尼尔、罗伊·托马斯和其他作家心中，李就像部队里的将军一样，他虽然一心扑在工作上，但对手下人十分和善，这是一般领导者不具备的品质。他并没有花很多的空闲时间和他的员工们闲聊，这主要是因为他们年龄差距较大，但是这些年轻人从内心深处敬佩李，他们是李的第一代“信徒”。奥尼尔说：“我通过模仿斯坦学到了漫画创作的基础。他是当时最适合模仿的人。”对奥尼尔来说，他们的作品是革命性的，能得到行业的先驱和“世界上最优秀的漫画作家”的亲自指导和培训，他们感到很荣幸。[17]

李具有伯乐的慧眼，他能够看出挑选的作家和画师未来适合做什么工作。漫威凭借李、科比、迪特科等人创造的角色开始崛起。在那些年里，公司就像是一所漫画大学，它教会了下一代漫画人如何将故事梗概扩展为完整的故事，即后来的“漫威式创作法”。这种新的创作风格实际上是因为李想让自由画家不间断地工作。如果画师要等待李写完剧本才能开始创作，他们实际上就是在赔钱。

漫威超级英雄系列的成功给每个人都施加了更大的压力，创作团队必须加快速度，甚至连接近速度极限的李也备感压力。众所周知，他雇了3名秘书，他按顺序跟他们口述故事，在另两名秘书打字形成文稿时，他会快速地审阅第一位秘书打出的稿件。

“一开始，我几乎创作了漫威所有的故事。我实在跟不上这样的节奏了。”李说。漫画制作要求所有的创作者都要时刻保持忙碌。对自由画师的要求则更为直接：不画画就没钱拿。李发明了一种让画师一直有活儿干的方法。他记得以前画师交稿之后会走来走去，总是想要得到更多的工作。李经常供不应求，于是他改变了方法：“我没办法放下手里的活儿……（相反）我通常会告诉他我想要什么。他回家之后，想怎么画就怎么画，把插图拿回来给我看，然后我来加入对话和文字。”[18]

李没有真正规划漫画创作的新体系，而是发明了“漫威式创作法”，并称其为“纯粹以需求为导向”。这种方法发挥了自由画师的优势。他解释说：“这些人像电影导演一样。他们是视觉剧作家。”因此，李给了他们很大的自由，让他们从一次简短的讨论会或一通电话中解读他想要的内容。“我会给他们一个故事梗概，他们知道如何一一分解，如何开始，如何结束，应该把有趣的部分放在哪里。”如果画师忽略了某一点，李可以通过增加音效或补充对话来增加艺术效果。“这种方法一开始只是作为一种应急措施，这是让画师们忙碌起来的唯一方法。但我发现，大家通过这种方式可以创作出更好的故事。”[19]

20 世纪 60 年代初，随着李和科比之间合作的加强，漫威漫画公司取得了巨大的成功。漫威的未来落在了他们的肩上。他们的关系中最合理、最直接的方面就是相互尊重。后来，二人的关系变得错综复杂起来。尽管两人共同创作的角色成了漫威宇宙的奠基者，但他们之间存在一些内部矛盾。在 20 世纪 60 年代，李是科比的上级，而当李这位作家兼编辑还是一个十几岁的办公室文员时，科比是李的老板。虽然他们的角色互换了，但实际上二人是相互依存的关系。

也许更尖锐的是，两人都没有意识到各自内心隐藏的极大不满。他们都厌恶漫画产业的诸多方面，也讨厌这个产业总是经历繁荣与萧条的金融周期，周而复始。李和科比是朋友，两人在工作上合作了很多年，但是他们的友谊并没有升温到分享希望和梦想的程度。如果他们其中一人敞开心扉，向另外一方倾诉自己的梦想，即便不会从根本上改变两者的关系，但是起码可以使他们两人看到彼此更多的共同之处。

显然，他们在工作上离不开彼此。几十年来，因为李的努力，古德曼帝国的漫画部门才得以维持并发展。在这几十年的经历中，李懂得了欣赏他人的才华。他知道科比是漫画界最优秀的画家之一。作为编辑和艺术总监，他把科比的画风定为公司的标志性风格，就像他自己的写作成了漫威的语言风格一样。画师吉尔·凯恩在漫威断断续续地工作了几十年，20 世纪 70 年代一些最著名的封面均出自他手。凯恩回忆说：

> 科比的观点和想法变成了整个出版公司的主导理念，甚至是整个漫画领域的理念……他们会找一些画师来，不

管他们之前是做爱情题材还是其他题材的，他们教这些人最基础的东西，也就是学习杰克·科比……科比就像《圣经》一样，画师必须一心一意地跟随。当时别人就是这么告诉我的，这也是我必须要做的。他们就是这样教导大家如何把所有对立的观点调和成一个整体的观点的。[20]

整个漫威系列都围绕着科比的风格进行创作。比如，吉姆·斯特兰科凭借给科比创作的《神盾局》上墨，通过了漫威的入职测试。随后，他跟随科比创作了几卷关于尼克·弗瑞的作品。作家克里斯·加瓦勒说："科比的风格成为漫威的主导风格后，他似乎需要进一步规范他的作品布局，这大概是为了便于学徒模仿。变化和创新并不是别人教出来的，漫威的各个系列也不会有统一的风格。"[21] 然而，斯特兰科日后凭借其不规则的布局成名，他为漫威引入了装饰艺术风格、后现代主义和新流行浪潮。

而 DC 漫画公司尽管有自己标志性的超级英雄，现在也不得不努力跟上漫威的步伐了。等到 DC 漫画公司通过出版色彩绚丽、内容精彩的封面故事来恢复（也许）元气时，漫威的跨越式发展已经为古德曼的公司奠定了基础，漫威最终超越了 DC 漫画公司，成为业内的领军人物。在漫威漫画公司和 DC 漫画公司的大战中，粉丝们花了大价钱支持自己喜欢的公司。

结果，当 DC 漫画公司主要创作者乔治·卡什丹和鲍勃·哈尼在 1964 年推出了一个像"元素人"这样既有新意，又丰富多彩、令人兴奋的角色时，大家都认为他们是在仿效漫威，并非原创。但我们也有理由认为DC漫画公司是想模仿漫威。“元素人”的封面（《英勇无畏》第57卷）模仿了李著名的语言风格，上面写着：“快来看世界上最神奇的新英雄的超能力！”书中还运用了动态的图像和色彩，但漫威已经在漫画之役中建立了阵地，成为漫画迷心中“流行”的定义。尽管这家公司花了一些时间才后来居上，取代了漫威，但很少有人能否定李和科比在麦迪逊大道创造的灵感。一旦漫威有了几个热卖的题材，李就想把它们加到名单里，以保持前进的步伐。“我就像一个掷骰子的人，一个接一个地扔出漂亮的结果，”李说，“当你连胜的时候，你根本停不下来。”[22]

在李的心中，他始终知道超级英雄今日的繁荣终将走向落寞，就像他经历过的起起伏伏一样。因此，他迅速采取行动，乘势创造出新的系列和角色。他让自己的自由画师们不断地工作，他们也似乎受到李的乐观主义和无限活力的鼓舞。在严苛的出版期限要求下，李不得不在创意与商业、艺术品和商品之间保持平衡。在他的领导下，漫威得以在接下来的十年里巩固并壮大自己的宇宙。

第九章 漫威宇宙的营销推广

“放眼未来！”

在 1965 年 12 月的所有期刊里，斯坦·李都在漫画书的最后一页开辟了以大胆文风而著称的“漫威牛棚公告”来吸引读者的注意力。这个全新的栏目替换了同年 8 月初期推出的“欢乐漫威牛棚”的页面。全页的新闻、充满人情味的随笔，再配上当前正在销售的期刊对照清单，这些“黄色小盒子”迅速在漫威迷之间风靡起来。

不管读者身在何方，是否能想象得到漫威总部的模样，“漫威牛棚公告”总能让他们获得归属感。有些读者可以此来了解谁在为杂志撰稿或者从中获取创作者近期的独家消息。还有些读者会通过阅读公告来购买心仪的周边产品，比如，小孩子们如果通过邮寄方式订购蜘蛛侠或奇异博士 T 恤衫的话，只需要花 1.5 美元。当然，还有大量的年轻读者将公告里的内容视为来自全美最酷的家伙——斯坦·李的亲笔信。

且不论漫画书迷们为什么喜欢“漫威牛棚公告”，这一页公告本身就让李尽显荣耀。一方面，公告给予这位漫威总管一方施展才华的天地；另一方面，这也彰显出专栏的战略意义——李知道提高读者的参与感有助于销售书籍。在阅读了成千上万封读者的来信后，李坚定地认为这样的互动方式可以提高销量。

利用“漫威牛棚公告”来做口碑营销成为20世纪60年代漫威漫画公司最显著的标志。“这不值一提，”李说，“但它传递出一种温暖、一份友谊式的关怀……事实证明，它的确有效。”[1]无论是青少年还是大学生，他们都明显地感觉到通过轻松、半开玩笑式的口吻来阐述反主流的观点别具一格。“它从我的心底自然地生长出来，”李回忆道，“当我写作的时候，我必须把脑子里已有的想法揉进故事里。”[2]超级英雄们因其勇于反抗的形象而获得了巨大的成功，这证明了李只要相信自己的直觉，就会有奇迹发生。

一些读者因为想购买漫威的周边产品而对肥皂盒专栏①产生了兴趣。它价格低廉（大约1美元），完全符合读者的购买力。试想，一个孩子为了攒钱买奇异博士的T恤衫，需要省多少天的午饭钱？另一些人则热衷于成为“欢乐漫威读友会”的新成员，和其他来自全美各地、有着相同兴趣爱好的孩子一起参加各种活动。

最重要的是，“漫威牛棚公告”让李拥有了一个可以和漫威所有读者直接沟通的平台。知情人的视角让李变身为最受欢迎的“漫画之父”。他将与读者之间良性互动的关系称为“漫威的一部分”，或者说，是大家“在疯狂的漫威宇宙里对同一个笑话心领神会，分享彼此的快乐”。[3]

李以其独一无二的风格，在属于他的舞台上大放异彩。富有

---

① “斯坦李的肥皂盒”（Stan's Soapbox）是李的漫画月刊专栏。他在里面写了很多没有结局的推广副本。——译者注

“斯坦·李”色彩的风格和个性出现在漫画中的人物对话里。“如果我都能从中获得乐趣，那么读者们也一定可以。”他推断说，“即使是在写演员表时，也要尽量让它们有趣，因为我自己乐在其中。”[4] 寄来有趣信件或能指出漫画错误的读者会被李授予“漫威无奖赏”。这意味着，他们不会获得任何奖品，只会收到李寄送的一个带有“小心轻放”邮戳的空信封。他表现得越愚蠢，就有越多的粉丝愿意为之买单。更重要的是，书籍的销量可以持续攀升。

久而久之，李开始用直呼其名的方式亲切地推出“漫威牛棚”的成员们，并赋予他们个性。这让粉丝们感受到一种家庭式的关怀。始终以微笑的形象出现在更新内容中的斯坦·李，本质上是一个凭借自己的直觉推动整个漫威世界运转的怪诞工作狂。对于目标，他这样说道：

> 通过使用一些个性化的表达，我能让粉丝们感受到他们自己也是漫威的一部分，他们可以和所有的员工称兄道弟。我希望他们每次收信时，都感觉像是从去露营的老友那里得到了一封私人信件。[5]

更重要的是，“漫威牛棚公告”给读者们提供了广阔的想象空间。他们可以幻想自己和声名远播的李坐在一起，听他用和杰克·科比或是（乔利）乔·辛诺特说话的口吻来讲故事。漫威用浩克和钢铁侠来织就读者的梦想，通过“漫威牛棚”上的新闻让读者和富有创造力的工作人员成为久未谋面的朋友。这种叙述方式让全美小镇里的孩子们都将李视为志同道合的战友，并相信漫威创造的超级英雄们可能确有其人（尽管读者们也许还有其他更好的判断）。

在过去宝贵的4年里，李的疯狂冲刺引发了“超级英雄”热，最终重新奠定了漫威在漫画行业的地位。这家公司连同它的编辑，一起伫立在了行业的风口浪尖。超级英雄也成了美国流行文化中的热门话题，它在全世界范围内受众的数量也在持续增加。其他一些出版商也逐渐加入超级英雄的浪潮中，如查尔顿漫画公司（聘用了从漫威离职的史蒂夫·迪特科，并授予他在艾恩·兰迪安系列作品中充分的自主编辑权）、铁塔漫画公司（只和少量高知名度的艺术家如沃利·伍德和吉尔·凯恩合作），以及阿奇漫画（推出了原创组合《强大的改革者》）。这些曾经制作漫画周边内容和封面的新手试图借着漫威漫画的流行趋势打入市场。他们从表面上模仿李和科比的创作，但绝大多数出版商都没有学到其精髓，似乎他们只是想简单地赚点儿好赚的钱。

1965年，李和他富有创造力的团队开始修改英雄系列题材，从而建立起一个更具凝聚力，也更统一的世界，来巩固日益壮大的粉丝群体。在接下来的几年里，漫威奋斗的目标不是大幅度地增加数量，而是对作品的深度、细腻程度，以及文本内容进行提升。李认为，强化角色之间的联系，对不同世界里的超级英雄进行融合，有助于未来的发展。更重要的是，这可以在角色和读者间建立起更强有力的纽带。

漫威继续将叙述的核心放在当普通人获得了超能力后，该如何运用它来面对日常生活中所遇到的挑战。没过多久，李就把人类最常见的问题——恋爱中的考验与磨难运用到创作中了。这种方法对富有创新精神的团队，尤其是中高层来说是相当有效的。李和科比都曾经在青少年浪漫爱情类的领域中耕耘多年。早在 1947 年，科比和搭档乔·西蒙就创造过这种类型的题材。直到 20 世纪 60 年代 DC 漫画公司还在出版他们创作的漫画《青春浪漫》。同样资深的李也主笔过《模特米莉》和其他一些吸引女性读者的漫画。事实上，《模特米莉》可以算得上漫威出版的非超级英雄系列里最成功的作品了。

在《神奇四侠》的第 3 卷中，最受读者喜爱的浪漫情节要数里德·理查兹和苏珊·斯通的婚礼了。科比这次用了大开本，还在当中夹杂了两卷曾经流行然后再版的漫画，使读者眼花缭乱。封面看起来是一团混战：几乎所有的漫威宇宙英雄都参加了这场众星云集的盛会，当然也吸引了无数想要搞破坏的恶魔们。当双方发生争执时，垂头丧气的海王纳摩默默地在一旁围观，显得无比心碎。李在书里声称："这是一场人类肉眼见过的最耸人听闻的超级奇观。"

巴克斯特大厦被热情的粉丝们（包括漫威的另一个长期角色——年轻靓丽的地狱猫帕茜·沃克）围得水泄不通。大家试图避开恶魔，却急需独眼侠尼克·福瑞、X战警、奇异博士和其他超级英雄的帮助。在理查兹打败敌人并拯救这一切后，故事以婚礼上的温馨一吻作为结尾。（李写道："没有语言可以真正表达出这一刻的柔情蜜意，所以我们放弃了。"）紧接着，两个头戴礼帽、身着时髦大衣的人闯了进来，试图搞破坏，但被尼克·福瑞和其他人制止了。从背影上看，这两位不速之客是李和科比，这表明即使是神奇四侠的缔造者也没有参会资格。

同年，玛丽·简·沃森首次亮相于《超凡蜘蛛侠》第25卷，但迪特科刻意没让她露脸，只通过其他角色的大呼小叫来进行描述。"她是彼得的朋友吗？看起来好像电影明星！"接连多年，读者都没能一睹她的庐山真面目。1965年年底，金发美女格温·史黛西初次登场。和玛丽·简一样，倒霉的彼得·帕克花了很多年的时间才得以开始和她约会。当他们最初相遇时，彼得正纠结于向梅婶婶隐瞒自己蜘蛛侠的身份，所以几乎对格温视而不见。

漫威团队还采取了类似肥皂剧和其他讲故事的策略来增强角色与粉丝之间的关系。因为李想让笔下的超级英雄们都更加贴近实际生活中的普通人，而展示他们在日常生活中遇到的种种挑战可以加深这样的联系。

漫威的艺术指导、写作和制作都由一支小小的全职团队来完成，此外，他们还得到了越来越多的自由职业者的助力。李需要花时间扩张公司的品牌。从公开的商业广告（比如，甲壳虫乐队的到来而引发的轰动）到政治活动（比如，1965 年马丁·路德·金在亚拉巴马州发起游行，以及美国持续对越南增派军队），似乎有太多事情可以吸引人们的注意力了。漫画业进入了与这些大事件进行激烈竞争的困难时期。但从其他方面来看，作为一种令人愉悦的消遣方式，它可以让人们在艰难的现实生活中获得解脱。

随着 20 世纪 60 年代中期市场、广告、公关行业的急剧发展，局面越发复杂，漫威不得不提高利润。1965 年，一张针对漫画书经销商的传单刊登了李吸引潜在客户的措辞："当粉丝看到它们，就会买下它们！"尽管可能很少有书报亭主会为这样夸张的宣传标语买单，但销售额上取得的戏剧性增长不容小觑。1960 年，漫威共售出 1 610 万册书籍。到 1964 年，这个数字增至 2 770 万，而此时漫威将下一年度的销售额定为 3 500 万册。[6]

市场宣传册在某种程度上透露出漫威内部人士对成功经验的总结：秘诀在于李和他的团队大规模地扩展了受众群体，吸收了大学生、成年人等年龄较大的读者。宣传册还写道，另一关键的方面是漫威围绕超级英雄"汇聚起全新的读者群……美国东海岸至西海岸的每一所高等院校里都迅速涌现出'漫威读者俱乐部'"。市场部的营销人员预测，如果将"在短短几个月里俱乐部的成员就激增至 5 万人"的消息公布出去，书报亭主们一定会目瞪口呆。[7]

面对持续攀升、蓬勃发展的业绩，以及每个月的新刊限制，李常常坐在办公室里对着几十个月刊和双月刊的计划排兵布阵。随着产品线的扩大，身为编辑总监的李得自己承接写出新系列人物的工作，或者找一个人来接手。可实际情况是，他还无法从大学里挖到适合的青年才俊。因此，李开始利用其他的替代资源——自办粉丝杂志的作者、才华横溢的记者，以及漫威的读者们。他们一直力图得到李的关注，不然就不会“善罢甘休”。

自始至终，李都坚持改进并完善漫威标志性的脚本风格，他不仅亲自写了很多脚本，同时也从总编的角度出发，对文风和艺术进行方向上的把控。通过不断开发新的生产流程来应对源源不断且持续增加的压力。

1966 年 7 月，由《蝙蝠侠》改编的电视剧大获全胜。就在漫威打算借着这股东风增产时，作家丹尼·奥尼尔提议展开一场如何在有限的时间里完美地保持公司作风的大讨论。他解释道：“我写《夜魔侠》第 18 卷是因为斯坦·李的时间不够用了。罗米塔已经完成了绘图和在边页做笔记的工作，但斯坦没时间写脚本。”[8] 据奥尼尔描述，李比他雇用的作者们还要勤奋，为了不让热情的粉丝们对漫威宇宙失望，他在写作上耗费了大把时间。

李对工作执着的付出变成了公司里的一个传统，激励着其他作者也同样不舍昼夜地工作。就算是全市停电也无法阻止李完成任务。在 1965 年纽约非常著名的停电事故中，奥尼尔和助理编辑罗伊·托马斯都决定给自己放个假，但李坚持在家里点着蜡烛写作。“稿纸上有蜡的痕迹。”奥尼尔说。尽管很难判断是否应该相信他，或者说，这可能是另一个关于斯坦的传奇。[9]

对李来说，做计划花不了多少时间。他把每个月大约 10~12 期的杂志排出来，然后分配给画师去画。画师们交稿后，李会坐下来给漫画配上文字。然而，身兼数职的他得同时留心艺术设计和封面。他解释道："每当我合成内容的时候，都得帮画师们在他们的那部分标出修改记号。"有时，因为画师把故事的走向带偏了，李也不得不偏离原有情节。比如，科比会通过修改情节来满足自己的需要，可李只会在此基础上进行拼凑，这让他看起来好像在完成一个"填字游戏"。[10]

随着漫画中特立独行的超级英雄日趋流行，漫威变成了 20 世纪 60 年代漫画行业的大本营。但如果单纯以销售数据来衡量的话，DC 漫画公司仍然控制着整个行业。出版商之间的竞争愈演愈烈，彼此都在奋力赶超对手。DC 漫画公司主要依仗自己老牌的超级英雄：蝙蝠侠、超人和神奇女侠。李和漫威则用蜘蛛侠、托尔和神奇四侠来与之抗衡。潮流的发展方向似乎更倾向于漫威，直到 1966 年 1 月美国广播公司推出了《蝙蝠侠》电视剧。通过别出心裁的节目编排，这档节目在周三和周四的两个夜间每次播出半小时。

一石激起千层浪。电视剧的大获成功，使得 DC 漫画公司在行业内重整旗鼓。演员亚当·韦斯特饰演蝙蝠侠，波特·瓦德饰演他的搭档罗宾，这部戏以一种对当代观众极具吸引力的方式，将不同阵营的行动完美地结合起来。它通过提供源源不断的俏皮话和大量的流行语，来取悦不同年龄段的观众。音乐也起到了推动作用，一段混合了 20 世纪 60 年代的流行乐和蝙蝠侠独特腔调的音乐朗朗上口，在听众的脑中挥之不去。《蝙蝠侠》充分利用了彩色电视的特性，明亮的配色方案让漫画里的角色变得栩栩如生。

在长达 5 年的时间里，DC 漫画公司都在寻找一种可以通往漫威读者内心的解码器，最后他们终于找到了李给漫画注入的那股神奇魔力。《蝙蝠侠》抓住了美国人对超级英雄日益增长的迷恋心理，尤其是李在其中运用自如的讽刺口吻。与 DC 漫画公司近期制作的其他角色相比，这两位超级英雄（蝙蝠侠和罗宾）在很多方面表现出的戏谑精神与蜘蛛侠和神奇四侠异常神似。

DC 漫画公司的发展得益于电视在 20 世纪 60 年代中期的普及。这种传播媒介的流行全面地提升了漫画的销售额。所有主流出版商对此有目共睹，哈维漫画公司[①]引进了超级英雄《间谍》和《拼图》，铁塔漫画公司引进了《绯红机甲》和《诺曼》。为了在一定程度上与《蝙蝠侠》叫板，漫威自 1966 年 3 月起推出雷神托尔的单行本，之后又在《神奇四侠》第 52 卷（1966 年 7 月刊）中推出了首位黑人超级英雄黑豹。

蝙蝠侠掀起的狂热并没有阻碍李和科比为进一步完善漫威宇宙而努力。为了保持平衡，他们在《神奇四侠》第 48~50 卷（1966 年 3—5 月刊）中推出了超级英雄团队与行星吞噬者的战斗三部曲。人如其名，作为一个全能的超级存在，行星吞噬者加兰通过吞噬不

---

① 哈维漫画公司，美国漫画书出版商，由阿尔弗雷德·哈维于 1941 年在纽约创立。——译者注

同行星的能量来维持自己的生命。这部史诗般气势磅礴的三部曲讲述了漫威史上的最强反派与来自地球的超级英雄战队进行对抗的故事。仅用线条勾勒的连环画当然不能和流行电视剧相提并论，但漫威希望至少能以此来提升漫画的销量，吸引更多读者的关注。

李为了扩大漫画书市场而做出的大胆举动的确吸引了更广泛的读者群体，这种改变是逐渐发生的。1967 年 7 月，在《神奇四侠》推出了 6 年以后，原本报道广告行业新闻的《纽约时报》记者伦纳德·斯隆才准确地推断出有成千上万的人在读漫画，但漫画并没有得到相应的尊重和推崇。广告商是这样描述漫画读者的："他们中的绝大多数是特定的受众，包括孩子、军人和半成年人（这一群体中的那些超过 18 岁的人的心理年龄可能并没有和他们的生理年龄一样成熟）。"[11] 漫威漫画的读者来信页面以及爆满的邮箱里充斥着来自全美各地受过良好教育的读者们热情洋溢的来信。

主流媒体和广告商们对漫画热潮的把握似乎有些迟钝，所以在漫画的底页上出现了奇怪的产品组合，其中也包括漫威对自营商品的售卖。20 世纪 60 年代中后期，不同于其他以顾客为中心的杂志，漫画书的主要收入仍然取决于发行量而不是广告，尽管后来广告发挥了显著的作用。斯隆引用了一组数据：一份常年在全美发行中排名第一的期刊，每月发行 48 期，发行量为 700 多万册。可在 1962—1966 年，它的广告收入仅从 25 万美元增长到 50 万美元，这个收益显得微不足道。漫画公司的高管们常常宣称他们选择性地降低了广告收入。然而，很多公司，包括漫威，都决定为玩具用品、文创产品、航模等周边产品发行小广告。[12] 因为入不敷出，很多大公司都不愿在漫画书里投放广告，所以出版商们试图通过授权漫画人物的方式来弥补不足。

据斯隆所言，漫威的月发行量达到了600万册，这与DC漫画公司形成了鲜明对比。与此同时，漫威还发起了一项面向成年客户的广告宣传活动，里面包含了诸如剃须膏之类的产品信息。李将故事和艺术的品质与观众的期望看得同等重要。他说："我们会在编者按中声援前线战士，劝孩子们不要辍学。我们弘扬美德。"[13] 刻意拉拢成年读者是李长期以来的策略。5年多过去了，他的坚持终于有了回报。

在《蝙蝠侠》的电视剧首映后，李也为漫威考虑过一些商业推广的机会。据说，DC漫画公司将人物授权给了90多家公司，此举带来了7 500万美元的销售额，更有甚者达到了1.5亿美元。[14] 随着漫画越来越流行，李的工作量也呈几何倍数般增长。但古德曼坚持只允许聘用一小部分员工来为这位明星主编兼艺术总监工作。

成长于广播电影时代的李明白，电视将会在人们的日常生活中发挥日益重要的作用，他坚信超级英雄们的传奇故事会因此媒介而发扬光大。马丁·古德曼曾经在漫威的授权许可之路上走得磕磕绊绊，所以当他决定放弃公司的动画产权时，大家也并不觉得大惊小怪。在意识到公司的生产线需要有一个年轻人来运营时，古德曼毫不犹豫地推荐了自己的儿子查尔斯（奇普）·古德曼。他想借机让查尔斯练练手，为日后继承家族企业做准备。

审计发行量数据显示，漫威漫画的销量从 1961 年的 1 800 万册跃升至 1965 年的 3 200 万册。人气的飙升吸引了电视行业高管的关注，他们想探究漫威漫画公司对年轻观众产生如此强大的吸引力的原因。没人能一针见血地指出，这样巨大的成功其实取决于反英雄主题以及李对年轻人市场的精准把握。

1966 年 9 月，《漫威超级英雄》横空出世，在剧情设置上安排美国队长、托尔、钢铁侠、海王和浩克轮流出场。次月，漫威所有的漫画书上都刊登了该剧的广告，详细地列出了 20 多个播放该剧的电视台，包括纽约台、芝加哥台、洛杉矶台等。该系列最终在将近 50 个电视台播放，包括巴西、波多黎各、委内瑞拉等一些海外频道。

这部动画片由格兰垂 – 劳伦斯动画公司制作，不同于原创动画，此片采用再现彩色照片的方式对漫画书进行还原，同时创造出一个 7 分钟的、可以被反复播放或被剪辑、编进其他儿童电视节目的章节。1966 年 9 月至 12 月，以最初的节目联播为目的，漫威公司共生产出 195 个片段。

以漫画书为模板的制作方法在某种程度上削弱了动画的效果，尽管如此，科比、迪特科，以及李的团队精英们技艺精湛的插图还是得到了呈现。在每一个镜头里，通常只有一个对象会被赋予动画效果。有时是让美国队长的盾牌在空中回旋；有时是让角色眨眼睛或者说话时嚅动嘴唇。《漫威超级英雄》的主题曲会依次为角色做概述，在“漫威超级英雄已降临”的画外音中过渡到下一幕。

翰纳 – 芭芭拉工作室发行了第二部电视动画连续剧《神奇四

侠》。它于 1967 年秋在美国广播公司首播。全片的开头十分精彩，闪烁在夜空中的信号突然变成了震动的“4”字，召唤着超级英雄们返回纽约总部。一分钟的片头里浓缩了神奇四侠的故事梗概，同时也包含了与坏人们斗争的场面。考虑到目标受众为年轻人，该系列着重刻画了英雄们的超能力，同时将恶魔打造成危险人物。虽然略显做作，但基本和漫画保持了一致。编剧模仿了李的风格，显露出早期受流行文化浸润的痕迹和对亚当·韦斯特《蝙蝠侠》的模仿。

然而，很多人仍不可避免地对漫画持有一种看好戏的心态。尽管漫威动画很流行，1967 年，电视版的《蝙蝠侠》在播出的最后一年里收视率大幅下滑，这或多或少地拉低了其他漫画书的销量。尽管 DC 漫画公司依旧独占鳌头，但整个行业的总发行量都缩减了。处于漫威销售榜首的《蜘蛛侠》在年度畅销书榜单上也只排到了第 14 位。[15] 总体来说，漫威的表现要优于绝大多数的竞争对手。漫威的书籍销量与往年持平或者说仅有小幅度的降低。令人惊喜的是，在行业低迷的年份里，漫威能保持原有的发行量，这充分体现出市场营销在应对市场波动中发挥的至关重要的作用。

20 世纪 60 年代晚期对李来说是充满动荡的一段时期。当他为十几岁的女儿在市区租下了一处可以学习表演的地方后，李意识到或许他和琼安可以搬回市区了。在休利特港的房子对两个人来说实在太大了。李建议公司买下他的蜘蛛人动画版权，然后帮他在市区租一间公寓，这样方便他履行顾问的职责。整整一年，这对夫妇都愉快地享受着市区的生活，工作日的时候，他们就住在第 60 大道的一间公寓里。之后他们卖掉了自己的房子，在第 63 大道买下一间有着巨大露台的公寓，这满足了琼安的要求。在度过了 20 多年的都市生活后，李和琼安最终决定把家安在大苹果城①的中心。[16]

作为一名演讲者兼“欢乐漫威读友会”（一家粉丝俱乐部）100 多个校园分会的实际领导者，李在大学生中的知名度持续攀升。可他获得的巨大关注引起了古德曼的不安。“我感觉到他对我们的漫画取得的成功有所不满，”李回忆道，“销售上的业绩已经不能取悦他了，他想拆我的台。”在李看来，古德曼把他看作和其他初出茅庐的出版商以及依旧占据行业龙头的 DC 漫画公司一样的竞争对手。[17]李的成功变成了一把双刃剑：他红得招人妒忌。无论是在报纸、杂志上发表的文章，还是在电台的采访中，李的言论总能激发公众的兴趣。同时，李愿意挺身而出成为超级英雄题材的代言人，这也让漫威有所获益。

李最引人注目的亮相是在迪克·卡维特的秀上。当得知有许多没有阅读能力的人也在看漫画时，李激动地将漫画视为“标新立异

① “大苹果城”是美国纽约市的别称。——译者注

的时代”的重要组成部分。对此，卡维特却表示怀疑，他觉得漫画的重要性没有那么大。漫威的超级英雄们似乎变成了时代的象征（除了他们无坚不摧的超能力）。尽管可以与强大的外星人和超级反派相抗衡，并于水深火热之中拯救世界，但他们也和人类一样有血有肉，也会遇到种种困难。李向卡维特解释道：“作为美国高雅和通俗文化的推动者之一，漫威旗下最受欢迎的超级英雄总是最怪异的。”他点名表示浩克（绿皮肤的怪物）和蜘蛛侠堪称其中的典范。[18]

当卡维特和前喜剧搭档帕特·麦考密克一起取笑李和漫画时，这位漫威家庭的大家长酷酷地表示，蜘蛛侠的成功取决于他是一个“反英雄式的人物”——一个在战斗时也会得鼻窦炎、长痘痘和过敏的高中生。在节目进广告之前，麦考密克对于李这种耗费了全部的职业生涯来与传统观念做斗争的行为嗤之以鼻。这个爱开玩笑的人揶揄道：“我之所以喜欢漫画书是因为当你在咬手指的时候，另一只手也可以翻页。”[19]

麦考密克这样的喜剧演员会在电视上把漫画书当成低级趣味的笑料，但李已经站在自己创造的新世界的中心了。当后来掌管DC漫画公司的詹妮特·卡恩被问到什么是20世纪50年代后期漫画世界里“最重要的活动”时，她将话题引向了李，说：

> 漫画书中的人物承载了时代的一种无意识的趋势，并成为潮流的代言人。这也是人们充分认可这些角色，以至于让它们成为神话中的一部分的原因。斯坦·李笔下的

角色在20世纪60年代的时候的确发挥了这样的作用。他赋予人物反体制、异化、自我贬低的精神……他们有口臭、长痘痘、年少无知，但年轻人需要符号式的人物来表达他们想抵制的东西。[20]

在漫威的主要竞争对手看来，漫画行业需要克服的低级歧视由来已久。在短短几年的时间里，李的创造力如雨后春笋般冒了出来，他不仅颠覆了美国的流行文化，也使人们对超级英雄的看法有了改观。

当李专注于艺术、对话气球、延续故事情节和其他数不清的需要面对的责任时，古德曼找到了一种退出策略。20世纪60年代末，大公司开始掀起并购的狂潮。对从无到有创立起漫威的古德曼来说，这给他提供了一个期待已久的变现机会。马丁终于可以如愿以偿地把生意传给摩拳擦掌、跃跃欲试的儿子奇普了，由此，年迈的古德曼得以离开这个急剧变化的杂志及漫画出版行业。

1968年年中，一位名叫马丁·阿克曼的新兴企业大亨及律师联系了古德曼，阿克曼想要收购古德曼所有的公司，包括男士杂志和漫画部门。阿克曼运营着一些照相馆、药房和至美电影制作公司旗下的其他业务。尽管他的身材并不魁梧，但他自认为是一名叼着雪茄，对员工和下属们指手画脚的重要企业家。在近期的一次交易中，阿克曼同意对柯蒂斯出版公司的一笔500万美元的贷款进行延期，前提条件是要让他当主席。阿克曼内心的真实想法是想彻底掌控柯蒂斯的发行权。如果能将古德曼的杂志和漫画都买下，他就能拥有足够的发行内容。这种“两栖”的做法可以确保他在出版行业里拥有更多的资本和话语权。

尽管古德曼对出售公司有些犹疑，但他最终还是坚持以现金交易的方式将漫威漫画公司以 1 500 万美元的价格卖给了阿克曼。买卖完成后，古德曼把李拉到一旁，许诺他终身作者兼编辑的股票期权。古德曼声称不仅他自己会变得富有，李也会。“我居然都不需要开口问，就可以挖到人生中的第一桶金了！”[21] 李想。但随着交易的完成，古德曼不仅没有给李任何期权，甚至只字未提。古德曼签下了保留自己杂志管理出版商的协议，同时奇普成了编辑主任，之后也会顺理成章地接替父亲的职位。

据李描述，阿克曼和他的下属告诉古德曼他们不会买下这家公司，除非李愿意签合同留下来。[22] 阿克曼将李看作这笔交易的重中之重，但李没有给古德曼施加压力、要求提升工资或取得其他长期的收益，因为他相信老板会帮他考虑到这些的。在这份为期三年的合同里，李终于获得了加薪，但他开始对古德曼的虚张声势和打下的包票心存疑虑。

李和漫威里其他认为自己应该在公司的并购中获利的同事站在了同一阵营。在出售公司当晚的晚宴上，古德曼对李说：“我保证你和琼安在有生之年里，永远不会缺东少西。”[23] 琼安·李和斯坦的堂兄琼是很亲密的朋友。为了欢庆这场并购，公司举办了一场派对。阿克曼也花了 150 万美元买了一架私人飞机和一间在公园大道上的豪华办公公寓来为自己庆祝。李依然为古德曼能否兑现承诺而担忧，但他并没有扬言离职来给漫威施加压力。事实上，有一次DC 漫画公司斥巨资邀请他跳槽，但被他拒绝了。

虽然阿克曼的柯蒂斯出版公司接管了漫威的发行，但是随着销售额的下降，整个行业在某种程度上被重新洗牌了，古德曼十年前签下的可怕交易也终结了。作为回应，古德曼开始对漫威公司采取强硬手段——裁员、取消漫画人物，甚至连李颇受欢迎的奇异博士也没能幸免于难。为了节约成本，古德曼甚至要求所有的漫画书都从 20 页减少到 19 页。这些举措让李内心深处再次燃起想要辞职的念头。奇普·古德曼疯狂地取缔了“欢乐漫威读友会”，而在李心中，这些忠实的书迷们正是激励公司不断前进的重要动力。[24]

李又一次地陷入了绝境。尽管销量的回落让他重新回到了一个易受攻击的位置上，但他已尽其所能地将漫威打造成为业内最大的漫画出版商。古德曼没有兑现他的承诺，事实上，他又暗示要掀起另一轮大范围的裁员。李必须要为自己重做规划了。这位作家渴望另寻他路，但又不知该如何选择。“可能是到了该考虑做其他事情的时候了。”他说。从创作剧本、拍电影到写诗，他想出了一大堆的选项。[25] 拍电影似乎是最符合逻辑的一条路。他甚至梦想着把科比和漫画家约翰·布西马带去好莱坞，让他们在那里设计布景，在故事板上进行创作，自己就在一旁写剧本。

当李还在犹豫时，公司的新主人出师不利，董事会罢免了阿克曼。柯蒂斯的经营压力和阿克曼本人浮夸且颓废的消费习惯让公司难以承受。新的继任者是一位野心勃勃、具有法律背景的年轻董事长谢尔登·范伯格。范伯格开启了大刀阔斧的改革，将公司更名为卡当斯实业公司。为了减少公司的巨额债务，他发起了一场缩减开支的运动。再也不是公司掌舵人的古德曼地位骤降。他命令李对之前的漫画进行再版，这样他就不用支付自由撰稿人新的创作费用了，尽管漫威的目标还是想要挽救惨淡的销售前景。十年之期将尽之时，范伯格和他年轻好斗的团队依然任务艰巨。李试着重振漫威“牛棚”，但公司牢牢地掌握着业务的决定权。

20 世纪 60 年代初，越来越多的读者开始注意到这个位居二线的行业内部正在发生一场革命，漫威肩负着创造新角色并建立起漫威宇宙体系的重任。60 年代后期，李和团队将工作重点转移到巩固漫威的地位以及对原有故事线进行拓展和加深之上。李让一些超级英雄的故事，如美国队长、浩克、钢铁侠等拥有了自己的单行本。

面对销售额的下降，很多出版商都持观望态度，而李却依旧在低潮中坚守着。随着月销量的提升，额外的收入避免了大规模裁员的发生，李也无须辞退如家人般亲密的同事及员工。至少，漫威保持着乐观和时尚的基调。DC 漫画公司也同样经历了困难，即便被卖给了金尼全美服务公司，它也依旧没能找到击败其他微弱竞争者的方法。

在即将到来的 1968 年里，李和漫威将会卷入越来越多的世界大事中。没有人能对越南战争、校园骚乱、民权抗议或日益壮大的女权运动视而不见。在迪克·卡维特的秀上，李谈到在早先的《托尔》中，雷神托尔对大学生不积极参与运动，反而退出的行为进行了批判。然而，在接受采访时，抗议活动的意义甚至整个世界形势都发生了变化。李再也不能借用超级英雄的故事来回应社会议题了。他告诉卡维特：“现在的年轻人似乎变得更加激进，我认为这是一件好事。”[26]

1968 年，漫画的商业地位几乎完全不能和 1961 年《神奇四侠》刚推出新的恶魔、英雄和怪物时同日而语。所有新的单行本都需要更多错综复杂的情节和新角色来填充。李担心卡当斯的高管们总有一天会让漫威关门，但他始终坚守着，并期望他创造出的超级英雄世界能够经受住混乱时代的跌宕起伏。

第十章　偶像的诞生

无论是老板马丁·古德曼、卡当斯的管理层，还是最新加入的助理编辑、自由职业撰稿人，这个世界上没有人比斯坦·李更了解漫威了。如果一定要从这家公司里选出一个和超级英雄们一样过着丰富精彩的生活，甚至和这些角色同等重要的代言人，那一定非李莫属了。除了画师，李花了多年的时间赋予蜘蛛侠、托尔和其他角色以生命。他的意见就代表着漫威漫画的声音。

当开始有记者们在公司附近活动，试图伺机获得漫威内部第一手的消息时，李抓住了这个至关重要的开端。记者们削尖脑袋期待看到一位风华正茂的代言人，结果却发现李就是那个热情洋溢、机智幽默、思维敏捷，同时引领了青年文化的人。几十年来，他成为在古德曼裁员和财务危机中的幸存者，一次又一次地以一己之力撑起整家公司。所以当媒体在寻找一位能和漫威取得的巨大成功紧密相连的代言人时，李抓住了这个机会。承担起这个新角色不仅仅满足了李个人的自尊心，同时，这也使得他可以展现他无意隐藏的表演天赋，这就要追溯到他青少年时在 WPA 联邦戏剧项目里尚未完全施展的艺术抱负了。

作为公司的“门面”，李还看中了这个机会里蕴藏的财富和品牌价值。一方面，他成长于大萧条的中期，对彼时父母总是因为没钱而争吵的往事记忆犹新。如果不是对亲戚们低三下四、卑躬屈膝，他们怎么能有钱支付房租？谁都比利伯家的经济状况更好吧？父亲始终得面对失业的挑战，这是李永远无法忍受的。如果他要承担起一个不可或缺的职责，就等于说这份工作是完全有保障的。他打从心底对失业或没有充分利用自己的价值深恶痛绝。父亲的羞辱是记忆里永远的痛，所以他对成为代言人十分心动。

另一方面，从品牌推广的角度来说，代言人的角色有助于漫威在公众中保持一定的热度。李不需要变成一个像里德·理查兹那样的超级天才，前者可以借着超级英雄的热潮创作出更多的娱乐选择，同时树立漫威和自己的声望。大众对于超级英雄的反响热烈，每天都会有300~400封粉丝来信堆在李的办公桌上。在某种程度上，李意识到，只要充分发挥他的天赋和合群的个性，他就可以成为现实生活中的“神奇先生”。[1]

面向公众的角色使李变得不可或缺。但讽刺的是，随着职能范围的扩充，他进一步成了一个彻彻底底的“漫威人”。他意识到自己始终深深地与漫画休戚与共。尽管许多业内人士指责李自作主张、妄自尊大，他却聪明地朝着发挥天赋的方向前进。李从未打算成为一个鼓舞人心的首席执行官，他几乎不涉足公司商业方面的运营，但他有凝聚读者和粉丝的能力。除了与狂热的大学生们互动，他也能有效地把漫画推销给忧心忡忡的父母或者好奇的记者。

当漫威逐渐成为时代文化精神的中心时，李的故事也逐渐为大众所知，多年默默无闻的情况终于发生了逆转。李成功地在美国内外树立了自己的品牌。

古德曼仍然维持着商业领袖的形象，热衷于经营收入和利润。他缺乏对李、科比、迪特科和“漫威牛棚”创造精神的欣赏力，但他打造出的财政基础体系使得画师和作家们得以蓬勃发展。他继续充当李的陪衬，后来，随着古德曼权力的逐渐削减，李的话语权与日俱增。李可能会对经营一家公司所必需的财务操作感到厌烦，但他明白古德曼和卡当斯管理团队在漫威的成功上所发挥的重要作用。

为了维持漫画部门的运作，李在财务方面也积累了广博的知识和经验，但这从未像富有创造力的作品那样打动过他。他对有必要借助新一代超级英雄的势头来发展心知肚明，但仍然在一定程度上远离企业的商业决策，同时也没有像其他中层管理者那样对数字痴迷。更重要的是，他其实没有那么多时间去精心管理财务。每月增加的新系列意味着李需要组建一支不断壮大的员工和自由撰稿人团队。新系列也需要追赶出版发行的截止日。错过的话，公司就要被罚款并损失潜在的销售额。李专注于漫威市场推广多年后，现实显露出它讽刺的一面。“我基本上什么都得写，”他回忆道，“我是编辑、艺术总监，是撰稿人的头儿。因为这样，不管好坏，我都得把心血放在漫画上。”不过，最重要的是，从艺术创作到出版印刷，众人往往看到的是一个耀眼的结果，背后其实还需大量幕后工作的支撑。“我要设计封面、配文字、写广告、开‘肥皂盒’专栏和‘牛棚公告’。”李解释说。[2] 几十年来，李做过的一切和经受过的挫折为他铺就了一条通往众人瞩目的焦点的必由之路。早在1947年，他在《作家文摘》上发表了一篇关于如何通过画漫画来挣钱的文章里就透露出类似的渴望。

李塑造的人物形象，充满着对过去的讽刺和大量的自嘲，由此缔造出专属漫威的声音。漫画迷们对蜘蛛侠、浩克、钢铁侠和其他角色的欢迎程度已经超出了单纯的喜欢，上升到了一种崇拜，这确立了漫威在文化上的主流影响力。尽管已经非常流行，漫威漫画的总销量仍然落后于DC漫画公司。1968年，DC漫画公司出版了47种漫画，销量约为7 500万册；漫威出版了22种漫画，销量为5 000万册（尽管李在1968年8月的一次采访中声称这个数字其实应该是6 000万册）。虽然漫威出版的图书品种还不到DC漫画公司的一半，但漫威的销量却达到了后者的三分之二，从某种程度上来说它似乎更加成功。

在无数次的采访和公开演讲中，李继续打造着他的公众形象。与此同时，他不遗余力地赞扬漫威粉丝和富有创造力的团队（包括大约35名全职员工和自由撰稿人）。“我们的粉丝一定是国内最狂热的，”他声称，“他们提问、纠错，给我们贡献宝贵的建议。”[3] 收到的成千上万封读者来信，以及在漫画行业大会上与粉丝面对面的互动，让李可以直观地了解自己的目标群体。他们当中不乏一些因为发现蜘蛛侠出现的镜头里有瑕疵而颇具微词的顽固分子，也有试图理解漫画为何如此受欢迎的普通观察者。[4]

李从不回避向世界展示漫威公司的新作品（以及他的写作），展示漫威的作品与过去的漫画出版商的作品相比，是多么具有创新性和创造力的举动！他指责 DC 漫画公司是旧时代里的一座过气的纪念碑。

李坚信漫画中存在的教育和文化价值。正因如此，当他以一种老掉牙的、自嘲的口吻发表演讲时，他的真诚产生了一种易于被人接受的可靠性。这种风格随着演讲活动的增多而日臻完善。李明白，粉丝们希望漫威的书里能多一些反映现实生活中社会、政治、经济的内容。对粉丝持有一种开放心态的李对此有自己的回应："他们想在漫画人物的身上看到一种完整的风气、为人处世的哲学和逻辑框架。他们似乎迫切地需要一个值得信赖的人，我不想让他们失望。"[5] 20 世纪 60 年代晚期，李通过让蜘蛛侠、托尔和其他一些人物来发表对不同社会议题的评论，将漫画推向了更加广泛的读者群体。

鉴于读者中有大量的年轻人，有人指出李的语调应该更有进取心。事实上，他常常得摘下戏谑的面具，然后才能和读者们去谈论一些严肃的话题。1968 年下半年，他开始使用"斯坦的肥皂盒"（以下简称"肥皂盒"）专栏来公开反对偏见和种族歧视，他将此称为"当今世界上最致命的社会弊病"。李说，对整个种族进行谴责和藐视的行为显然是不理智和疯狂的，所以他建议漫威大家庭里的人都要学会包容。[6]

在混乱的时代，对社会问题的类似思考使得漫威创造出一些黑人角色，包括《蜘蛛侠》里《每日号角》的城市版面编辑罗比·罗伯森，以及名为特查拉的主角黑豹，他实际上是非洲某个虚构国家的王子。与此同时，漫威还引入了另一位非裔美国超级英雄猎鹰——山姆·威尔逊。当被问道会如何编排黑豹的剧情时，李坦言，他希望能从粉丝来信中获得灵感，让读者告诉他该如何写下去。1970 年，李声称他想要尽快推出黑人英雄，但是谨慎的当权者们不让。[7] 不管说“不行（No）”的人是古德曼还是卡当斯的老板们，李都觉得自己没有必要再退缩了。

1970 年 3 月，李再次在“肥皂盒”里阐述了漫威的“说教”政策。有些读者只是想通过阅读来逃避现实，李对此并不认同：“我不能看见这样的事发生。”他把一个没有内涵的故事比喻成一个没有灵魂的人。为了让读者更加深入地了解他的世界，李解释说做客大学校园的目的是为了“尽可能多地引发大家对战争与和平、民权，以及所谓青年反叛的讨论……就像我在漫威杂志中所做的那样”。李认为是所有此类想法塑造了我们的生命。我们不能逃离它们，或者觉得看漫画书就可以把自己和重要的社会议题相隔绝。[8]

尽管得到了许多关注，也收获了粉丝们近乎狂热的情感，李还是觉得不满足。他继续遭受着来自更主流行业的从事者的排斥。这促使李想为自己寻求一种正当性。没有任何一种荣誉足以消除人们对"一个漫画作家"最初的负面看法。

每当遇到挑战，李就会从蜘蛛侠身上寻找安慰。从文学的角度来看，蜘蛛侠利用了这个时代的存在主义，一个普通人遭遇了一场改变人生的意外。放射性蜘蛛将毒液注射到彼得·帕克的血液中，使这个男孩变成了超级英雄。但是，毒液并没有把彼得的不安、焦虑和最基本的人性祛除。事实上，一时的优柔寡断和傲慢导致了深爱的叔叔本的死亡，让这个男孩陷入自责而无法自拔。但傲慢和谦逊的两面性让这个角色吸引了大批粉丝。

蜘蛛侠作为20世纪60年代集体动荡的象征，在抗议和保护之间形成了一种分裂的人格，他是那个时代书籍、电影和名人小报中人物的翻版。彼得·帕克与J. D. 塞林格在《麦田里的守望者》（1951）一书中塑造的霍尔顿·考尔菲德住在同一个城市——纽约。两人的相似之处是都质疑自己在世界上所处的位置。尽管李知道这个角色一定会引起年轻观众的共鸣，但他相信成年读者也会同样喜爱他。在高校做讲座的时候，他就已经对此有所感知。他需要让超级英雄们出现在日益壮大的读者群里。数量不断增长的大学生读者们就像喜欢漫威漫画那样，也十分喜爱《麦田里的守望者》。

1968年7月，李推出了《惊艳蜘蛛侠》，希望能以此消除部分人对漫画行业的偏见。这本书和杂志一般大小，内部的绘画也是黑白的，这种趋势逐渐在“地下漫画”中流行开来。这本 50 多页的杂志卖 35 美分，约为书报亭里售价为 12 美分的普通漫画书价格的 3 倍。

《惊艳蜘蛛侠》的创刊号里囊括了一个重写并重绘的原版故事，以及李的原创“瞧，这怪物！”，它的封面也很特别。成人探险杂志封面画家哈里 · 罗森鲍姆用丙烯酸颜料画出一个英雄的形象，并赋予它深邃的质感和成熟的外观。第 2 卷由画师约翰 · 罗米塔创作的封面也同样引人注目。全彩的封面上，绿色的妖精用黄色鞭炮攻击蜘蛛侠。罗米塔封面的魅力穿越纸面，迅速成为粉丝们的最爱。

李在“肥皂盒”的更新中透露出他对这本杂志所寄予的期望，他将之喻为“一份真实、耀眼、非同凡响的油光纸出版物”，它可以被称为读者们在书报亭里能买到的最佳读物。他还扬言这本杂志“可能是漫威史上最杰出的成就”，堪称可以被载入漫画史册的“漫威式里程碑”。身为总编的他将这本杂志视为一次搭建与成年读者之间的桥梁的机会，他力图聚焦于更加成熟的主题。他认为，这本杂志可以带给成年读者一份庄严的感受，有助于提升他们对漫画的接受度。

出乎李预料的是，这种以成年人为导向的新漫画似乎占据了一块介于儿童和青少年读者之外的无人区。李没有对这本漫画进行过多的吹嘘，因为他并不能救《蜘蛛侠》系列于水火之中。对绝大多数读者来说，《惊艳蜘蛛侠》实在是太贵了。即使做成黑白的，也无济于事。第 2 卷又重新恢复全彩，但已经太晚了。杂志在有着漂亮封面的第2卷中走向完结，直到1973年，漫威才在《超凡蜘蛛侠》第116~118卷中再现了这个由作家格里·康韦改编的故事。第2卷里衍生出另一个以绿恶魔为核心的故事，它后来被重新编撰（漫威的惯用手法）进了《超凡蜘蛛侠年刊》第9卷（1973年）。

尽管成人版漫画的创意遭遇滑铁卢，李希望借此获得社会主流认可的梦想也随之泡汤，但这份杂志却没有影响蜘蛛侠在漫画粉丝中流行。尽管如此，李依旧陷入了事业的低谷。20世纪40年代末，他曾试图通过出版成人读物或为古德曼的成人杂志兼职来获得主流的认可。从表面上看，李似乎对漫画书和他的超级英雄创作充满了激情。可是在他漫长的漫画创作生涯中，他一直怀有一种负面的情绪，非常担心自己从事的职业不被别人认可。

1970年上半年，李遭遇了另一个挑战。科比的合约就在古德曼把公司卖给至美电影公司的时候到期了。公司的领导层对续约薪水高昂的画师科比没什么兴趣，古德曼也没有为他求情。科比知道，他该拿着自己多年以来帮助漫威变成行业巨头的报酬离开了。但据马克·伊万尼说，这是因为没人愿意和他或是他的律师谈新合同。[9]最终，科比向李寻求帮助，但他错误地估计了对方所能提供的帮助。虽然科比认为李在糊弄他，但始终没能拿出足够的砝码来说服古德曼或公司管理团队满足他的需求。

合同事件在李和科比两人间增添了一道新的裂痕。事后大家才发现，这似乎是一个基于错误判断而非恶意的行为。科比和李之间的关系充满了讽刺意味。漫画将两人永远地联在一起，然而，工作中的错综复杂有时会使他们的关系变得紧张，甚至敌对。

科比似乎并不那么在意创造出成功的超级英雄和漫画所带来的名声。他深爱自己的艺术。他的目标集中于在工作的同时获得等价的报酬上，毕竟他为公司贡献了艺术才华、创意和名声。对科比来说，他脑海里始终有种挥之不去的感觉：不管当下的经济状况有多好，他始终无法摆脱在下东区贫民窟里生活的童年记忆。“科比在20世纪60年代的所有创作都是为漫威而做的，他总是担心自己会没有活儿，”乔·西蒙解释道，“工作对他来说很重要。”[10]

科比、西蒙和李一样，经历过经济大萧条时期的艰难，这从根本上影响了他们对待工作和金钱的态度。据西蒙所说，科比为了供养家庭，给自己施加了很大的压力（不能说全部，至少有部分这样的原因），而他自己的原生家庭一直很贫困。“他必须把钱带回家给妻子罗兹，把给孩子吃的食物放在桌上。”[11]贫穷如影随形般地跟着科比，永远都没有离开过他。科比对金钱强烈的欲望始终影响着他的世界观。1970年，作为撰稿人的他可以挣到35 000美元的年薪（等同于当下220 000美元的购买力），这足够让他过上一份体面的生活，但他总觉得自己的价值远不止这些，认为自己值得拿到百万美元以上的年薪。

尽管两人都出身寒门，李和科比的不同之处在于，前者希望得到认可的渴望远比赚钱来得更强烈。幼时的经历给他留下了印象深刻的教训——一位追求完美与成功的母亲，以及经济困难给家庭造成的损失。李只有奉承别人才能拿到钱。

尽管李和科比永远都会被看作富有创造力的搭档，但两人间的关系也会被他们不同的追求影响：一个求名，一个为利。因此，科比既对古德曼的吝啬和食言感到沮丧，同时也对李感到恼火，这促使他拒绝了漫威1970年开出的新合同。相反，他跳槽到了DC漫画公司。在总编辑卡麦恩·英凡提诺的领导下，科比被授予开发新的超级英雄宇宙“第四世界”的自由权。在DC漫画公司，他创造出了3个全新的系列，帮助画师和作者们解决了神话世界核心价值观中存在的“圣经”、存在主义，以及科幻小说中机器驱动等问题。

漫画是一门大生意，它在其他媒介上的大受欢迎，证明超级英雄的故事正处于当代美国文化的中心。由于羡慕超人和蝙蝠侠从广播里被搬上电影和电视的银幕，漫威也做了类似的计划。过去，漫威在这方面的工作重点是通过跨平台的合作来为漫画创造需求。在这个时代，出版行业里的高管们都意识到，电视和电影能够推动行业的发展。

对李和在纽约的该公司的老板们来说，他们的终极梦想就是有一天也能让漫威的超级英雄们登上电影和电视节目。进军这两大媒介有两个主要的目的。首先，为一代又一代的粉丝们塑造角色可以增加粉丝的总体数量；其次，提升曝光率可以引发更大的需求，进而有利可图。除却公司早期在制作动画系列时取得的一些成就，大多数将漫画改编成真人电影的尝试都失败了。原因往往可以被归结为好莱坞混乱、冗长的制作流程——先得构思剧本，然后才是项目策划和选角。

早期由格兰垂－劳伦斯制作的《漫威超级英雄》动画证明，即便是粗制滥造，以公司主要超级英雄为主角的电视剧也都会有观众。符合逻辑的下一步是，基于蜘蛛侠势不可挡的流行趋势，应该为这一系列策划节目。格兰垂－劳伦斯在 1967 年下半年开启了拍摄流程，次年完成了全部制作。可这个苦苦挣扎的工作室因无力偿还债务而宣告破产，接手的是颇具名望的动画大师雷夫·巴克西。该系列在美国广播公司一经播出就获得好评，并持续放映到 1970 年。

动漫巨头翰纳－芭芭拉工作室为美国广播公司制作了《神奇四侠》的第一部，该片从 1967 年持续放映到 1970 年。这个新的节目与蜘蛛侠同时播出，这让观众能够更加充分地享受超级英雄的故事。与李和科比的原版漫画相比，节目内容被缩短了，以适应 35 分钟的时长，内容上的缩水让儿童能更加轻易地跟上故事节奏。作为每周六早上播放的首档教育类动画片，每一期节目中都有一段神奇先生向观众讲解科学知识或概念的内容。

制片人淡化了科比对末日博士不祥的描述，并让行星吞噬者显得不那么气势磅礴，这些风格上的变化在一定程度上被配音演员的热情抵消了。他们安排了电影电视明星杰拉德·摩尔来给里德·理查兹配音。这样的搭配使得有些角色显得很普通，超能力的体现也囿于当时的技术能力（此时的动画还是比较笨拙的），这似乎让人觉得制片公司阻碍了漫威将人物带上银幕。在公开场合中，李是非常支持电视节目的，但他其实并不能做什么。手上没权使他很恼怒。他坚信，如果漫威能够自己制作节目，就像迪士尼那样，超级英雄们就可以与华特·迪士尼著名的米老鼠和公主们一较高下了。此时，李开始体会到创办一家制作公司的急迫性。

1971 年，《纽约时报》的一位记者估算出每年出版发行的漫画书大约有 3 亿册。[12] 保守估算，这等同于每 4 名读者会看一本漫画书，也意味着在全世界 37 亿人口中流通着 12 亿册漫画书。尽管人们对漫画是否会给年轻读者带来负面影响心存疑虑，但这个媒介已经逐渐发展成主流文化中最核心的一部分。李是其中的关键人物。在很多人眼里，“斯坦·李”就是漫画的同义词。他属于一种约翰尼·阿普尔西德[①]式的人物，通过周游全美来传播漫画书中蕴藏的欢乐和意义。

同年 5 月，李在《神奇蜘蛛侠》第 96 卷中展示出漫画书也可以用来做好事。在这一期里，蜘蛛侠拯救了一个不慎从房顶掉

① 约翰尼·阿普尔西德是美国传教士和园丁，致力于在全美范围内推广苹果树。——译者注

下来的黑人小男孩，因为“这可怜的孩子已经神志不清了”。完成拯救后，其他人物开始交换毒品信息，蜘蛛侠想：“即便身为蜘蛛侠，生活也可能和其他人一样危险。但我宁愿面对 100 个超级恶魔，也不愿为毒瘾所困而堕落。”后来，彼得·帕克的黑人朋友兰迪和诺曼·奥斯本进行了激烈的交流，兰迪告诉奥斯本，黑人最讨厌毒品，因为它让年轻人“变得没有希望”，让他们“更容易被毒贩利用”。

有些读者可能会把抵制毒品视为漫画与现实挂钩的一种表现。但粉丝不会知道，曾有一位美国卫生、教育和福利部下署的国家心理卫生研究院的官员给李写信来寻求帮助。在信中，官员请求李利用蜘蛛侠的人气来反对毒品，用漫画的形式直面这个问题。他认为，考虑到该角色在高中生和大学生中的受欢迎程度，漫威能够向这些人传达有说服力的信息。

尽管李意识到在作品中提及毒品是违反漫画创作规定的，但他还是想要满足该官员的这一诉求。从更广义的角度来看，他解释说：“我们不能把头埋在沙子里装傻充愣……如果这个故事可以让世界上任何一个地方的孩子不要吸毒或决定提前一天戒毒，那么我们就无须等待漫画准则管理局①的批准。”[13]

为了和美国漫画杂志协会打交道，大多数漫画出版商和编辑都

---

① 漫画准则管理局由美国漫画杂志协会于 1954 年发起成立，旨在允许漫画出版商对漫画书的内容进行自我监管。——译者注

制定了相应的内部规定。规定中明确表明，漫画中不得出现性和反政府的描述，却没有涉及与毒品有关的信息。没有出版商能出版狼人或吸血鬼的故事，这些主题显然是非法的。不过，对监管机构来说，毒品是一个模糊的范畴。《超凡蜘蛛侠》第96卷触犯“红线”，堪称漫威和李的一次大胆的尝试。在接下来的两卷中，李继续用毒品展开情节，揭露出哈里·奥斯本其实是个“瘾君子”。帕克把哈里沾染恶习的原因归咎于他的软弱。之后，奥斯本从一个毒品贩子（酷似金发造型的斯坦·李的漫画形象）那里获得了毒品，毒贩承诺那“是从医生那里拿到的”。回到和帕克合租的公寓后，奥斯本吃下一把毒品后昏了过去。当帕克找到哈里时，他的父亲绿恶魔闯了进来，想要杀了蜘蛛侠。在纽约的高楼上与绿恶魔进行了一番搏斗后，蜘蛛侠把他押去医院里看儿子。绿恶魔因伤势过重而昏厥，由此结束了他的反派生涯。

因为得到了蜘蛛侠和李对反毒品工作的支持，政府官员十分高兴，可还是有人跳出来抗议。阿奇漫画出版商兼1954年美国漫画杂志协会的创立者约翰·戈德华特表示，在漫画书中公开谈论毒品议题仍属禁忌。[14] 后来，反对毒品带来了积极且深远的影响，漫威获得了戈德华特和美国漫画杂志协会的好评。协会没有对漫威或李进行封杀。

为了让漫画准则管理局也与时俱进，李决定赶在DC漫画公司之前推出《蜘蛛侠》特刊。有传言说，该公司也打算就同一主题进行创作。DC漫画公司的总编辑卡麦恩·英凡提诺责骂漫威，认为他们会造成不良影响，尤其会对那些阅读漫画的儿童造成伤害。[15]

抵制漫画规定的行为使李和漫威在其他社会议题上也显得更加强硬，这使得他们在大学生读者中越发受欢迎。为了增强漫画彼此之间的相关性，他们将除了白人的其他不同种族的超级英雄也引入阵营。1972 年 6 月，漫威推出了《雇佣英雄》，以讲述一群在哈莱姆区打击犯罪的黑人超级英雄的故事。两年后，《雇佣英雄》中的凯奇变成了神力侠，与白人武侠传奇铁拳组队取得了战斗的胜利。

基于之前的种种积累，漫威推出了黑豹以及与该角色相关的系列作品。在此之后，印第安人的超级英雄《红狼》（1972—1973）面世。1972 年，随着大卫·卡拉丁主演的电视剧《功夫》开播，漫威也加入这股全美武术热潮（其中包括李小龙和其他使用空手道为主要元素的电影作品）中来。漫威公司推出以亚洲超级英雄上气为主角的“功夫大师”，他初次登场于《漫威特刊》第 15 卷（1973 年 12 月）。到 1974 年 4 月，该系列更名为《上气之手·功夫大师》，“上气”（即“功夫大师”）由此开始了他漫长并颇受欢迎的旅程，最终与漫威的其他超级英雄一起出现在不同的系列中。

胸怀壮志的李从不满足于仅仅做一名漫画书作家和编辑。当他还是个小男孩时，母亲就对他赞不绝口，她几乎每天都开玩笑说，好莱坞的“星探”很快就会把他带走。李为画师和其他作家提供创作灵感，并享受着作为漫威的“市场推广机”奔波于不同校园间的忙碌生活。这些努力在提高粉丝忠诚度或传播漫画“福音”上得到了回报。但有时，李也会遭遇事与愿违的情况。

1971 年 12 月上旬，一份在纽约颇为流行的报纸《乡村之声》上刊登了一则与众不同的广告，宣称："斯坦·李 1 月会来卡内基音乐厅！"粉丝们只要花 3.5 美元提前购票，或者在现场花 4.5 美元就可以入场观看，同时，该广告也保证这绝对是"实况转播，有音乐、奇迹和神话！"广告中没有透露很多细节，但托尔、蜘蛛侠和浩克都被放进了图片里，一个类似李的形象的蜘蛛侠说："和你的亲朋好友们一起来享受这个星光熠熠、万众瞩目的夜晚吧！"[16] 随后，活动的官方名称改为"斯坦·李之非凡夜"。

那个夜晚到底是否无与伦比，取决于漫威及其超级英雄们带给观众的感受。大多数人，特别是那些都市报舞会版的评论员，发现这个晚上一点儿也不惊奇，把它称为"公司为员工办的圣诞派对"以及"公司年会"。[17] 当晚的活动最终变得十分混乱，作为所谓的主持人和总策划，李的表现乏善可陈。在一段二流的音乐表演中，罗米塔和巴斯马含糊其词地讨论起了漫画艺术。媒体新宠汤姆·沃尔夫头戴"山姆大叔"礼帽、身着白色套装亮相。诡异的是，世界上最高的人——9.8 英尺的艾迪·卡梅尔上台读了一首关于绿巨人浩克的诗，澳大利亚魔术师杰夫·克罗泽表演了一段奇怪的魔术。[18] 最大的亮点是李和妻子琼安、女儿 J. C. 读了《上帝醒来》一诗中的片段。对于这场不知所云的秀，粉丝们纷纷向舞台丢纸飞机，以此来表达嘲讽与不满。

为了努力让漫威变得不同凡响，李开始把公司称为“创意之源”，此举不仅吸引了记者的关注，也成了公司的标志。漫威进入公众视线后也带来了不利的一面，李和他的“牛棚”队友们必须在创造娱乐内容、对社会议题表态和取得盈利上保持平衡。他重视人们从漫画中获得的乐趣，也希望它们有益处。他说：“我希望漫画在让人们感到愉快的同时也能带来益处。这很难，我必须在有限的范围内尽量发挥我的天赋。”[19] 李希望可以用“两条腿”走路——阅读漫画不仅仅是为了消遣，也可以由此引发人们严肃的思考。

同时，漫威得把漫画书卖出去，其中，少年儿童占据着相当大的市场份额。1970 年，李估算出，60% 左右的漫威读者的年龄都在 16 岁以下。从历史数据看，成年人的阅读率是相当高的，所以李想专注于更广泛的人群。“生意还是得做的，”李告诉记者，“如果书卖不出去，做再多的其他事情也都毫无意义。如果我失业了，公司关门了，皮之不存，毛将焉附？”[20]

李作为漫威漫画的代言人，具有不可撼动的地位，这使古德曼嫉妒不已。这位出版商和他的明星员工之间有着深深的裂痕。一方面，这个行业的变化如此之快，李和他富有创造力的团队要马不停蹄地奋战以确保书籍可以及时出版。漫威不断推出的新系列意味着每个人都得持续地产出。所以李在办公室或者在家里时，都需要一刻不停地进行内容创作。托马斯回忆道："斯坦和我几乎要编辑所有的内容，作者们只负责自己写的东西，我们只有非常少的拥有权限的助理编辑能帮得上忙。"[21] 而另一方面，混乱的局面非常容易激化矛盾。李需要内容，可古德曼却只想保证自己对封面绘画以及新系列有绝对的控制权，这无形中降低了工作效率。

"随着时间的推移，斯坦和古德曼的关系毫无疑问地走向了终结。"托马斯解释道。他近水楼台地目睹了这段关系恶化的全过程。"古德曼和他的儿子奇普当时仍在干预漫画工作。在斯坦接手前的最后几年里，奇普是正式的出版商，阿克曼则把精力更多聚焦在商业的运营上。我甚至不知道那时古德曼是否还经常去办公室，因为我都不怎么能看得到他。他的办公室就在过道的另一端。"[22]

1972 年，古德曼终于如愿以偿地退休了。这是卡当斯接管公司 4 年以后的事。他希望卡当斯能任命他的儿子奇普为新的出版商。但是，就在古德曼离开后不久，公司的新主人就把奇普扫地出门了，口头协议和裙带关系到此为止。卡当斯的首席执行官谢尔登·范伯格宣布李成为漫威的发行人和董事长。

职位的变化意味着李得淡出具体的创作，不能再做编辑主管了。经过内心一番犹豫不决，李将编辑主任的位子传给了他亲自挑选的继任者罗伊·托马斯。

"现在我可以按照自己的想法来做事了。"李想。可他错了。他必须参与一系列令人眼花缭乱的会议和战略策划中来讨论公司所有出版发行的财务状况，包括男士杂志。“我突然意识到自己正在做着有几百万人都比我做得好的事情。创作是我唯一能够感受到乐趣的工作，我却再也不能做了。”当李意识到这一点后，他立刻放弃了董事长的职位，专注于做发行人。[23]

同时，古德曼的退休生涯并没有持续多久。由于对儿子被解雇一事不满，古德曼报复性地创办了阿特拉斯漫画。他让奇普全权负责，开启了一个富有侵略性的项目。他甚至把李的弟弟拉里招过来做编辑。漫威许多原有的自由撰稿人和画师也都因为古德曼开出了更高的薪水而离职。辞职的现象越来越普遍，以至于李不得不发出一份通知来提醒员工和自由职业者要牢记漫威漫画给他们的承诺。对李来说，这是一个昙花一现的负面影响。由于行业变化迅速，古德曼耍的手腕很快就过时了。阿特拉斯不久就倒闭了。

对身为发行人的李和编辑托马斯来说，还有其他令他们头痛的难题在不断涌现。作为一名传奇人物，李极具亲和力，能与他人相处融洽。“他总能激励别人充满热情地去尝试新东西。”作者马克·伊万尼说，他同时和李、科比一起工作。“面对李，他们不会有畏惧感，但面对其他一些编辑时会有。”[24] 托马斯接手管理对李忠心耿耿的员工后，他们仍然需要在每个月里创作出 40 部左右的作品。生产计划始终是重中之重。“我知道自己没有像李做总编辑时那样大的权力，因为他就在那里，我不需要做什么。”托马斯回忆道，“我不被任何人威胁，没有人像我和李那样默契了。这种感觉很好，大多数时候，我都没有不安全感。”[25]

托马斯的晋升和李始终激励大家勇往直前的管理方式影响了编辑的方向。只要没什么特殊的原因，李都会全天候地写作。“到了要扩展业务的时候了，”托马斯解释道，“我们想要保留住漫威的魔力，但同时，其他风格的绘画和写作形式却没有发展的空间了。”[26] 最明显的改变发生在李交出了《超凡蜘蛛侠》第 110 卷的时候。这本在 1971 年下半年出版的刊物是李最后一次亲自操刀。作家格里·康韦顺利地从李那里接手，后面的书由康韦和明星画师约翰·罗米塔联合创作。

很多成年人看不起画漫画书的李，尤其是在他职业早期的时候。对此，李自成一派地发展出一种可以与当代小说家们相媲美的大师范儿。他说：

> 我笔下的每一个角色，哪怕是那些恶魔，都在某种程度上真实地反映出我自己。当然，我不是在暗示自己身上藏有非常邪恶的一面。它们是永生不灭的。但是，一个人如果不经过仔细的思考，怎么能写出令人信服的恶魔呢？如果他（她）是我，我该怎么演？如果我想征服世界或者横穿马路该怎么做？如果我是蜘蛛侠的敌人该说什么？你们明白我想表达的意思了吗？其实这别无他法。[27]

李独一无二的观点完美地契合了他选择漫画这条路的本质。李明白，想要在当代流行文化中取得成功，就意味着他需要拥抱迅速扩张的名人文化。如果青少年和大学生读者们希望他变成意见领袖，李很乐意披上斗篷，成为他们的王。他在全美巡回演讲和漫威的书中塑造出了一个远远高于他的出版商和老板们的形象。最终，他彻底地改变了整个漫画行业。

第十一章　漫威有疾

尽管很难从漫威最重要的推动者口中听到悲观的话，对李和公司来说，20 世纪 70 年代可谓困难重重。因为急于解决销量下滑的问题，漫威里的每个人——包括李和他的出版团队、想努力弄清每一笔内部支出的会计们，以及想控制漫画部门的经理们，都在互相叫板。

和全美范围内的大形势一样，漫画行业多年来也面临着极大的不确定性，在不断下滑的销量中挣扎求生。漫威每本漫画书的销量都在下降，因此，公司试图通过出版更多的图书来弥补损失。比如，接连 10 本漫画书的标题里都带了“漫威”的字样（从《西部强大的漫威》《漫威三重行动》，到《漫威特别版》）。[1]

到 1973 年 1 月，李每年总管发行约 69 份刊物，其中包括 28 本关于超级英雄的书、16 本推理 / 怪物小说、10 本西部小说等。从表面上看，总销量是增加了，可事实上，过量发行的漫画掩盖了漫威内部的弱点及行业停滞的本质。[2] 席卷市场是马丁·古德曼早年的惯用伎俩。这样的做法虽然能让财务报表看得过去，但同样也给在纸上写写画画的创作团队增加了压力。

然而，面对话筒或是在记者面前时，李总是保持着乐观，吹嘘着公司所取得的成绩。读着“肥皂盒”里的专栏文章的人们是不会猜到漫威所面临的困难的，尤其是当它完成既定目标，一举击败DC 漫画公司，成为行业的领头羊后。然而打败了对手的漫威必须要转型，因为它不再是斗志昂扬的失败者和万年老二了。对有些组织来说，积极向上的驱动力定义了它的文化。一旦漫威变成排名第一的漫画出版商，他们就又要寻找新的发展路径了。

在 20 世纪 70 年代初的一派混乱中，漫威挣扎着寻求出路。李的角色一再变更，从作者、艺术总监、编辑主任，再到发行人。在办公室里，他从富有创造力的作者变成了生意人，充当起公司领导层和富有反抗与创新精神的画师，以及作家之间沟通的桥梁。

李竭尽全力想在不熟悉的公司系统里找到自己的位置，却从来没有真正地理解他的同事。他总是为画师和作者的状态而担忧，尽管这些人对现实中的汲汲营营嗤之以鼻。李必须要成为老板，他不仅得为美国及英国所有漫画的封面绘画和文案创建审批流程，同时还得平衡故事情节，兼顾创意团队的工作。[3] 对一个事事都得过问的人来说，随着运营量的增加，李肩上的担子也变得更重了。作为发行人，他必须把注意力同时放在生意和创意上。

不像他的朋友和"牛棚"里的门生（他们大多数是年轻的作者，或是读李的漫画书长大的画家），李了解错综复杂的金融形势，也认识到未来的不确定性。在一次采访中，他谈到自己的角色，说："我主要担心的是发行的作品……我很喜欢做一个总揽全局的执行总编。"[4] 他和卡当斯的管理者们一起合作为新杂志和漫画争取授权，除了漫画部门的利润很小，公司里的每个部门都有显著的成果。

李和其他一些业内人士预感到，超级英雄的热潮终有一天会消退。如果漫威停滞不前，最理想的状态是李还能回到他的编辑桌前，为下一股流行风潮写书，再借着职业画师们的帮助，让公司重新运转起来。每念及此，他便惴惴不安，他怕再也没有兴趣回到以前的角色里，完成一个人的漫画运营了。这样的恐惧迫使他每时每刻都保持着冷酷无情的状态。李大权在握，他能决定编辑的战略方向，影响老板们的管理预期；他能发布新杂志，或在不同的大学校园里发表演讲以达成市场推广的目标。

漫威需要增强士气。超级英雄的人气虽然飙升，销量却下降了。统计数据对漫威十分不利。愈加年轻化的读者们喜欢购买《阿奇漫画》，1970 年最畅销时每期能售出 515 000 册；而《超凡蜘蛛侠》仅售出 373 000 册。[5] 1971 年年末，美国发行量稽核局①审计的结果表示，付费刊物的每月发行量已经连续三年处于下降趋势。1968 年，

① 美国发行量稽核局是 1914 年成立的为广告主、广告代理公司和读者提供报纸发行量的非营利性报刊发行量认证机构。——译者注

漫威售出了 9 600 万册漫画书。1971 年，尽管书的售卖种类增多了，总销量却降到了 9 180 万册。[6] 在接下来的一年半时间里，这个数字大幅下降至每月 580 万册，1972 年和 1973 年的年总销量均低于 7 000 万册。对照来看，DC 漫画公司也从 1968 年的每月 630 万册降至 5 年后的每月 470 万册。[7]

20 世纪 70 年代初期，为了扭转局势，李的漫画部门追赶着一个又一个潮流。漫威一头扎进了奇幻恐怖题材的市场，相继出版了《德古拉的坟墓》《科学怪人》《类人体》等。为了说服粉丝们接受"肥皂盒"专栏的新方向，李将新的《怪物也疯狂》系列描述为："最惊狂、最遥远，疯狂得让你起鸡皮疙瘩的怪物杂志！"在此起彼伏的欢呼声中，他用"圣经"般的口吻劝诫读者遵守漫威漫画的第一条戒律："千万别错过！"[8]

应美国卫生教育福利部之邀，《惊奇蜘蛛侠》在第 96 卷中公开涉及毒品议题。此后漫画杂志协会调整了文化规范，漫威才得以进军恐怖主题。1972 年，协会正式宣布恐怖主题获得解禁，尤其是狼人和吸血鬼题材。

卡当斯的管理层其实并不是很理解漫画部门的所作所为，所以他们花了很长时间去理解大幅波动的销售数字意味着什么，并研究如何才能阻止它继续下降。从历史的观点来看，漫画书的传阅率很高，这意味着每一本卖出去的漫画书，都会被 3~5 人阅读。也就是说，这 3~5 人完全没有必要再去买书。这种令人失望的现实迫使卡当斯的管理层们在编辑方面不断缩紧，包括李和他的接班人——伊然是“小斯坦·李”的罗伊·托马斯。他们二人都致力于内容的原创，并对其他系列作品进行编辑。

托马斯在接任李的编辑工作后，对漫威转入新方向发挥了至关重要的作用。比如，1970 年年底，他说服持怀疑态度的李支持发行《手握长剑的野蛮人柯南》。该系列一经推出，就迅速走红。

1972 年年末，李在成为漫威漫画的发行人后，正式转变成了战略层面的策划者。“我需要决定出版哪本书，并且要规划出工作的重点，”他解释道，“我和编辑们一起奋战，管理我们手上的绝大多数事项。”[9] 尽管市场在一段时期内略显疲软，但随着托马斯成为总编辑，他们便开始为漫威寻找新的发展路径。托马斯将漫画部门带入了一个新领域，减少了他们对传统的类人体、恶灵骑士、德古拉等超级英雄的依赖。整个 20 世纪 70 年代都显得比较混乱，新旧角色都在一个摇摇欲坠的市场的夹缝中求生。当李同时将发行的职责与对漫威进行市场推广的工作结合在一起时，他个人的名气一飞冲天，但漫画销量的下降却让卡当斯的领导们惴惴不安。

在古德曼管理公司的时期，销售规划和授权都属于事后添加的东西。可卡当斯接手后，情况发生了变化，公司领导层和漫画作者之间出现了分歧。一些对新体制持批判态度的人认为，卡当斯只想把漫威变成一台营销机器，如果超级英雄和漫画没有获得授权的潜力，就会被无视。1973—1974 年，市场营销的成果是漫威与许多玩具公司和出版商达成了交易，包括哥伦比亚唱片公司、糕点巨头 Hostess 公司、玩具巨头美泰公司等。[10] 随着发行量的下降，商业交易反而变得越来越重要。没人能预料一个新的潮流会在 1971 年开启，而直到 1987 年，漫威漫画才重新恢复到每月 740 万册的销售量。

李在作为编辑时和动漫 IP（知识产权）授权有一定的距离，每当看到新出的蜘蛛侠或绿巨人的周边产品时，他也会和别人一样困惑。成为发行人后，李变成了漫威和潜在广告商之间沟通的桥梁，要知道那些年轻的销售人员可都是读着他的漫画长大的。李的“名人效应”让他在贸易展等其他商务社交场合中成了一个非常受欢迎的人。随着发行量的大幅下降，公司老板们开始实行紧缩性财政政策，并且不断地给各部门施加压力。实际上，李的重要性增加了。在定价为 20 美分的漫画书面前，再微薄的广告收入和授权费都是很有意义的。

尽管市场有些疲软，李作为漫威的门面，对外总是一如既往地乐于展现自己旺盛的精力。当他在全美各地巡回演讲、传播漫画的福音时，大批粉丝蜂拥而至，只为一睹领袖的风采。1975 年年中，李的名望达到了顶峰。《芝加哥论坛报》的一位记者授予他“现代神话的创造者”的称号，更高调的还有“流行文化的荷马”（1966 年普林斯顿大学生们给李起的绰号）。[11]

不再负责日常编辑工作后，李增加了自己的演讲时间，他平均每周都要去欧洲、加拿大和拉丁美洲出差。[12] 在 1975 年的头两个月里，李去了 7 所高校演讲，包括蒙特利尔市中心的乔治威廉姆斯爵士大学，以及伊利诺伊州奥古斯塔纳学院。在此过程中，他还接受了不计其数的电台、纸媒的采访，出席了一档加拿大的电视节目，还在纽约创意大会上担任特邀演讲者。[13] 随着“名人效应”越来越显著，李的行程基本上提前一年就被预定好了。

人事问题并不是漫威面临的唯一障碍。无论是谁试图接替李的总编辑工作，都得顶住李巨大光环所带来的压力，同时还要对这个职位有着充分的理解。对很多人来说，这无疑是一场噩梦。更大的挑战是，因为销售触底，卡当斯管理团队开始越来越多地插手漫画的制作，并和以托马斯（于 1974 年离开漫威，辞职的理由是他宁愿画漫画，也不想在公司体制内升职并管理员工）为首的一众编辑产生了摩擦。此事最终以 1978 年吉姆 · 舒特被提升为总编辑而告终。

“后李时代”走马灯般交替上岗的总编辑让作者们目瞪口呆，也把自由职业者们吓得不轻。比如，1976 年阿奇 · 古德温接手时，因为权力很大，很多人都把他视为业内顶级作者。不过，古德温仅仅坚持到 1977 年的下半年。吝啬且爱好裁员的卡当斯总裁吉姆 · 高尔顿让他丧失了工作的乐趣。

托马斯和古德温都对李之前在商业和战略上的表现感到不满，两人都在提升公司业绩方面发挥了至关重要的作用。托马斯在离职前，见了一位小有名气的电影制作人——乔治 · 卢卡斯。他的电影《星球大战》即将面世。托马斯一听说这部电影，就向李申请想为它做一个漫画版本。李对此并不上心，并拒绝了他的请求。托马斯不依不饶，告诉他亚历克 · 吉尼斯是电影的主演。当李听到亚力克的大名后，就同意了。[14]

托马斯在得到李的允许后，和卢卡斯做了一笔双赢的生意。制片人对与漫威达成的“甜心交易”很满意，因为他想利用漫画来为电影打前站。[15]

当《星球大战》在全世界掀起狂热的风暴时，漫威尽可能地满足了这部令人惊叹的大片的所有需求。托马斯（虽然古德温是时任编辑）用6卷的连载做出了电影的漫画版，每一本的销量都超过100万册，这是自20世纪40年代起漫画业取得的最辉煌的战绩，其中当然也包括了20世纪60年代中期席卷全美的“蝙蝠侠热”。《星球大战》变成月刊后，古德温愉快地接手了托马斯的工作。古德温抛下了自己的编辑位子，反正他做编辑的时间也不长。[16]公司里其他一些内部人士，尤其是吉姆·舒特，认为《星球大战》从某种意义上挽救了漫威，使它不至于倒闭。

尽管李已经放弃了在漫威里的主要写作职责，他却从未停止过创作。他的脑中时时刻刻都在产生新想法，并把它们付诸纸端。他在上衣的口袋里随身携带一个小的螺旋记事本，用它来记录灵光一现的想法。他甚至在床头放了一台录音机，以备半夜里灵感光临。

作为发行人，李对漫画出版以外的事情有了更多的控制权，尤其是古德曼遗留下来的那些低俗杂志和少女杂志。或许是担心超级英雄的热潮终有一天会退去，李将很多精力花在了杂志的运营上。他总认为杂志工作者是漫画从业者的先驱，会得到更多的社会认可和赞誉。

在杂志方面，《疯狂杂志》取得的成功和巨大影响力在一段时间里给李带来了压力。或许是因为他嫉妒该杂志的发行人威廉·盖恩斯能在“魏特汉事件”后使漫画摆脱困境，又或许是因为威廉交际面广泛，人脉中不乏美国漫画家艾伦·贾菲、漫画作家维利·伍德等知名人士。在这些人的鼎力相助下，《疯狂杂志》发出了自己独特的声音。李调动了制作漫威漫画的原班人马，如法炮制地用同样滑稽、幽默的口吻创造出《疯狂》，该杂志于 1973 年 10 月首次亮相。尽管这看起来是一个全新的项目，实际上它却可以被认为是 20 世纪 50 年代初古德曼试图尝试却最终流产了的迷你版《疯狂》杂志。

和漫威漫画一样，《疯狂》上也印有“斯坦·李”出品的字样。《德古拉之墓》的漫画作者、黑人吸血鬼猎人刀锋的创作者马福·沃夫曼出任杂志编辑，托马斯担任执行主任。《疯狂》使用黑白插画和照片，标题里大量使用双关语和讽刺的语气。和《疯狂杂志》一样，这本杂志也专注于流行文化议题，模仿并追随电影潮流。比如，它把詹姆斯·邦德的惊悚片《生死关头》改成了《生死战》，主角是特工 07-11 和一系列衣着暴露的女性。除了总管杂志，李还负责给照片添加俏皮的图说。比如，当时有一篇文章谈论了风靡全美的校园裸奔。在一张照片上，两位警官将一名裸男扛在肩膀上，页脚的图说尽显李式幽默："等一会儿他们就会发现我其实是院长！"[17] 该杂志嘲讽一切，对种族关系、理查德·尼克松总统，甚至是漫威自己，都进行了抨击。它们嘲笑漫威总是反复出现以少年浩克遇到的挑战为核心的剧情。

幼时，李就喜欢看报纸上的连环漫画。所以一旦踏入漫画行业，他就开始源源不断地想出好点子。在过去的几年里，他创造了像《里昂太太俱乐部》和《维利·兰普金》这样温暖人心的连环画，只可惜它们都没能存续很久。1976 年 10 月，李和自由职业画师弗兰克·斯普林格合作创造了《太空旅店》，这是一套为报业辛迪加[①] 创作的用来讽刺电视肥皂剧的滑稽连环漫画。该剧得名于女主角在一段诡异的三角恋中扮演的角色。她与一名已婚男子相恋，此人的妻子在蜜月时睡着了，然后再也没有醒来。

斯普林格在"二战"中服完兵役之后，去了一所艺术学校接受专业教育，然后开启了漫画生涯，并在 20 世纪 60 年代后期与漫威结缘。很快，和其他获得李喜爱的自由职业者一样，他也得到了李的亲自指导，兢兢业业地打磨出许多不同的角色。最终，斯普林格接手了《蜘蛛侠》，从 20 世纪 70 年代中期到 80 年代都一直负责该系列的绘画。20 世纪 60 年代中期，斯普林格在和李一起共事时说，

① 报业辛迪加是向报纸和其他新闻媒体提供各种专稿的机构。——编者注

李的内心有股坚定的力量："在那时，无论你是否做漫画，怎样做漫画，以后是否还会接着做下一本，斯坦·李永远都是那个你可以一直去咨询的人。"[18]

《太空旅店》的故事里充满了李狂妄无礼的语言和冷面幽默的机智。漫画开始于一段恐怖的情节——主人公维拉的哥哥赫伯特自杀未遂。维拉因为得知哥哥在函授学校的成绩不及格而心烦意乱，于是转而向冲劲十足的注册会计师温思罗普寻求安慰。维拉说："如果赫伯特被函授学校开除了，以后的日子会怎样呢……"温思罗普不动声色地说："我们决不允许这样的事情发生。世界需要足科医生。"后来，当会计师面对这对赖账的兄妹时，他说："她总是梦想着家里能出一位足科医生！"[19] 李和斯普林格以每天 3 组、周日 8 组画的形式呈现出一个滑稽的冒险故事，主角是足科医生、太空异形房地产经纪人和他患"睡眠疾病"14 年之久的妻子。

更让李称心的是,1977 年，他推出了为辛迪加创作的《蜘蛛侠》连环漫画。当时，漫威每年能卖出上百万册的《蜘蛛侠》漫画书，这让李和漫威在报纸编辑中享有很高的威望。漫威最初计划在全美范围内的 100 份报纸上刊登由李执笔、约翰·罗米塔绘画的《蜘蛛侠》连环漫画，是为了吸引更多年轻读者的关注。1978 年年中，大约 400 份报纸都刊登了该系列漫画，让李赢得了新生代成年读者的青睐。

李不太容易适应每日连载漫画的制作要求。无论希望加入多少背景和次要情节，他每天能画的板块数量都十分有限。根据他的说法，第一个模块里不得重述，下一个模块得把故事往前推进，第3个模块必须要给读者留下悬念，一个作家怎么能习惯把一页接一页的情节全部压缩到3帧里呢。[20] 渐渐地，他还是适应了这种极简主义风格，并开始喜欢上了画连载漫画。这份工作给了他和读者互动的机会。这些热情的读者会写信对故事情节、人物动机，以及其他议题，进行详细的点评。李说："至少我知道有人在很认真地读这些漫画。"[21] 读者们对连载漫画的兴奋之情溢于言表。李因为在其中加入了非常多的想法，以至于很难对其进行精简。

《蜘蛛侠》每日连载漫画的流行使得论坛报业集团开始发动全面反击。它要求DC漫画公司也充分利用美国正义联盟，然后推出了《世界上最伟大的超级英雄》。《超人》的资深作者马丁·帕斯科是该系列漫画的原作者。曾是《巴克·罗杰斯》连载漫画最后几年（1959—1967）的作者兼画师——既效力于DC漫画公司，也同样创作了漫威《钢铁侠》和《浩克》的乔治·图斯卡和朱利叶斯·施瓦茨担任该系列的编辑。最初，这部漫画聚焦于所有正义联盟里的英雄，包括神奇女侠、蝙蝠侠和闪电侠，但它最后还是主要围绕超人展开。这款具有竞争力的四格漫画最后也在全美范围的报纸上被连载。[22]

谈及他富有创造力的"爬格"过程，李解释道："一开始，我想找出一个独特的、有人情味的角度，同时加入引人注目的次要情节和一些彼得根本无法解决的问题。最好的方法是问自己'假如……将会怎么样？'"[23] 李喜欢为他的故事设置复杂的情节和矛盾，然后借势推动故事的发展，最终得出结论。他一度承认“处理蜘蛛侠四格漫画的方法和一部肥皂剧没多少差别”。[24] 李始终面临着一个无法逃避的挑战，在吸引年轻读者看每日连载的同时，也得想方设法保持年长读者的兴趣。

卡当斯的管理层们对书的出版经验远超于漫画，所以他们自然将工作的方向往固有经验推进。李始终想要写一部小说，他在职业生涯的早期也涉足过个人出版领域。所以他想出了为漫威的所有系列写一本书，内容为简短的介绍和各种文章的合集，这迎合了他的虚荣心和日益紧迫的时间要求。

在和纽约受人尊重的西蒙与舒斯特出版社合作后，漫威出版了“漫威炉边书”系列。该系列由李撰写、编辑，其中囊括了许多超级英雄和反派人物的故事。从 1974 年到 1979 年年底，漫威共出版了 11 本“炉边书”，从《漫威漫画起源》（1974 年 9 月）到《漫威最伟大的超级英雄战争》（1978 年 11 月）。

读者们喜爱该系列的原因是这给他们提供了一种相对廉价又很方便的方式来探索漫威宇宙的起源（精装书价格为 11.95 美元，其中关于银影侠的一本售价为 7.95 美元）。至此，漫威才能够通过再版来重新推出旧刊。据销售数据显示：《漫威漫画起源》售出 16 万册，《漫威漫画之子》售出 10 万册，《成为恶人：漫威漫画反派》售出 7 万册；而 1978 年与画家约翰 · 巴斯马共同创作的《如何用漫威的方式画漫画》，仅精装版就售出了 2 万册。[25] 李每天晚上在完成蜘蛛侠和维拉 · 瓦兰特的报纸连载及其他分内工作以后，就着手创作新系列。[26]

1977年，李编辑了“炉边”系列中的《女性超级英雄》，这是一本聚焦于漫画中的女性英雄和反派角色的书，包括黄蜂女、女王神剑和美杜莎。这本书强调在那个年代里，漫画书中的女性超级英雄们开始获得越来越多的关注。李表示，漫威从来没有出台过任何一项针对读者性别进行创作的政策，漫威所遵循的原则不过是为任何一个喜欢幻想和冒险的人来写故事。[27] 然而在过去的那些年里，李尝试过为女性超级英雄们建立读者群，然后时刻关注之后的销售额。他从不将兴趣局限于发行量上，他真正关心的其实是如何才能吸引更多的女性读者。

专门为女性读者进行创作并非革命性的创举。李在《模特米莉》上取得过巨大的成功，其分支系列的受众群体也都是小女孩和年轻女性。当李和科比将女性角色带回漫威的超级英雄生产线时，前者将苏珊·斯通打造成一个拥有真正超能力的有趣角色。她不是等待被英雄拯救的弱女子，也不是配角、搭档。当然，女性超级英雄们也并非总是那么积极进取。比如，黄蜂女在复仇者联盟的初期阶段兴致勃勃地谈论托尔，到处和男明星调情，直到最终她和亨利·皮姆开始正式恋爱。

面对人们对女性超级英雄的批判，李的回应是，20世纪六七十年代，漫画行业的主要驱动力是销售额。发行量决定了什么系列能够发行，尤其是漫威最主要的竞争者掌控了全部分销周期。书如果销量不好，就不能在有限的名册上占据有利地位。

“炉边书”系列是卡当斯“十年战略计划”中的一部分，它还推出了另一组旨在吸引少年读者的图书，比如《漫威最强超级英雄亲子本》(1976)和《把你逼疯的漫威迷宫》(1978)。其中包括了一系列彩色绘本、行程薄、漫威菜谱，以及方便图书经销商用来招揽生意的日历。漫威还设计了专门用来摆放图书和期刊的货架。1977年的陈列中采用了李设计的三面彩色卡片。“蜘蛛侠”和“浩克”系列书籍与漫威英雄真人版电视剧同步发行。[28]

作为发行人，李只能在完成“炉边”系列和日常工作后见缝插针地进行写作。审批产品、广告文案，以及画漫画，都是他必不可少的工作。除此之外，他每月还为卡当斯的《名人》杂志撰写“出版人观点”专栏，并继续在“肥皂盒”上发表文章。李还参与了外部制片公司真人版电影的制作过程，他担任“顾问编辑或顾问制片人”，主要工作是阅读所有剧本并发表意见。[29]

其他写作项目也占用了李的额外时间。1979年，《斯坦·李的坏中之好》出版了。这本书是插图、精练的事实和李式无礼幽默的奇怪结合。《斯坦·李的坏中之好》收录了李之前在古德曼男性杂志中的作品。在书中，他将澳大利亚人威廉·戈尔德称为“最差劲的作者”，此人在18年里共写了15本书，但只将其中一篇文章卖给了堪培拉的一家报纸，挣到了不可思议的50美分。李最主要的贡献是他在最后开玩笑地说：“这可能还经过了漫长的谈判。”[30]

从漫威总编辑的位子上退下来后，李还在大展拳脚。从某种层面上来说，他享有了不被束缚在编辑桌前的自由。和其他名人一样，李必须最大限度地利用自己的名气赚钱。他解释道："人们感觉做漫画工作可以赚成百上千万美元，但事实上，在许多年里，公司都在赔本……不是所有人都可以赚得盆满钵满，绝大多数作者和画师依然在贫困线上挣扎。"[31] 在漫威的体系外，李还可以自由地承担更多的工作。他欣然抓住了机会。

20 世纪 60 年代晚期兴起的动画作品，在 20 世纪 70 年代初得到了充分的发展，并一直持续下去。1978 年，一部叫作《神奇四侠》的动画片横空出世。李和托马斯都为之贡献了许多脚本。然而，该节目为李和科比的关系，以及科比在漫威的日子，"钉上了最后一枚棺材钉"。尽管李在 1975 年成功地把科比劝回了漫威，但这位画师和古德曼之间的关系依旧紧张。因为多次遭受蔑视（有些为真，有些仅是他的想象），科比对合作者李心怀怨恨。据科比的传记作者马克·伊万尼所说，"他厌倦了做生意"，如果能找到其他谋生方式的话，他就会退出。[32]

也许对李和科比来说，两人的"蜜月期"结束了；又或许这位自视甚高的"漫画之王"无法忍受任何怠慢。科比在漫威的最后一程从一开始就注定要失败。拒绝续签合同使他无法获得过去作品的所有权，也没能解决他与古德曼之间的其他矛盾。相反，1978 年，他成了新的动画作品“神奇四侠”系列的签约画师。一开始他是和汉纳－巴伯拉工作室合作，之后是和《最终幻想》的缔造者——迪帕蒂－福利兰动画公司合作。科比发现大学院校对他的作品非常尊重，来自上级的关心和丰厚的薪水让他获得了远离漫画出版商的资本。

科比和斯坦之间的不和人尽皆知，但两人曾经合作所取得的成功掩盖了部分敌意。即使最终关系破裂，他们也不想再去修补裂痕。他们不约而同地忽视了彼此之间的隔阂，在《最终幻想》动画系列中相处甚欢，以至于他们在 1978 年发行的漫画版《银影侠》中再度联袂合作。

科比在晚年的大部分时间里都将自己与漫威高管及其他人之间的矛盾归咎于李，他含沙射影地指出，1941 年，李曾向公司告密，揭发他和西蒙两人为 DC 漫画公司做兼职。不难想象，花了 30 多年来平复创伤的科比有多么伤心。尽管他在家人和朋友面前是一位颇具爱心且善良的长者，事实上这位“国王”对自己在职业上所遭受的轻视刻骨铭心，他始终觉得自己的作品被低估了。

当然，科比脾气暴躁也情有可原，没人怀疑他卓越的职业道德。但这位画师还有不为人知的一面：他常与艺术合作者吵架，并且接连不断地起争执。在漫长的职业生涯中，科比和李都收获了赞誉与批评。然而，对科比的长期声誉知之不多的一些业内人士也对这个话题很感兴趣。DC 漫画公司长期的作者兼编辑乔治·卡什丹解释道："科比总是与朋友闹翻。"他说自己记得"曾经有一次，我们一起吃午饭，他谈到了与乔·西蒙的绝交"。[33] 原因是他和西蒙就美国队长的起源、谁该为这个角色赢得赞誉等问题产生了分歧。后来，科比又想把李从创作过程中完全剔除，淡化他的贡献，把所有的荣誉都归为漫威团队。

在好莱坞度过的时光似乎让科比重新焕发了青春。他可以和崇拜自己的才华或模仿自己的作品的年轻艺术家们一起工作，他能领到的薪水福利也与他行业巨鳄的地位相符。后来，科比和鲁比－斯皮尔斯制片公司合作，创作了动画片《野蛮人桑达尔》(1980—1981)。大家喜爱他的作品，尊称他为"制片人"，这让他非常开心。[34]

在那个时代，漫威可以在真人秀节目中大肆使用李和科比的魔力。1975 年，当李宣布《蜘蛛侠》是一部杰出的电影时，尽管没有一家通讯社把漫画或李当回事，但记者们称他为"一个站在蜘蛛侠和一群由漫威创造的怪人背后的男人"。之后，记者们称漫画中充斥了"奇怪的对话"。李一直致力于让漫画跨越不同的年龄界限，他告诉记者们："漫画里蕴藏的幽默与智慧不仅适用于行动力强的大学生，也适用于渴望冒险的小孩子。"尽管公众和媒体反响热烈，但拍摄《蜘蛛侠》电影的计划却迟迟没有被提上议程。[35]

1977 年，《蜘蛛侠》被拍成了真人电视节目。李吓坏了，说："它太幼稚了。蜘蛛侠既无个性也不幽默，它太单线条了。"对于每个希望用演员来还原漫威角色的人来说，技术上的落后是最大的挑战。李发现被改编后的节目平淡无奇，远没有漫画书精彩。[36]

然而，真人版的《蜘蛛侠》似乎在美国公共广播公司（PBS）的儿童电视节目《电力公司》播出的“蜘蛛侠超级故事”中发挥了作用。该节目的初衷是为了帮助孩子们养成阅读的习惯（舞蹈演员丹尼·西格伦还为此穿上了标志性服装）。这部首播于1974—1975年的短剧成为对超级英雄爱不释手的孩子们必看的节目。剧本模仿李的叙述风格，但蜘蛛侠并非真的可以开口说话。他的话以漫画中对话气球的样子被呈现，这有助于帮助孩子们养成阅读的习惯。

《电力公司》里与蜘蛛侠有关的绝大多数故事都是愚蠢的闹剧。该剧的主要演员，比如摩根·弗里曼、路易斯·阿瓦洛斯等，在剧中扮演了奇怪的反派和配角，因为男主角一直保持沉默，这两人同时还肩负起讲述故事情节的重任。连续三年，蜘蛛侠每一季都会推出十几部短剧。其中最典型的要数蜘蛛侠大战生日强盗——一个说话押韵、仿佛在唱歌的反派角色（旁白称他为“欢乐与节日的敌人”）。他身着色彩斑斓的小丑服，系着腰带，头上戴着一顶从孩子们的生日派对上抢来的礼帽。在经历了砸蛋糕和弄脏蜘蛛侠战服的互殴后，蜘蛛侠终于击退了反派，把他收入蜘蛛网中，拯救了大家。为了配合李的玩笑，在结局的画面中，蜘蛛侠坐在一家自助洗衣店的椅子上用毯子盖着自己，等待衣服被洗干净。剧终时，剧里响起了刺耳的号角声，歌手哀号着唱道：“没人知道你是谁。”

1979年年底，《纽约时报》曝出了漫威内部的一些问题。作者N. R. 克莱恩菲尔德利用匿名采访和圈内人的情报，将漫画部门描述为一家编辑、作家、画师与管理层对立的失控的机构。李的“欢乐漫威牛棚”，以及李与读者们呼朋引伴的日子，似乎已经成了遥远的过去。

记者们把大部分责任归咎于吉姆·舒特，并给他贴上了“权力渴望者”的标签。舒特的漫画生涯始于13岁。作为DC漫画公司的写手，漫威的工作人员对他爱恨交织。有人指责这位身高6英尺8英寸的作者兼编辑拥有比他本人还高大的自尊。漫威公司里的很多员工都嫉妒他，因为他在20多岁时就接管了公司。当时大家都认为，这个职位应该属于一个资历更高的内部人士。

公司其他不具名的高管也难辞其咎，他们“更感兴趣的是通过授权的交易方式赚钱，而不是超级英雄”。[37] 托马斯站在创意团队这一边，称漫威“冷酷”“不近人情”。[38] 漫画编辑部门与公司其他部门之间的互相不信任，许多人只想利用漫画人物的授权及其聚集的资源进行产品营销。虽然创意团队专注于技艺，企业的负责人们却希望获利。在漫威，灵感与资本之间由来已久的斗争仍在持续。

李与公众、其他画师和作家之间积累的良好关系，都使得他不必身处风口浪尖。克莱恩菲尔德在文章中将李称为“富有创造力的天才”，他因虚构出“能够直面现实生活中的挑战”的英雄而成名。但是，一位不愿透露姓名的作家指出，漫威总部的前任老板里有一些人吃不到葡萄就说葡萄酸，责备李“竟然想成为沃尔特·迪士尼那样的人”，他们认为漫画“上不了台面”。[39]

尽管李始终备受推崇，但他无法抵御 20 世纪 70 年代末电视和其他小众媒介对漫画行业生存空间的挤压。活跃于 20 世纪 60 年代早期和中期的“婴儿潮”一代曾是这一行业的中坚力量，但随着年纪的增长，他们对漫画的迷恋也在减退。此外，许多资深粉丝觉得漫画内容已经大不如前了。

作为回应，漫画业的两大巨头——DC 漫画公司和漫威漫画公司都削减了月刊数目（漫威从 40 多种减少到 32 种）。两家公司通过授权交易获得的收入都超过了它们的漫画收入。李告诉《时代杂志》的人，他认为新的内部授权部门可能感觉非常良好，因为有些画师和作家把他们的注意力转向了授权部分。“过去，画师的唯一天职就是画漫画，”他解释道，“可现在，有的人不得不在包装盒上画画。”[40] 对纯粹的漫画主义者来说，噩梦般的场景已经成真——拥有一个带着漫威蜘蛛侠的午餐盒或浴巾比获得一本超级英雄漫画书更重要。

DC 漫画公司和漫威漫画公司在过去的十年中都面临着发行量下降的问题，所以两家公司都采取了用数量来弥补损失的措施。结果是，虽然总销量增加了，但整个行业的地位却变得更加不稳定。

在裁员之前，市场上的这两家领军企业都出版了数十本新书，虽然这都是为了盈利而做的徒劳尝试。1979 年，漫威的年利润只有区区 150 万美元，商品销售额却超过了 2 300 万美元。[41] 在财政紧张的情况下，公司如果能够有所突破或建立自己的授权业务，在好莱坞的生意将会潜力无穷。漫画书推动授权交易的传统观念被颠覆了。很明显，漫威漫画公司和 DC 漫画公司这两大巨头皆以授权为首选，因为这可以带来利润。

从个人的角度来看，20 世纪 70 年代末是李的一个低谷期。换句话说，这也许是触底反弹的前兆。对他而言，那个时代里掺杂了沮丧和希望两种情感元素。作为漫威的发行人，他的年薪高达 15 万美元，同时，他还能从高校演讲，以及从参与的电视节目中，获得稳定的额外收入。漫画大会上蜂拥而至的粉丝，以及大学校园里发出雷鸣般欢呼的大学生们，将李团团围住，只为了想要无限地接近这位陪伴他们走过青春年华的超级英雄。

然而，即使有这么多通往不同方向的途径，一想到自己无法摆脱漫画，李就很恼火。他真心想在好莱坞取得成功。尽管“超级英雄热”已经持续了十年之久，李也很喜欢这些与别人共同创造出的角色。但他预料，超级英雄们早晚有一天会被遗忘。论及自己的职业生涯，他始终觉得遗憾。他告诉记者说：“我本想拍电影，当导演或编剧，拥有一份像诺姆 · 李尔或弗雷迪 · 西尔弗曼那样的工作。我想在一个更大的舞台上从事自己现在正在做的事。”[42] 尽管李凭借自己的实力成了名人，他在全球粉丝的眼中是一个不折不扣的英雄，但他始终觉得自己还可以做得更多。

当李为他的超级英雄们寻找其他出路的时候，付出的全部努力让他获得了伟大的“美国梦工厂”——好莱坞的青睐。放眼展望前程，他的目光从西部转向了加利福尼亚州的黄金海岸。

第十二章　好莱坞的诱惑

不管听到的是独行侠的喊声“嗨哟，西尔弗！走开！”，还是超人从天空中呼啸而过发出的声音，早期电视的历史总是与超级英雄及漫画密切相关。虽然漫画可以用一种电影无法企及的方式让读者获得代入感，但在屏幕上看到真人版的超级英雄也能带给粉丝一种别样的兴奋感。

流行于电视上的超级英雄常常把漫画行业推进繁荣与萧条的循环往复中，但这往往与漫画的质量或作者无关。这种波动让大多数人抓狂。20 世纪 50 年代和 60 年代末，《超人》和《蝙蝠侠》这两部电视剧都推动了漫画销量的激增。综观电视行业的整体情况，再回想起这两部广受欢迎的电视剧，漫威的高管们，包括卡当斯的总裁吉姆·高尔顿，不禁要问：为什么公司不能把成功复制到 20 世纪 70 年代，尤其是考虑到漫威漫画已经取代了其长期竞争对手 DC 漫画，在漫画的销量上拔得头筹？

漫画巨头间对销售霸主地位的争夺是一场耗时有数十年的持久战。高尔顿和其他领导想充分利用这次胜利，在西海岸建立一个更牢固的立足点。他们还想借着电视的大好势头向电影公司展示拍摄超级英雄故事片的机会。在卡当斯看来，这些努力不仅有利可图，还可以与印制部门的周期性保持平衡。

对李来说，时机近乎完美。为了寻找吸引观众的新方法，他步前人的后尘：放眼全美，然后将目光锁定在加利福尼亚州的黄金海岸。

20 世纪 70 年代末，李在漫画行业里已经待了 40 年。年过半百的他希望重振自己的事业，就像十年前他在全美各地的大学校园里面对大学生读者时那样。高尔顿一直与自己的发行人保持着良好的关系，随后，他与李共同向漫威提议收购一家好莱坞制片公司。当电视台开始在动画和真人表演方面对漫威的超级英雄们表现出兴趣时，李被派往西部进行部署。

尽管李创造的超级英雄们彻底改变了流行文化，并在全世界范围内获得众多粉丝，他本人却以一个奇怪的身份来到了洛杉矶。作为一个完全依靠实力而取得显赫声名的人来说，他很难（如果有可能的话）从头开始学习一门新的生意。李的背后有强大的漫威内容做靠山，这些资源是许多机会的"敲门砖"，但同时，这也提高了李的老板们对成功的期望。在他们看来，前路一片坦荡。李从十几岁起就开始在漫威工作，他已经习惯了发号施令。但好莱坞的工作方式截然不同。李必须说服持怀疑态度的电视台高管，让他们相信，如果能将超级英雄们搬上荧幕，成年观众也一定会去观看。

然而，变革已有迹象可循。漫威荣登漫画行业的顶峰，李对流行文化产生了广泛的影响，科幻与奇幻电影和电视节目也变得非常受欢迎。在电视上，《无敌金刚》（1974—1978）证明了观众对超级英雄般的主角反应热烈。史蒂夫·奥斯汀（李·梅杰斯饰）变成一种流行文化现象，催生出漫画书（以李的朋友霍华德·查金和尼尔·亚当斯的作品为特色）、专辑，以及人形公仔。主角是洁美·索默斯（琳赛·瓦格纳饰）的《无敌女金刚》（1976—1978）扩展了半机械人的冒险戏路。随着她的走红，相关周边——从动作玩偶到棋盘游戏，再到午餐盒，都成了小学生们必不可少的装备。

20 世纪 60 年代晚期，超级英雄和科幻故事在主流观众中的传播、流行一路畅通。比如，1968 年，电影《2001：太空漫游》和《决战猩球》让观众激动不已，同时带来了强大的票房回报。这些电影强化了观众想要的新式叙事风格，也为搭建面向成人的科幻与幻想大舞台奠定了基础。之后，《逃离地下天堂》（1976）显示出该如何通过运用新颖的技术和特效来提高奇幻的效果。1977 年，乔治·卢卡斯的《星球大战》向影视行业的管理层和全球范围内的观众展示出科幻议题的生命力。毕竟，卢克·天行者不就像未来的蜘蛛侠吗？一年后，强大的《超人》"飞"进了影院，也让观众大吃一惊。类似的电影证明了全新的电影制作技术可以为神奇的情节和人物提供助力。特效终于追赶上了作家和画师想象力的步伐，它为大小屏幕上的科幻节目打开了新世界的大门。漫画人物转型的时机已经成熟。

李花了很多时间在全美各地奔波，试图为漫画部门拓宽发展渠道，但他更多的是专注于让漫威在影视领域进一步站稳脚跟。他将洛杉矶视为"天堂"，因为这里可以让 50 多岁的他在不必放弃之前所做的努力和积累的基础上，开启一条全新的职业道路。[1] 离开故乡纽约的恐惧，立刻被他即将在西海岸从事的壮阔事业吞噬。暖风轻拂太平洋，吹过被茂密的树林和山坡包裹的隐蔽山地。

在一个图像和动作日益占主导地位的世界里，从印刷到电视的转变似乎很自然。李将漫威的风格称为“一种结合了对话和艺术的电影手法”。[2] 在洛杉矶的一系列举措，以及与多家电视网络和制作公司洽谈的生意，都让漫威搭上了“顺风车”。然而，一些由新方法制作出的电视节目并没有达到李的标准，还有一些节目也不太受观众的欢迎。好莱坞电影公司的高管、编剧、导演和制片人团队低估了李的风格和意见在塑造漫威超级英雄形象方面的重要性。老实说，他们仗着专家的身份，觉得自己能行，或者说，至少能把他们理解到的精辟玩笑和对人类的悲悯复制出来。对于电影和电视行业的领军人物来说，漫威的人物角色是可以转化为可销售内容的“资产”的。超级英雄得以迅速“吸粉”的精髓，往往丧失于翻译的过程中。

表面上，李笔下的许多角色似乎都非常适合搬上屏幕。然而，最不可能出现在屏幕上的却是绿皮肤的、易怒的庞然大物——绿巨人。前“宇宙先生”，身高6英尺5英寸，体重为285磅①的“肌肉男”。卢·费里格诺饰演主角，资深电视剧演员比尔·比克斯比饰演温文尔雅的医生兼科学家大卫·班纳（该剧的编剧改掉了李最初给他起的名字“布鲁斯”）。评论家们对该剧的受欢迎程度进行了猜测，他们推断，一群痴痴地盯着费里格诺的女性和成年男性将成为忠实的观众，年轻人反而不是。制片人肯·约翰逊向记者解释道：“我们试图把它变成一个允许孩子们观看的成人电视剧。”约翰逊还说，作者刻意淡化了“阵营”的因素，“让它尽可能地正直、诚实”。[3] 就李而言，他很喜欢这部改编剧。他注意到，该剧为了能让超级英雄吸引更年长的观众，在表演质量和故事情节上做了相应的调整。

一些评论人士猜测，许多成年观众喜欢看到剧中角色在气愤和暴怒时的情绪失控。李认可这种宣泄情绪的冲动，说：“我们都有想变成浩克的时候。但没人能控制浩克，因为他太大了，相信大家都会认可这一点。”[4] 这部剧在美国大受欢迎，在英国更甚，排到了第一位。也许在20世纪70年代，英国人比美国人有一种更加强烈的“释放情绪”的需求。最终，它一举成为接下来几十年里都无法被超越的漫威史上最成功的电影。

哥伦比亚广播公司还将《蜘蛛侠》《奇异博士》和《美国队长》搬上了荧屏。连着两个季度，由尼古拉斯·哈蒙德饰演彼得·帕克

① 1磅约为0.45千克。——编者注

的《超凡蜘蛛侠》被哥伦比亚广播公司播出。1978年9月,《奇异博士》的主演彼得·胡滕在电视上亮相。与此同时,《美国队长》也出了电视电影预告片,该片由雷布·布朗饰演男主角。

在这3部作品中,《蜘蛛侠》的观众数量最多。它仅在试播期间就获得了尼尔森公司30%的收视率①,这是该电视台1978年取得的最高收视率。哥伦比亚广播公司的高管们最初担心这部电视电影会在18~49岁的主要受众群体中表现不佳。他们在超级英雄身上下注,只选了5集试播(于1978年4月和5月播出),来衡量是否能吸引更多的观众。该剧的首集在收视上也取得了不俗的成绩,赢得了哥伦比亚广播公司的周收视冠军,综合排名也进了前十。虽然这部剧最终进入了季度的前20,但电视台官员认为它是一部针对年轻观众的电视剧。

粉丝们把注意力转向了电视版本的《蜘蛛侠》,但李讨厌它,批评这个系列:“看起来很傻……很幼稚,漫画气息太重。”他与制片人丹尼尔·R.古德曼发生了争执,李称这部电视剧应该面向成年观众,“蜘蛛侠变成电视剧有一阵子了,但它非常糟糕、非常可怕。毫无人性,也不幽默。全然没有它该有的样子”。[5]在冲突中,哥伦比亚广播公司为下一季预定了7集,然后以穿插的方式与别的节目交替播出,为的是与竞争对手在收视率上进行对抗。新制片人莱昂

① 尼尔森收视率是一种收视率测量系统。这一方式自20世纪20年代起被用于测量广播节目的收听率。20世纪50年代后,它被用于测量电视节目的收视率。——译者注

内尔·西格尔接手后做了一些调整，他弱化了蜘蛛侠的超能力，并为他增加了一段情缘。尽管收视率还算稳定，哥伦比亚广播公司还是在第二季后放弃了该剧。他们担心自己的电视网络上因为有太多的超级英雄节目而丧失活力。

李不喜欢“蜘蛛侠”系列，说它“太糟糕”，因为它没有那股促使该系列漫画书成为持久不衰的畅销书的“漫威节奏”。作为普通人的彼得·帕克和作为超级英雄的蜘蛛侠的那些充满人情味的一面并没有在电视剧中被体现出来。后来，哥伦比亚广播公司也或多或少地放弃了该剧。只要一提到《美国队长》这部电影，李就情不自禁地脱口而出，称它是“令人厌恶的”。[6] 每一部顺利播出的电视剧都远远偏离了李和他的合作者们在构建漫威宇宙时确立的核心价值观。

李穿梭于东西海岸之间，对好莱坞操纵超级英雄们的方式不寒而栗，仿佛他们是事后才想到要把它们推上荧幕的。西海岸的许多创意人士都有着精英主义思想，就像李在职业生涯中一直遇到的人那样。他们认为，超级英雄都是上不了台面的、小孩子才看的东西，除非在故事情节中加入大量的浪漫情节，否则成年人是不会有所反应的。过去 20 多年里售出的不计其数的刊物，以及被一代又一代读者互相传阅了上万、上亿次的漫威漫画书，都不能让好莱坞的相关人士相信超级英雄会在成年人市场中大获成功。虽然电影公司的负责人和创意团队都希望见到这位声名远播的漫威宇宙缔造者，但与他签订生意合同时又完全是另外一回事。

李在他的“肥皂盒”专栏和大学演讲中狂欢式的玩笑成功地为漫威做了推广，但是这种夸张的方式并没有在洛杉矶取得同样好的效果。李养成了高调宣传自己的工作安排与计划的习惯。对进展顺利的项目来说，此举可以推动人们的预期；但相反，当项目遭遇瓶颈或彻底失败时，就会造成适得其反的效果。

李必须要对许多人负责，包括卡当斯的老板们。同时他还要努力使自己成为一个独立于他的著名角色之外的个体。一直以来，他都必须将生意上的会面与那些读着漫威漫画长大的导演或制片人想要面见自己儿时偶像的场合区分开来。

漫威在西海岸的业务需要取得进展，所以李和团队开始对业务进行整合。他们与美国全美广播公司合作，将他与科比联合创作的《银影侠》漫画搬上了电视。之后，美国广播公司放出要制作《女蜘蛛侠》节目的风声。不久，包括托尔、夜魔侠和奇异博士在内的其他 12 位人物都被环球影城签下了。

随着宣布的新项目越来越多，他们和好莱坞里的许多其他交易无异，如同被锁链绑定在一起的一个个球，最后轻易地就散开了。李对好莱坞生产流程的失望与日俱增。眼看着生意一笔接一笔地失败，他有些泄气地说道：“我们一直在和制片公司合作，我必须同意他们的想法。但要构思出一个让大家都满意的故事是不可能的。”[7]

李在好莱坞初期一直面临着周而复始的挑战。他无法做成那种能让他和漫威成为好莱坞头号玩家的生意。仿佛轮回般地，自带媒体流量的李可以列出一大堆潜在的项目，但很少有人能看到曙光到来的那一天。更糟糕的是，由于剧本的问题，一些影片遭遇惨败，制片公司无法理解其中的角色的吸引力，已有的技术也没能凸显英雄的英勇与强大。“我们永远无法预测电视公司会买什么或不买什么。”李哀叹道。[8]

无休止的会议也严重挤压了李的写作时间。“在这里，你要是想拍电影，等许多年过去了，你还在努力地想把它搬上银幕。”李解释道，“这是一个宽广得多的行业，有合约、谈判和转机。让我觉得沮丧的是，喜欢快速行动和快速写作的我受到了很多限制。”[9]他回忆说，电影制片厂和出版公司想约他写剧本和小说。可他找不到“几个月的假期”来完成这些工作。李在洛杉矶的生活似乎陷入了一种会议、交谈、做生意和空等的恶性循环。他花了很多时间去谈论创造力，而不是将之付诸实践。

尽管李对好莱坞的发展进程感到失望，但搬到好莱坞居住的想法对他来说却很有吸引力。讽刺的是，DC 漫画公司电影的成功促成了他和琼安彻底地搬至洛杉矶。1978 年，华纳兄弟出品了由克里斯托弗·里夫主演的《超人：钢铁之躯》，让观众为之震撼。资深影评人罗杰·艾伯特给予了该片超高的评价。观众的反应也非常热烈，这部电影上映首月就获得了3亿美元的票房。影片的大热与电视上流行的《无敌浩克》为涌现更多的超级英雄节目创造了成熟的土壤。李说服了漫威漫画公司的老板允许他在西海岸拥有一间办公室。

在1979年5月一封给朋友——法国著名新浪潮电影制作人阿兰·雷奈的信中，李表达了自己对洛杉矶的“爱”和“进入影视行业”的愿望。他还提到了一个潜在的机会——与制片人李·克雷默合作拍一部大预算《银影侠》电影。[10]克雷默同时也是流行歌手兼女演员奥利维亚·牛顿–约翰的经纪人兼男友。

由于一年中绝大多数时间都在洛杉矶工作，李考虑在那里永久定居。“事实是，在多次出差后，我爱上了洛杉矶。”他解释道。[11]可他没有完全说服琼安。但后来，李在纽约的公寓被抢劫，琼安的珠宝首饰和值钱的东西都被洗劫一空。从那之后，她一反常态，强烈地拥护起搬迁的提议。李回忆道：“这是能想象到的最令人沮丧和痛苦的事情了。”他们一致将好莱坞视为一个全新的起点。面对朋友，李强颜欢笑。他在信里对阿兰和他的妻子开玩笑地说道：“把你们的珠宝都锁好！”[12]

1979年7月之前，李在洛杉矶的一切工作进展顺利。为了将漫威的那套方法论运用到电影中，他用口述的方法讲述了一位专杀坏人的女巫的故事，并把它录进了录音机。他给这部电影起名为《女巫之夜》。独立电影制作人劳埃德·考夫曼（之后在热门电影《毒魔复仇》中担任配乐）把磁带的内容誊写了出来，然后把材料加工成一个完整的脚本。考夫曼在耶鲁大学读书时认识了李，彼时他就已经是一名漫威迷了。这位年轻人后来创办了特罗马电影公司。这个低成本的工作室将喜剧、滑稽表演、恐怖等元素结合在一起，打造出一些成功的午夜电影。两人在一起合作了很多年。《女巫之夜》的制作仅花了 500 美元，但它没有得到进一步的开发。[13] 后来，他们又把李的另一个主意改善了一下，然后直接把它推销给了雷乃。导演几乎没做选择就给它起名为《与上帝对话的人》。

尽管作为极具代表性的超级英雄的创作者，李有着传奇般不可撼动的地位，但他在本质上只是一个初出茅庐的编剧，并且他自己根本没有时间去写完整的剧本。他只能任由他人摆布，让别的作家基于他的想法创作剧本。20 世纪 70 年代初，他曾与雷乃联合创作了一些剧本。此后，就再也找不到写剧本的时间了。

通过与其他作家合作来落实创意的做法是行之有效的，这符合李疯狂的风格。然而，即使那些人和他水平相当，他们也无法真正捕捉到李在漫威漫画中发出的声音和呈现出的风格。他太忠于漫威的那套方式了，很难找到一个像科比或迪特科那样卓越的合作者来帮他实现愿景。

当李最终说服卡当斯的老板允许他在加州全职工作时，他还在圣费尔南多谷开了一家小店。1980 年年中，李在谢尔曼橡树园范内斯大道 4610 号的一间小公寓里成立了漫威影业，并将其描述为“一幢围绕着蓊郁的花园中庭建造的迷你五角大楼”。[14] 秉持自己的核心精神，他营造了一种积极进取、努力奋斗的工作氛围，试图让一切都无愧于挂在办公室门上“精益求精”的指示牌。作为一名纽约人，李钟爱洛杉矶的阳光。他喜欢步入中庭，沐浴在阳光下工作，但这被人们认为是疯狂的举动。这与冰冷、灰暗的纽约和麦迪逊大道上的漫威办公室多么不同啊！

一群在电视和电影领域有着丰富经验的高管加入了新公司，弥补了作为新手的李的短板。出任漫威影业总裁的是资深动画工作者大卫·H. 迪帕提。他曾参与苏斯博士的几部专题片，并以《粉红豹》一举夺得奥斯卡奖。迪帕提邀请李·巩特尔出任副总裁。该公司在宣布工作室成立的消息时表示：该集团已经开始启动动画和动作电影的制作，包括为奥斯卡·梅耶和欧文斯–康宁制作的商业广告。[15]

李渴望做成一笔关于大片的生意，但他最初的任务集中在对漫威宇宙进行扩展，以及挖掘其他潜在机会，比如广告和新的授权协议。在卡当斯新的管理架构下，李在“发行人”角色之外，又接受了“创意事务副总裁”的名头。这个听起来有些空洞的头衔与李在西海岸模糊的职责相得益彰。

高尔顿谈到了每个部分是如何强化整体的，他解释说，该工作室将“为我们的授权方、批发商和广告商的成功做出贡献”。他意识到，“漫威的未来如此美好”，尤其是考虑到“可以通过这个团队获得的所有好处”时。[16] 李肩负的重担包括开展大量的项目，同时也在个人和媒体层面上带领漫威继续前进。

1979 年,《时代》杂志预言李把电视变成了“一本大的电子漫画书”，同时宣称他得对这一趋势“负主要责任”。该杂志的记者推测，哥伦比亚广播公司因为播出了太多的漫画节目，公司可能会更名为“漫画书供应商”。[17] 对节目夸张的宣传已远超节目本身的质量，然而，除了比克斯比和费里尼奥主演的《绿巨人》，其他所有对外播出的电视节目都让李感到头疼。

漫威影业成立的初衷是为了专注于动画，特邀迪帕提前来掌舵。公司认为，在当时的情况下，适合于周六上午播放漫威的动画片。李与广播电视公司的谈判重点聚焦于“能力、容量、知晓如何操作及可靠性”，而迪帕提的资历有助于击破广播电视公司的沉默。[18]

几年内，漫威影业与弗雷德·西尔弗曼等制片人联合制作了一些节目，其中不乏漫威宇宙以外的主题的节目。这样的合作打造出每周六上午在哥伦比亚广播公司播出的《肉丸和意大利面》。这部电视剧讲述了一对夫妇歌唱组合开着房车在全美流浪的冒险故事。哥伦比亚广播公司还播放了《龙与地下城》，那是一部基于热门骰子角色扮演游戏而改编的漫威电影。[19]

20 世纪 80 年代初，李通过担任剧本顾问和旁白，提高了自己在《蜘蛛侠》和《绿巨人》动画系列中的参与度。粉丝们喜欢听到李的声音，但他自己觉得这段经历让他感到有些沮丧，因为他不能依据时机来更改说话的内容。尽管如此，他还是试图“让一些叙述听起来符合他的风格”。[20]《绿巨人》的电视剧没能持续播放很久，因为虽然这只绿色的庞然大物受到了男孩们的热烈欢迎，却并不能调动年轻女孩子们的兴趣。

李以速度和团队合作为核心的漫画创作生涯，以及在漫威超级英雄的营销和授权上取得的巨大成功，让起落无常的影视圈对他充满了信心。虽然这可能并不是李在好莱坞的工作中最具魅力的部分，但他牵头发起的各项生意对拓展漫威品牌至关重要。创造合作的机会能拉近角色与消费者的心理距离，同时也让李有机会传播他最爱事业的意义——让读者了解漫画对识字的好处。

为了让公司领导们一想到漫威就觉得兴奋，李公布了一组人口统计信息。数据显示，美国 2.25 亿部漫画吸引了 6~17 岁的观众，其中女孩占 40%，男孩占 60%。约 60% 的漫画读者来自中产及以上的家庭。李夸口称，92% 的年轻人都在读漫画书。此外，当李在行业会议上发言时，演员们会打扮成漫威超级英雄出场。公司还为商场开业、游行、会议、州县博览会等场合提供可以租赁的超级英雄装扮。[21]

为了吸引女性读者的关注，公司推出了《女绿巨人》，随后又推出了《炫音》，并计划增加更多的女性超级英雄。《野蛮女浩克》（1980 年 2 月）的创刊号售出了 25 万册。李告诉记者："我们始终想写关于女性角色的书。"但他承认，利润是促使编辑做决定的驱动力，他说："多年来，我们关于女性角色的作品都卖得不太好。"[22] 不幸的是，和许多其他女性超级英雄的命运无异，1982 年 2 月，持续了两年的《女绿巨人》迎来了终结。

20 世纪 80 年代中后期，李彻底脱身于纽约的日常活动，只有“漫威影业创意事务副总裁”的花哨头衔让他看上去还是其中的一员。事实上，负责出版的副总裁迈克尔 · Z. 霍布森卡当斯接手了大部分的出版工作。李将大量时间花在了撰写和处理剧本上。他密切地关注漫威动画制作的工作，并监管与众多制作公司潜在的生意机会。他很少看公司的漫画，并承认：“有时候漫画堆得那么高，就算有机会，我也只能翻一翻。”[23]

虽然李刻意与印制部门保持了距离，但他从未放弃自己作为漫威全权代言人的角色。尽管他将演讲的出场费提高到了 3 000 美元，以降低大学生们为他订票的热情。[24] 在好莱坞努力迫使他减少在大学校园的巡回演讲后，他增加了出席大型活动的次数，比如在漫画大会和电视广播节目中露面。有线电视频道的涌现和广播行业的发展给了李更多与观众接触的机会。

对脱口秀主持人和电台主持人来说，李是嘉宾常客。多年的实践磨炼出他高超的技能，他在屏幕上表现优异，贡献出非常棒的新闻片段，以及一些无须考证的、与超级英雄起源有关的永恒故事。李有一种魅力，他能让每个主持人或提问者都觉得好像从来没人问过他最喜欢哪个超级英雄，或者他是否有最喜欢的漫画书。

1984 年，在出席纽约市维度大会前，李接受了一次电台采访，吹嘘说当时的漫画书“比以往任何时候都要多得多”，并指出漫威在创造“二三十年来数量空前的漫画粉丝”方面所发挥的作用。[25]他还指出收藏热潮、独立漫画书店的兴起和漫威多年来培养的狂热粉丝三者之间的联系。

粉丝们打电话到电台节目中询问李，他们想知道蜘蛛侠服装的变化，以及旧漫画是否还有价值，李的幽默的回答给他们带来了欢乐。这期节目还揭示了为何多年来有许多人因超级英雄的起源而对李感到愤怒。在电视和广播节目疯狂的节奏中，主持人和其他一些对漫画史知之甚少或与漫画毫无关联的人为了节省时间不惜走捷径。他们称李“创造了……”却没把画师们也算进共创者当中。面对这些不了解背景的采访者，李该如何作答呢？他是否应该立刻指正错误，在之后添加信息，抑或是随它去？他有时会这样做，但有时未必。纠正错误会分散采访者的时间和注意力，导致尴尬局面的产生，但对艺术家只字不提会引发知情人士的敌意。李一直尽力在发言人、煽动者、推销员、历史学家、演员等多重角色中保持平衡。但这样做可能会因为过度的表演和娱乐观众而牺牲了真相。

1986 年，李撰写的名为《我与蜘蛛侠》的长文被收录在一本集合了他发表在报纸上的关于蜘蛛侠文章的书——《蜘蛛侠精选集》中。作为一种迷你自传，此文对角色和故事的起源进行了重新表述。李承认他让自己的想法出现在漫画中。他解释说：“我觉得，作家很难把自己的个人信念排除在作品之外，就像普通人很难把自己的想法从对话中抽离一样。”[26]此外，李还详细地写到每个角色

“都是真实的我……我属于他们中的每一个……（但）《蜘蛛侠》实际上是我的自传”。[27]

李每周抽出 3 天——星期六、星期天和星期三的时间来写作，其余 4 天的时间用来做业务和参加战略会议。如同在纽约时那样，他在室外写作，用自己设计的纸板装置保护文字处理机。这不仅可以防止眼睛被耀眼的阳光灼伤，也可以不让西海岸强烈的阳光融化机器上活动的部件。李坚持每周工作 7 天，他觉得搬到洛杉矶“有助于保持源源不断的创作灵感”。在一个人人都追求创新的环境中，他发现自己“一天几乎 24 小时都在思考故事”。[28]

1986 年 11 月，随着李在好莱坞站稳脚跟，卡当斯实业公司将漫威以 4 600 万美元的价格卖给了电影制作公司——新世界电影公司，该发行商想把漫威的人物角色搬上银幕。三年前以 1 650 万美元的价格从罗杰·科曼和他兄弟手中买下新世界电影公司的哈里·斯隆告诉大家，他相信收购漫威能让公司转型成“小型的迪士尼”。[29] 漫威里的许多人都可能喜欢听到这种充满雄心与抱负的话，但迪士尼是通过电影和商业开发，而不是靠出版书籍成名的。那些貌似快乐的日子里同时也蕴藏着危机。

新世界电影公司的领导层，包括首席执行官罗伯特·雷梅为了欢迎李的加入，把他调到韦斯特伍德总部的一间豪华的新办公室里。从表面上看，大家都很尊重李。几位董事会成员甚至为自己或小孩向李索要签名。对漫威和超级英雄系列做出的贡献，以及帮公司向影视行业转型过程中采取的富有创意的把控，让李终于收获了赞赏。[30]

但同时也有一些互相矛盾的报道称，雷梅并非真正了解漫威漫画公司和DC漫画公司及其漫画业务。这导致他在和新世界电影公司的员工洽谈收购业务的时候经常混淆两家出版商（及其受人尊敬的超级英雄）。据说，当雷梅意识到新世界买下的是蜘蛛侠而不是超人时，他大喊大叫地说："天哪！我们得停一停。坎农有《蜘蛛侠》电影。"[31] 雷梅不太了解这些角色，也不太会看漫画书，但他确实对公司在追求新想法上起到了推动作用。

新世界电影公司迅速地利用超级英雄来博眼球，尤其是蜘蛛侠。一场蜘蛛侠"跑酷"很快地演变成一个体积为9 522立方英尺、造价30万美元的氢气球，亮相在梅西百货的感恩节大游行中。

据估计，每年大约有8 000万观众通过电视转播观看游行，还有200万观众会到现场观看，这样算来，市场营销的收入可以覆盖最初的成本费用。紧接着，1987年夏天，为了让蜘蛛侠这个角色更加栩栩如生，公司市场部的工作人员决定让蜘蛛侠在座无虚席的谢亚体育场，当着现场5.5万名观看纽约大都会棒球队比赛观众的面，迎娶相恋多年的女友玛丽·简·沃森。[32]

在仪式中，李扮演了象征着和平正义的婚礼主持人的角色。这次活动利用了李的"名人效应"，或多或少地是对他在每日新闻的连载漫画（后来也被复制到漫画书中）里提出的让这对情侣结婚的想法的一种奖励。

新世界电影公司为这场由真人扮演的婚礼策划了一次品牌宣传

活动，让李在《早安美国》① 节目中接受了高人气新闻播音员玛丽亚·施赖弗和弗瑞斯特·索耶的早间电视采访，晚间娱乐节目《今夜娱乐》② 也对他进行了报道。全美无数的报纸都报道了这场婚礼，让这位标志性的人物和它的创造者重新成为全美的焦点。李孜孜不倦地替这个角色在无数好奇的记者和广播公司面前发声。

尽管在公共关系上取得了成功，漫威影业也有创造利润的能力，但新世界电影公司在财务上却举步维艰。1987 年年末，股市崩盘，大制作影片表现平平，这导致公司负债累累。在一个企业投机家乐于收购陷入困境的公司并从中获利的时代里，该公司变得不堪一击。

一心只想把超级英雄卖给新世界电影公司制片人的李，又一次被排挤到一边。新世界电影公司的一位知情人士说："斯坦没有被囊括在内，他既不是玩家，又不是合伙人，甚至没有投票权。但他就像一头斗牛，不想走开。"[33] 内部的政治形势对李不利，但没人意识到公司是如何接近破产边缘的。

整个故事逐渐演变成因为一系列的金融操纵导致新世界电影公司将漫威送上了"断头台"。只要李肯签署一份留下的协议，许多求购公司就会立刻对漫威产生兴趣。最终，资本主义海洋中的"巨鳄"——罗纳德·O. 佩雷尔曼——用一系列空壳公司套出 8 250 万

---

① 《早安美国》是美国广播公司的一档早间节目。——译者注

② 《今夜娱乐》是由美国哥伦比亚广播公司首播的一档娱乐新闻节目。——译者注

美元，一举夺标。

自 1939 起成为漫威公司的员工，李已经在这家公司里待了 50 年，他即将再一次面临全新的局面。回首过往，混乱或许是这半个世纪里永恒不变的主题。但他的坚韧、热情和强有力的撒手锏，一路陪伴他承受了所有的剧变，让他成为几代粉丝眼中漫威的象征。不论这家公司真正的主人是谁，也不论李的实际职责是什么，他就等同于漫威。李是一代又一代读者和观众心目中当之无愧的“超级英雄之父”。

第十三章　漫威操纵市场

1989 年，在白宫度过了漫长的 8 年之后，罗纳德·里根总统及其夫人南希准备回归平民生活。就在这对“第一夫妇”即将离开白宫，准备回到他们在加利福尼亚州的农场的前几天，哥伦比亚广播公司《60 分钟》节目的记者迈克·华莱士对他们进行了采访。他们之间的谈话涉及很多话题，从里根婚姻持久的力量到他们在首都经历的艰难时期。虽然总统是美国的领导人，但华莱士一度想在谈话中切入一些有趣但不相关的话题，以向观众展示总统的日常生活。

华莱士问总统：“您早晨会看漫画吗？”里根随后描述了自己早晨的日常，他表示自己会首先翻到漫画的部分，然后再阅读“严肃的话题”，准备开始一天的工作。据华莱士透露，《蜘蛛侠》是里根总统最喜欢的漫画系列，当总统谈到自己有多么热爱阅读时，他甚至表示如果身边无书可读，他一分一秒都不能忍受。[1] 里根的批评者曾经开玩笑说，里根能够机智处理的也就是以蜘蛛侠为主的漫画系列了。然而，李得知总统在看他的作品却非常高兴，因为他在蜘蛛侠这一角色的漫长发展过程中，一直致力于将它推广到大众活动当中。

里根承认自己喜欢在早餐时看《蜘蛛侠》，代表了这个角色、漫威漫画公司和斯坦·李在过去几十年间不断扩大的影响力。“美国总统的一天是从阅读李的作品开始的！”诸如此类的新闻，或者是好莱坞某位著名演员想要扮演漫威超级英雄的新闻，可能出现在任何一家电影制作公司无聊的会议上。当全世界的人发现总统在看李创作的作品时，李已经 66 岁了。然而，他的精力却和 30 岁的人一样充沛。

20 世纪 80 年代，生长在费城的罗纳德·佩尔雷曼跻身纽约最富有的人群。很多人都认为他拥有点石成金的能力，能将他身边的一切都变成金子。在那个以财务博弈、杠杆收购和恶意收购为特征的时代，佩尔雷曼挑起了与其他企业大亨的经济战争和集团战争，布下了一盘高风险的棋局，让数亿美元的资金前途未卜。

1989 年年初，新世界电影公司正在寻找一家能收购漫威的公司，以此来为自身的电视和电影业务的拓展注入新的资金。佩尔雷曼最终以马克安德鲁 & 福布斯公司的名义接受了 8 250 万美元的报价，完成了收购。该公司是一家空壳公司，是他拥有的复杂的控股公司网络中的一家，这些公司的母公司均由这位亿万富翁控制。尽管佩尔雷曼公开出面并提议由个人出资 1 050 万美元来达成这项交易，但事实是美国大通曼哈顿银行承担了大部分债务，这项交易也是蓬勃的资本家主导时代的典型模式。

对旁观者而言，以低于1亿美元的金额得到漫威公司——包括保护其标志性的英雄人物和许可权，就像偷窃一样。这项交易从财务上看起来是合理的，并且非常具有诱惑性。“从知识产权的角度来看，它就是一个迷你版的迪士尼，”佩尔雷曼解释道，“我们现在开始从事创作和营销角色的事业了。”[2] 从名义上看，这位权贵似乎是领导漫威成为国际媒体巨头的正确人选。他有可靠性的计划来将公司推向全球的观众，并打造出全世界最具辨识度的角色。更重要的是，佩尔雷曼拥有足够的资源和资金来支撑和组建一个可以实现这个目标的团队。

20世纪80年代末，漫画产业正在复苏，因此，佩尔雷曼抓住了漫威的机会。但金融人士都了解，只有当他卖掉在漫威持有的股份时，他才会获得实际的收入。一些因素使得漫威的IPO（首次公开上市）有利可图，如漫画书商店的扩张，以及超高定价的出现并没有让读者流失，而是推动了销量上涨。同时，漫画书已经从廉价的杂志转型为光彩照人、包装精美的收藏物。在随后的1989年下半年到1990年，漫威漫画的单册销量同比增长率一跃超过30%。[3]

总体而言，漫威漫画1990年的销售额超过了7 000万美元，此外还有1 100万美元的许可权收入。当佩尔雷曼这样的内部人士在IPO之后变得更加富有时，外部的投资者却不得不评估其中的风险，因为公司的年利润在1990年仅为540万美元。这个数字随着销售额的增加有所上升，但两年前的利润也仅为240万美元。[4] 然而，发行和店面销售额只是“漫威谜城”的一部分。有80家公司获得了漫威人物的许可权，这些也被计算在了公司的潜在收入中。当时，科技的涌入带来了更多的交易，包括基于超级英雄的电视游戏，以及家庭视频系统中的电视节目和电影产品。

对佩尔雷曼这样的金融人士而言，将其庞大帝国的一部分转换成一个未来的迪士尼将会为娱乐业创造无与伦比的遗产。但是，批评者们却认为，他真正的意图在于大肆宣传新一轮的收购，只是将其乔装打扮成了准备出售部分股份的一种方式或是其他形式的金融大探险。当然，佩尔雷曼最根本的兴趣在于赚钱，而不是看《蜘蛛侠》漫画书。为了效仿迪士尼——美国企业帝国的构造者，公司需要拥有强大的电影部门。漫威电影公司由此诞生。

佩尔雷曼的总经理、原特纳广播公司的首席财务官比尔·贝文斯将接管漫威。他任命李来主管漫威的电影公司，并给了他一个惊喜——将他的薪水提高到以前的3倍。这一举动显然让李非常开心，尤其是他在新世界电影公司任职期间被好莱坞的骗子们边缘化之后。在李看来，自己多年来都领着微薄的薪水。当贝文斯宣布增加他的薪水时，李颇感意外。他甚至以为自己一定是听错了老板说的话。那个晚上，他告诉琼安这些变动并承认自己真的听到了这些内容。接下来的一整个晚上，他们都在试着弄明白贝文斯到底嘀咕的是什么内容。然而两周后，琼安在查收每天的邮件时发现了李的薪水支票。琼安打开支票，当她看到上面的数字时，她险些跌倒——李的薪水真的是以前的3倍。从那时起，李对贝文斯除了溢美之辞，别无其他。尽管如此，比自身财务状况的改善更重要的是，李相信，薪水的提高意味着公司的新主人想要把漫威发展成一家有效率的公司——一家在全球范围内可以和其他娱乐公司匹敌的公司。

李的前途看起来一片光明。他再一次掌握了监督漫威电影和电视拓展的权力。长期以来，他都赞同这样的理念，即漫威可以转型成为一个现代的迪士尼式帝国。也许，佩尔雷曼有资金和威望去实现这个理想。在新世界电影公司，李从来没有感受到与员工的相处是愉快的。纵然佩尔雷曼有所徘徊，但在几个月之后公司业绩持续下滑之际，他却做出了报复的举动，即收购了新世界电影公司。现在，在尝试建立漫威的真人版和动画业务的道路上，李有了更广阔的运作空间。

李与蜘蛛侠之间的漫长情谊从未暗淡过，即使在他和迪特科创作出超级英雄的数十年后仍然如此，这些超级英雄的创作取材于大量的现实生活问题。多年来，每当蜘蛛侠被拉回到流行文化的关注焦点时，李就会准备好故事和引述，无论是 1973 年 6 月对格温·斯黛西的死发表的评论，还是 1987 年 6 月在谢亚球场 5.5 万名尖叫的粉丝面前通过一场真人动画婚礼让蜘蛛侠和玛丽·简·沃森结婚。李的营销反映出漫威为了保持蜘蛛侠在公司的核心地位所做出的努力。大部分观察家认为，蜘蛛侠已经取代其竞争对手出品的穿着红斗篷的不可战胜的超人和带着黑色面具的蝙蝠侠，成为全世界最受欢迎的超级英雄。

1990 年 8 月，漫威发布了托德·麦克法兰创作的《蜘蛛侠》第 1 卷，它利用色彩绚丽的封面再现了高超的风格和视觉冲击，以此点燃媒体的关注并击中连环漫画收藏者的心。全美范围的发行，加上多变的封面，让这部漫画成了历史上最畅销的连环漫画，读者购买的数量多达 285 万册。麦克法兰将关注焦点放在了角色的视觉识别上，正如他所说，这是“为了打破人们过去 20 年以来看待连环漫画书的方式”。[5] 换句话说，麦克法兰希望能以一种李在漫威宇宙创造伊始就达成的方式去开启与蜘蛛侠的新对话。

李一直期待好莱坞的某个人能将蜘蛛侠变成大荧幕上的超级英雄，他从来没有放弃过这个希望。但在 20 世纪 90 年代早期，他不得不首先指望其他角色。他已经是好莱坞的固定班底了。在众多工作任务中，他常常担任漫威相关作品的故事顾问，如 1990 年，他与罗·佛里格诺及比尔·比克斯比合作的美国广播公司的电影《无敌浩克之死》。虽然最初的版本已经发布多年了，但是当粉丝们以怀旧之情去回顾这个节目时，真人浩克还是随着时间推移，越来越受到观众的喜爱。比克斯比和佛里格诺的团队拥有一种令观众觊觎的神奇而富有思想的东西，特别是比克斯比在现实生活中过着不为人知的生活，有着怪异而不合群的人设和存在。[6]几年后，当超级英雄漫画被普遍认为是暴力片和动作片的代表时，《浩克》系列的电视节目及其衍生电影就显得近乎离奇了。

1994年，李创作了《终极蜘蛛侠》，那是一部由众多资深作家和画师共同打造的短篇故事集合。在序言中，李为读者提供了一种专业人士的视角，让他们了解这些角色是如何诞生的，以及他当时的想法是什么。他透露道："在漫威，没有人会想到蜘蛛侠会成为一种文化象征……那时候，他只是浩如烟海的角色之中的一个，如果这些角色没有流行起来，他们就只有不断地被孵化、被发布、被放弃和被遗忘。"[7]因此，当粉丝和记者问到蜘蛛侠的起源并期待一个伟大而成功的故事时，李并没有让他们失望，他承认自己"虚构"出了一种幻想——有一天，他在窗户上看见了一只蜘蛛，正是这只蜘蛛孵化出了蜘蛛侠的创意。随后，他又让蜘蛛侠变得"神奇"起来，但仅仅是他自己觉得这样听起来不错。[8]李一直游离于贬低自己的努力和过度自信的伪装之间，假装读者们对此的理解（至少有一部分）是在挖苦他。

李和读者之间这样直接而轻松、愉悦的玩笑一直持续了几十年，最早可以追溯到他在20世纪40年代早期的《美国队长》最初的故事中。李和漫画读者之间这些持续的对话——有些可能是毫不留情的——具有一种重要的优势：由此产生了信任的纽带。关于李在帝国大厦14层办公室的桌子上看到了蜘蛛，无论这是真实的还是虚构的，读者们都欣然接受。他们完全相信"斯坦就是大人物"，而不顾来自忠实粉丝和漫画历史学家越来越多的批评。当《蜘蛛侠》的报纸连环画粉丝约翰·厄普代克向《波士顿环球报》的编辑致信，要求取消刊登该系列的漫画（该报纸随后撤销了这个系列）时，这件事在全美引起了轰动。李送给厄普代克的妻子一件印有蜘蛛侠图案的运动衫和一份装裱过的、带有他亲笔签名的剪报，让她成了另一位心满意足的粉丝。[9]

1994 年，李对蜘蛛侠的原始故事进行了改编和拓展，这部短篇小说成了当年漫画界的重要作品。彼得·帕克的叔叔本和婶婶梅被进一步深挖和细化。李的爱开玩笑的个性在这一片段中有所展现——婶婶梅在打扫卫生的时候，偶然碰到一只妨碍她做家务的蜘蛛，她大声说道："我真的受不了蜘蛛。够了，这令人恶心的生物。"她一直盯着这只死去的小昆虫，以确定它已经"被踩扁了"。[10]

李的新故事非常重要，因为它揭示了随着时间的推移，接下来他和漫威其他作者将如何拓展和改编原始故事中的角色。例如，他将默默无闻的辐射蜘蛛放在了帝国大厦章鱼博士的实验室里，并为它赋予了思想和感觉，尤其是在它被射线击中之后。后来，这只蜘蛛导致科学家们发动了核战争，而就在几秒钟之后，它掉下来咬了彼得·帕克，这使他发生了永久性的变化。这个事故不仅创造了蜘蛛人，也让章鱼博士的金属手臂对自身产生了排斥。蜘蛛侠最终打败了邪恶势力，但叔叔本却牺牲了，而蜘蛛侠与"闪电"汤普森打了一架。最终，这条著名的线索发生了细微的改变以对应新的原始故事："能力越大，责任越大。"[11]

在李所书写的传奇中，《终极蜘蛛侠》系列还扮演着额外的角色。故事的引言部分没有提到科比或迪特科，却强调了自己的作用："大量传奇角色，如蜘蛛侠、无敌浩克、神奇四侠、夜魔侠和奇异博士，都出自他丰富的想象力。"[12] 当然，引言只是宣传李及其作品的一种形式，但这些赢者通吃的陈述也疏远了漫画书"真正的信徒"，他们本来是极其崇拜这两位杰出的艺术家及合作者的。坦白地讲，从李的角度而言，他并没有直接做出这些决定，但自从他的名字以编辑的身份出现在书中，读者们和漫画迷们就都认为他应当保持适度的谦逊。尽管如此，细心的读者可能会注意到，李的致谢是这样的："献给史蒂芬·迪特科，一位从一开始就陪伴着我们的人。"[13]

在贝文思的领导力和佩尔雷曼战略方向的引导下，漫威的收入和利润都有所增加。但这位电影大亨的下一步行动主要集中在让漫威上市的工作上。这个决定让他能够在投资者购买股票之时，从公司里变现。公开上市的操作最终让 8 200 万美元落入了佩尔雷曼的口袋。他将其中的 5 000 万美元注入了自己的多家母公司，以确保自己实质上从原始投资中获得了 500% 的回报率及对漫威 60% 的控股。作为公关活动的组成部分，一名装扮成蜘蛛侠的演员出现在纽约证券交易所的大厅里，向交易员们挥手致意并同他们握手。[14]

股票的市场价值迅速上升，佩尔雷曼用詹姆斯·卡梅隆（他当时的导演作品《终结者》和《外星人》取得了巨大的成功）将担任电影《蜘蛛侠》的编剧及导演（李因此心花怒放，二人也因此建立了长久的合作关系）的新闻来推动股价上涨。漫威的股价翻了一倍多，到 1993 年年底，每股的市场价格高达 35 美元，而此时漫威报告的公司销售收入为 4 150 万美元，盈利 560 万美元。佩雷尔曼持有的漫威股份的账面价值高达 27 亿美元。[15]

尽管漫威的未来看起来一片光明，此时蓬勃发展的市场却显现出了瓦解的迹象。同时，佩尔雷曼在 1992 年年中以 2 860 万美元的价格收购了球星卡制作公司 Fleer 的举动在职业体育领域引起了轩然大波。粉丝们以逃避来回应此事。随后，漫威又将漫威人物的一项免版税许可权颁发给擅长制作动作片角色的玩具制造商指环王，以交换其纽约公司 46% 的股份，该公司由艾克·珀尔马特和阿维·艾瑞管理。

无论是佩尔雷曼本人还是其管理团队都意识到，是收藏者们的狂热人为地提高了销售额。1989 年电影版《蝙蝠侠》由迈克尔·基顿主演，而 1992 年的《超人之死》系列漫画售出了 600 万份，这让漫画书再度繁荣起来。然而，这种狂热很快就结束了。尽管后来又获得了一些成功——尤其是佩尔雷曼将重心集中在了利润而不是对产品开发进行再投资上，销量的下降仍然让漫威变得非常脆弱。佩尔雷曼的团队尝试通过收购一家标签公司、另一家球星卡公司和两家小型出版商来挽回这种趋势。两家出版商分别是出版儿童杂志的威尔士出版集团和曾经与DC对簿公堂的一家西海岸的小型漫画书公司马里布出版公司（漫威的官方指示是要不计成本地收购马里布，因为如果不这样做的话，DC就会因并购而成为市场占有率的领导者）。这些由收购带来的膨胀进一步动摇了公司脆弱的基础。到1995年，漫威在佩尔雷曼时期第一次出现了亏损，尽管有8 290万美元的销售额，但公司仍然亏损了480万美元。而债务规模进一步恶化到大约6亿美元，这导致公司的合作银行将其列入了关注名单。公司没有任何资金能够用于推动新发展，比如成立重要的互联网部门或其他能够帮助公司产生利润的公司。

佩尔雷曼发行了大量垃圾债券来继续疯狂购物。同为恶意收购者的卡尔·伊坎比佩尔雷曼更加富有，他看到了收购的时机已经成熟并买下了价值约4 000万美元的债券。最后，当漫威在履行债券的支付义务上遇到困难时，佩尔雷曼提出愿意用3.5亿美元来交换更多的股份，但伊坎持有公司25%的股份，他拒绝了这项交易。突然间，在漫画书市场的下行时期，美国最富有的两个人为了公司的未来大动干戈。尽管伊坎似乎想要拯救漫威，但几乎所有人都相信他只是为了以尽可能低的价格买进，再逐步卖掉它。[16]

1996年12月27日，就在李74岁生日的前几天，佩尔雷曼采取了他唯一能采取的措施并宣布漫威破产——这是他阻挠伊坎收购的最后防线。“新闻的发布很简短，并且不是那么亲切。”漫威混乱时期的高管谢里·罗迪斯说道。整个漫画行业都在颤抖，因为“它引起了整个漫画行业的恐惧”。[17]双方正在交换重组计划，互不相让。讽刺的是，在宣布破产之后，公司的出版部门却还在做各种努力让公司维持下去，该部门在持续缩减球星卡的预算，而广告和许可交易也都被取消了。

1997年2月，破产法庭批准伊坎接管漫威。当年6月，他便取得了对董事会的控制权，从而可以永久地取代佩尔雷曼及其团队。多方估计，佩尔雷曼在掌管漫威期间获得的利润在2亿美元~4亿美元之间。尽管伊坎已经在公司部署了管理团队，但由珀尔马特和阿拉德管理的小型公司指环王却突然参与了谈判，并针对拯救漫威提出了自己的计划。这家公司想要保护自己的免版税许可协议，尤其是它生产的半数以上的玩具都是基于漫威人物设计的情况下。

1997年12月，漫威的命运掌握在一位名叫约翰·J. 吉本斯的受托人手中，他是由美国特拉华州地方法院法官罗德里克·迈克尔维任命的。漫威的高层质疑指环王的交易，这激怒了珀尔马特和阿拉德。他们汇集了一群投资者，并获得了4亿美元的资金，想要将漫威整体收购。伊坎的反对无效，迈克尔维法官最终批准了指环王的计划。这家新兴公司将向贷款人支付一部分债务并提供股权报酬。[18]阿拉德说服了很多金融界的领袖参与这个计划——漫威发展为电影公司的预期值得一搏。他慷慨激昂的提议后来被证明是富有预见性的。

20 世纪 90 年代末，当商业巨头们和恶意收购者们竞相争夺漫威的控制权时，李却充当着公司的守卫者，并坚持在走向好莱坞、各类动画片和电影业务的道路上跋涉着。唯一让李因公司破产而伤心的时刻就是制作方因漫威的未来具有不确定性而在工作中变得猜疑。此前，贝文斯通常会让他独立开展工作，只有当李通过不同的网络以动画形式展示黑寡妇和夜魔侠时，他才会介入。但漫威命运带来的总体不确定性让贝文斯压缩了这项业务。[19] 李的一些努力还可以追溯到他担任编辑的时光，那时候他的工作只是需要确保动画片项目的作者们理解漫威对角色开发和情节的要求。他说："我把大部分的时间都花在了在办公室里创作电影、电视节目和动画片上。"

当法庭和法官需要就漫威破产以后所有人的未来做出决定时，它的命运似乎还悬而未决。判决的结果几乎不对李个人造成任何影响，因为无论谁获得了公司，他都是公司不可或缺的一项宝贵资产。他差不多是立于不败之地的。他说："对于所有和商业相关的事情，我都置身事外，因为我关心的问题是创作的目的。"[20] 同时，公司从李所管理的产品线中看到了收益：蜘蛛侠、X 战警和无敌浩克在儿童电视节目系列中吸引了大量观众。李说："我们的节目通常都表现得不错……那也是我所关心的最重要的事情。"[21]

在漫威更大的战略中，李的工作常常被当作其中的一部分而被忽略，但他成立公司动画部门的工作极大地拓展了粉丝的数量。然而，对于像李这样对电影痴迷了一生的人来说，真正的绚烂与魅力来自大荧幕。由于角色的电影所有权存在法律纠纷，蜘蛛侠的故事似乎不可能被拍成电影，但其他的角色则离制作更进了一步，包括X战警和浩克。

令人意外的是，漫威第一个突破重围的任务竟然是一个不为人所知的、辅助性的角色：由马芙·沃夫曼和艺术家吉恩·科兰创作的吸血鬼猎人《刀锋战士》。这部于1998年夏末发布的电影由韦斯利·斯奈普斯主演，尽管在观众中反响不一，它还是赢得了粉丝们的好评。在美国国内和国外取得了良好的开局之后，这部电影最终获得了7 000万美元的国内票房和1.31亿美元的国际票房。尽管其中李的简短亮相最终被剪掉了，《刀锋战士》却肯定了他一直以来的想法——漫威的人物可以在大荧幕上表现得非常出色。

20世纪90年代即将结束，李圆满地走过了自己不寻常的十年。他想要在电影或是电视节目里把漫威超级英雄带到现实生活中的愿望即便没有完全实现，也已初现端倪。然而，漫威自身却似乎还处于岌岌可危的状态。公司拥有大量角色，供应似乎永远不会中断，并且其中的核心超级英雄是全球最知名的财产。但获得了这些任务的不同的企业集团却要么不知道如何让他们发挥作用，要么不了解利用这些资产的策略。似乎只有珀尔马特和指环王的阿拉德理解如何把漫威的超级英雄变成现金——首先通过免版税协议将其资产化，然后通过获得公司的控制权获得增值。

虽然李已经70多岁了，但他仍然持续关注着科技是怎样开始改变漫画行业的。他考察了所有可能的选择，从电子游戏到通过光碟发行的电子漫画书，再到发展迅速的互联网。李出演了早期的一部分漫威网络作品。20世纪90年代末，他曾在美国在线的主页上回答过粉丝们的问题。他不了解网络是如何运作的，但他知道网络代表着重要的全球互联网“冲浪者”的下一个娱乐渠道。

几乎没有哪一位作家、音乐家、艺术家或其他创作偶像在李这样的年纪还在坚持自己的事业，但他拒绝退休，离开工作会吞噬他活下去的信念。他在漫画展、社交媒体活动及洛杉矶的名人互动中引起的持续轰动就像一位偶像作者的魔法万能钥匙。李并不是不想停下来，而是他根本不能停下来。

第十四章 “斯坦·李传媒”公司的兴衰

1999年1月，斯坦·李成立了新型网络公司——“斯坦·李传媒”公司（SLM）的消息轰动了整个网络。记者们争相跟进这则新闻。一次访问为记者们提供一个了解这家创业公司和聆听斯坦·李的机会——他亲自讲述了自己传说中的创作漫威超级英雄的故事。全世界最令人激动的故事传播渠道和全世界最有趣的讲故事的人的结合似乎保证了它一定会取得成功。

李和好莱坞的一位创业“牛虻”彼得·保罗一起宣布了SLM的成立。彼得·保罗和传奇影星吉米·斯图尔特一起创立了一个非营利基金会，并主持着数场备受瞩目的募捐活动。SLM的市场推广文案称保罗是一名“新媒体设计师”，吹捧他过去担任Digicon娱乐公司创始人的经历，这家公司为索尼公司开发了玛丽莲·梦露的人工智能兼虚拟现实动画。[1]最近，保罗成功地推动了“万人迷”法比奥的事业，并展示出了与有钱人和当权者交朋友的敏锐及能力——如美国前总统比尔·克林顿及其夫人希拉里。

互联网的出现及其在全球的重要性为李提供了另一个展现自我的机会——即便是在76岁的高龄，他也可以掌握一种全新的媒体形式。李说：“当彼得·保罗提议我们可以创办一家互联网公司时，我唯一了解的关于网络的事情就是它将成为全世界前所未有的娱乐和通信领域最强大的力量。因此，很自然地，我非常兴奋地参与了进来。”[2] 据保罗估计，仅是李的名字就能带来约 3 000 万美元的品牌价值。因为漫威拥有版权，SLM 集团不仅可以使用由李创作或联合创作的超级英雄，还可以让这位绘画大师创造一个完整而全新的超级英雄宇宙，而后者完全由创业公司所有。

保罗想要向漫威和全世界展示他可以发布一个富有竞争力的英雄系列，这个想法让李充满了斗志。尽管漫威赋予了李“名誉主席”的称号，他却在漫威遭遇了困难，同时也在为争取自己的终身合同的过程中感受到了怠慢，这激发了他的斗志。他奉献了自己的一生，却被认为只是一个有名无实的领袖，对此，他非常愤怒。

同时，对于要和漫威的新领导艾克·珀尔马特重新协商合约，李也感到伤心和气愤——他已经为这份终身合同工作了一辈子，这份合同不仅为他提供了财务保障，也是对他在创建公司的过程中发挥的作用的认可。李发现珀尔马特最初提供的合约把终身合同压缩成了一份两年的合约，而支付的金额也“仅为我过去报酬的一半”。李很想知道，马丁·古德曼的魂魄是不是正在构建一支新的漫威领导团队。[3]

最终，漫威的高管们意识到了李作为连环漫画书精神领袖的价值，如果这位传奇人物去了 DC 或其他出版商那里，他们就是在冒险尝试一场公共关系的噩梦。律师阿瑟·利伯曼为李达成了最终协议，协议中，李的报酬有所提高（将他终身的年度报酬提高到 80 多万美元），并且每年为《蜘蛛侠》的报纸连载支付 12.5 万美元。

更重要的是，他们还将每年支付给琼安 50 万美元的年金和漫威电影和电视利润的 10%。[4] 新的合约还为李提供了免责条款，从根本上为他提供了可以开展自己喜欢的任何项目的保证，让他不受出版商或机构的约束。

现在，随着 SLM 的成立，李可以略微地掌控漫威了。他可以声称，相较于以前的机构，SLM 可以制作出在线漫画书和“前卫、具有高度概念性的和令人惊奇的”超级英雄。[5] 按照李的想法，新的公司将和在线制作公司合作，建立网页和虚拟漫画书，发布互动游戏，并为那些想要打入这项业务的人创作基于网页的、富有漫画传奇色彩的角色。

SLM 成立于 1999 年年初，办公地点在非常普通、毫无特色的加利福尼亚州文图拉大道的办公楼里。虽然从外面看起来，这个地方和距洛杉矶 20 英里的其他所有楼群一样，但 SLM 发布的却是印刷精美、光彩照人的宣传材料，几乎所有的出版物都是用耀眼的颜色装饰的。公司大肆宣传李和他过去的成功经历，以吸引新的投资者，并迅速地推动公司走向 IPO，这也是过去几十年的互联网公司通常采取的致富之路。这些宣传资料上写着，李“在漫画行业的影响力已经超越了史上的所有人”，同时，“他的漫画作品已经在 75 个国家用 25 种语言发行了超过 20 亿册。”[6] SLM 的网址是 www.stanlee.net，这是一个新角色和新产品的聚集地。

偶像向互联网发展的举动登上了头条。人们对印刷材料如何转换到虚拟世界非常感兴趣。李在不计其数的采访和介绍中都表现出了真挚和热情。在美国国家电台的一次采访中，李解释道，基于网络的漫画书是“真正的微型彩色电影。我们让演员来给角色配音。漫画里不会出现对话框”。[7] 李关于创作一个新的超级英雄宇宙的想法引起了投资者的兴趣，这同时也让粉丝们非常兴奋。在转型到在线业务后，SLM 在竞争者中占据了优先的位置，这也是机构投资者愿意为企业提供资金的另一个因素。一位记者解读了保罗对 SLM 的愿景，他认为交易者们会利用李过去取得的成就来创造一个新的“斯坦·李”，“这个斯坦·李可以逐渐为粉丝做出贡献，他渴望在互联网流动的基础上，为旧想法搭建新房子，并通过碎片化的信息吸引会购买授权的合作伙伴”。[8]

1999 年 8 月，由于想要在股票交易所上市但又不愿意采取公开上市的传统方式，保罗和投资银行家斯坦·梅德利通过一家名为博尔德资本机会的公司策划了一次反向收购。新的实体将以 SLM 的身份通过公司代码SLEE① 进行交易。作为设计总监和主席，李和保罗及其他高管一样，获得了超过 600 万份股票期权。这些股票期权的原始价值非常低，但却会在将来为李和其他高管带来极大的财富（李当时的年薪为 272 500 美元）。在恩西诺办公楼顶层工作的第一年（这里也是保罗运作大量其他阴暗商业活动的地方），公司的员工人数就增加到了 150 人。

① SLEE 的 S 是“斯坦”的首字母，LEE 是他的姓氏“李”的英文。——编者注

公司最具代表性的作品是《第七门户》，在这部电影中，一支超级英雄团队通过秘密门户来到地球，与邪恶势力展开较量。最初，李主要聚焦于六七个项目上，并撰写故事大纲和角色草稿。狄克逊说："我所看到的一切都有李设计的印记。"[9] 尽管李是和一屋子的作家和艺术家一起在探讨各种想法，公司的行政人员却告诉了全世界真正值得销售的东西——具有标志性的李本人。"事实上，李是全球市场上最具辨识度的品牌。"[10] 保罗和其他高管甚至考虑基于李的众多标语和他们想要注册商标的新标语开辟关于李的一条服装生产线。采访者们注意到，李会常常被报道在每个早晨的 9 点 30 分左右开着他的奔驰 E320 敞篷车去工作，并且常常工作到晚上 8 点。[11]

2000 年 2 月 29 日，SLM 让《第七门户》在一次众星云集的晚会上亮相——这次晚会是保罗在位于北卡罗来纳州的罗莉工作室进行策划的。电视名人迪克 · 克拉克担任晚会的主持人，晚会邀请杰瑞 · 李 · 刘易斯、雷 · 查尔斯和夏卡 · 康为演出嘉宾。3 个月后，SLM 公布了一项与派拉蒙主题公园合作的交易，两家将共同开发基于《第七门户》系列的一个 3D（三维）游乐项目，为公园每年 1 200 万游客服务。

SLM 拥有足够大的品牌认知度，但它没有足够多的资源来为保罗达成的交易提供资金。李支持作家和艺术家们的想法，但联合创始人却想要维持企业正常的运转并私下进行交易，完全不让李执行任何重大决策。据内部人士称，李"会列席会议，偶尔说几句。

但大部分时候他都只是坐在那里涂鸦，要么就是睡着了”。[12] 保罗让李和公司持续活跃在新闻中，同时让营销机构全速运营。然而，涉及实质内容或产品的交易却越来越少。

李的参与对他人非常有吸引力，其他知名人士也因此跟风投资。SLM 高调宣布获得了一大批明星的投资，包括后街男孩和玛丽 · 布莱姬。权威人士把这些投资视为李漫长职业生涯的顶峰，并且相信他拥有了管理的职权。SLM 可能会成为“互联网时代的迪士尼”。一方面，普通民众看到“斯坦 · 李”的名字和一家企业捆绑在了一起，并把漫威的成功和它等同了起来，或者认为这样的公司会成为另一个漫威。另一方面，媒体、股票分析师和其他人也登上了这辆“失控的列车”。新经济泡沫带来的是不正常的兴奋，媒体识别不出其荒谬成分，也没有能力预见注定会出现的结果。

互联网的狂热穿过整个美国，从圣何塞和圣弗朗西斯科蔓延到纽约硅谷，然后又传导到都柏林、特拉维夫和莫斯科这样的新兴技术中心。在这种过度狂热的环境下，即使是一个简单的在互联网上销售普通产品的想法，也会让风险资本家排着队提供成百上千万的资金，SLM 因此成了一个立于不败之地的赢家。2000 年年初，正是这种狂热发散的鼎盛时期。此时，华尔街对该公司的定价是每股 31 美元，这实质上为 SLM 提供了足够多的账面价值（3.5 亿美元）来整体收购漫威漫画公司。超级巨星迈克尔 · 杰克逊也在考虑收购漫威，他曾私底下询问李，如果他真的买下了漫威，李是否愿意来管理它。李当然表示同意，但杰克逊并没有收购成功。

李在他一直擅长的事情上表现得非常出色——他成了公司的门面，而更加重要的是，他也是新一代在线漫画和在线媒体的门面。铺天盖地的是超乎想象的大肆宣传，人们稍加思索或不假思索就愿意相信他的意愿创造出了让“忠实信徒”真正忠实地信任他的完美氛围（他们加入了“斯坦是个大人物”的公司中）。当李在科技会议或其他场合发表演讲时，就像站在和他自己一样的人群之中。这群人是自封“网虫”的一代人，超级英雄的故事伴随着他们的成长，他们同时也是漫画迷。

虽然 SLM 的员工曾悄悄质疑这些合作关系和交易的合法性，但除了保罗本人和少数共谋者，没有人知道公司是如何通过创业公司和股票基金被快速地消耗的。后来的诉讼记录显示，从 2000 年 9 月最初注册成立起，SLM 共投入了 2 600 万美元的资金。相比之下，这些资金在此期间却只带来了 100 万美元的收入。[13]

和其他很多互联网“炸弹”一样，SLM 就是一座“空中楼阁”——它几乎完全依靠大肆宣传和营销手段将建立在线漫画世界的想法推向了巅峰。虽然大量互联网“炸弹”都是这两件事情带来的结果——对某个流行的股票市场泡沫过度投资或相信规模比盈利重要，然而，SLM 却参与了实质性的欺诈和股票操纵。[14] 当公司在 2000 年 12 月宣布破产时，150 名员工全都失业了。美国证监会和联邦调查局开始对保罗、李和 SLM 的其他领导展开调查。有关当局很快查清了李没有参与金融违法行为，因此他们把调查工作聚焦到了保罗身上。很快，全世界的人都知道了他的名字：他就是那个让李陷入当代最臭名昭著的庞氏骗局①的人。[15]

就在李78岁生日的前两周，尽管SLM的员工还在为工作和公司终止的可怕消息而担忧，他们还是为他们的领导者从德国定制了一座7英尺高的蜘蛛侠塑像。他们一起组装了这份生日礼物，并模仿超级英雄的方式祈祷，希望李能够用某种方式力挽狂澜。也许这个吊着蜘蛛网的人可以奇迹般地出现在现实中，并带领他们发起进攻。

在一次员工会议上，SLM剩下的高管走进了会议室，他们宣布公司将关闭，所有的员工都将离开。员工们很害怕，他们不知所措，无法相信自己听到的结果。即便如此，很多人也开始意识到公司的财务状况一直在恶化。在不到两年的时间里，公司就破产了，并且消耗了数千万美元，成为又一家被丢进历史垃圾堆的互联网企业。听闻这个消息后，李整个人都崩溃了，在他人的帮助下才走出了办公楼。对于古德曼强迫自己向漫威的员工和自由作家发布类似消息的记忆依旧让李刻骨铭心。[16]

---

① 庞氏骗局是对金融领域投资诈骗的称呼。简言之就是利用新投资人的钱来向老投资者支付利息和短期回报，以制造赚钱的假象，进而骗取更多的投资。——编者注

如果保罗是一个超级坏蛋，人们可能想象他从光鲜的、穿着燕尾服的样子变成了一条狡猾的贪吃蛇，或者变成一个因金银财宝而被注入了超人力量的能量集合。很多名人和政客都被保罗欺骗了。同时，他也欺骗了商业新闻界。《洛杉矶商业杂志》就是例子，该杂志曾经称保罗是“蜘蛛侠的商业头脑”，并认为他的工作可以让李的新角色变成“一个商业帝国”。而保罗则自吹自擂，说 SLM 是“21 世纪的迪士尼”。[17]

保罗显然没有那么多远见卓识。他的网络创业计划看起来很简单，并且只是运用了与互联网狂热时期成立的所有企业相同的架构。首先，他需要实施营销和宣传策略来大肆宣传公司和李。其次，即便产品和收入有限，他也要让公司进入公众视野，甚至是在公司没有实质性的产品或内容的情况下。在股票市场的公开发行让保罗能够利用这些股票资金来填补不断上涨的债务（同时抽取自己的利润）。最后，财务损失可以转移给股东，这能为保罗及其同党带来财富，他们都将自己获得的股权转换成了巨额财富。

有关当局要弄清的是保罗及其安排得当的心腹精心策划的股票欺诈案，包括 SLM 的执行副主席斯蒂芬·M. 戈登，他因用空头支票骗取钱财，于 2003 年被判在联邦监狱服刑 6 年半。[18] 保罗利用虚高的 SLM 股票价格作为抵押从银行贷款，然后非法出售股票。

整个庞氏骗局的全部情况需要花上几年的时间调查，但保罗还从事了一些更加直接的非法操作，包括拒绝偿还李 250 000 美元的个人贷款。保罗还在多份合同上伪造了李的签名（笔迹专家后来证实，李并没有签署这些文件）。[19]

2001 年 2 月 16 日，SLM 在位于加利福尼亚州的联邦破产法庭签署了破产申请书。2002 年 8 月，科罗拉多州政府秘书长解散了该公司，而要求美国政府受托人支付费用的申请被驳回。[20] 当法律上错综复杂的情况还未公开时，保罗已经逃离了现场。2000 年 12 月，他出现在巴西，以避免被起诉。但是，2001 年 8 月，巴西政府逮捕了这名逃犯，并判处他两年监禁。美国政府申请将其引渡回国，此事于 2003 年 9 月正式实施。

尽管保罗可能会不断地设法逃避法律上的问题，但很多人都抱怨，他从各方骗取了至少 2 500 万美元。[21] 2005 年，他承认了自己的犯罪罪行，并在家中开始了四年的监禁。随后，他从 2009 年起在位于得克萨斯州安东尼的联邦调查机构开始了一年的监狱服刑。政府于 2014 年年末假释了他。

几代人的善意帮助李避免了大量的不良后果。21 世纪的前十年，李不仅是从外观上看上去变成了古怪的老爷爷，他也非常清楚，联邦调查员调查了他的合作伙伴的诈骗案。然而，并不是所有被揭露的真相都是好的。在商界流传着这样的故事——李在公司的会议上打瞌睡，并因此常常避开公司的财务内容。他没有管理公司的钱，但没有人否认他应该在一家以他的名字命名的公司里更加关注公司的重大事件。

或许，李的可取之处在于，人们可以从他身上看到保罗有多么腐败，多么能操纵他人。被欺骗的人还涉及政界和演艺界一些有势力的人物。一名记者认为，保罗是一个“有时候非常神秘的人物，他目光灼热又装腔作势”。保罗也成了互联网时代更加不可思议的人物之一，他甚至一度宣称自己与秘密的政府机构之间有联系，让联邦政府的官员们不得不试图提出捏造事实的指控来让他闭嘴。[22]

SLM 的崩溃事实上让人们抹去了关于李三年的记忆，并改变了他原有的样子。李说：“任何陈词滥调都不足以弥补已经发生的伤害，于我，于他人，都是如此。”“但是，有一件事情是确定的——我再也不会如此愚蠢地相信别人了。”[23] 在互联网炸弹崩溃之后，大部分专家和观察家都认为，李的职业生涯可能会慢慢暗淡了。也许超级英雄产业最伟大的表演家就要淡出公众的视野了。很少有人能察觉到，即使政府的调查人员能够证明在 SLM 彻底失败的过程中，李和其中的违法行为没有关系，但一直以来适应能力极强的李也很难避开这样的丑闻。

尽管如此，从更广阔的视角去看，互联网泡沫的彻底破裂让无数企业管理者陷入沉寂，包括那些在商界的“第一梯队”工作了数十年的人。他们的缺点能让人们正确地看待李。全球更大范围的经济萧条让 SLM 的无效投资就像是另一场互联网的噩梦变成了现实。此外，随着彼得·保罗过去的罪行被揭露，随着他古怪而诡计多端地欺骗华尔街并愚蠢地声称自己为秘密军事组织工作的行为被公开，很明显，这个骗子欺骗了李，利用他们之间的友谊谋划不正当的个人利益。

以自己的名字冠名的公司失败了，这激发了李抗争的决心。无论未来可能产生怎样的结果，他都不会松懈，不会让 SLM 的灾难成为自己不光彩的遗产。李与电影《蝙蝠侠》的制作人和业内人士迈克尔·奥斯兰一起合作，和一直以来的竞争对手 DC 达成了协议，准备以李的视角来重新塑造公司的著名角色。他们把这个系列叫作《想象一下斯坦·李》，这让斯坦·李获得了重新创作和重塑 DC 众神概念的机会，包括超人、蝙蝠侠和神奇女侠。

关于这个系列，DC 及其母公司时代华纳进行了一些私下的协商，以尽力拓展其与李之间的关系。一位内部人士透露，谈话的内容包括创立精细的出版流程，并尽可能地将其作为“释放李肩上的思想负担”的一种方式。在公司破产后的几个月内，李和他周围的人都在努力寻找改变 SLM 崩溃带来的负面宣传的方法。[24]

尽管到 2001 年年底，李已经 79 岁了，他还是坚持亲自制作超级英雄并参与新的令人激动的项目。和往常一样，作为流行文化的元老和“漫画之父”，他运用了自己无限的想象力来塑造新的形象。

第十五章　与此同时……

在2000年7月第一部《X战警》电影登上大荧幕之前，斯坦·李曾经和导演布莱恩·辛格会面，共同探讨角色及电影如何被他们赋予生命。当时，辛格解释道："没有模板。漫画电影已经死了，除了阵营，里面没有其他概念。"和李的讨论让辛格的这部拟拍摄的电影有了新的方向。李鼓励辛格以自己的方式去研究角色，这也使他放弃了福克斯之前已经完成的剧本，并重新开始。[1]

经过激烈的市场角逐，《X战警》创造了当时漫画电影的票房纪录，在上映的第一个周末就获得了5 450万美元的票房。李出现在了电影中，他扮演的是一个卖热狗的商贩。他没有任何台词，但当政治家从海上出现时，他和凯利议员互相对视了一下。摄像镜头只能捕捉到李蓝色的牛仔衬衫和鲜艳的红色围裙。这部电影的票房重振了超级英雄电影，而李也开始在一连串自己所创作的电影中扮演角色。

李职业生涯的复苏始于《X战警》，这部电影最终在全球获得了2.96亿美元的票房。SLM的失败开始渐渐被历史遗忘，李在粉丝们心目中的形象也再次回到了过去他们所熟悉的样子。李说，即使他在这部电影中只出现了一小会儿，这份工作也"再次提升了我的职业生涯"。很快，"在漫威作品中看到漫步街头的伟人斯坦·李就成了一项传统”。[2] 在此后的 7 年中，李还出现在了另外 8 部超级英雄电影中。

2001 年 11 月，李和律师阿瑟·利伯曼、吉尔·钱恩乐一起成立了 POW! 娱乐公司（以下简称 POW!)。李担任公司的首席创意官。当然，他创办 POW! 的一部分原因是出于自尊心。“我只是想要证明我可以成功，”李说，“尤其是与我所尊重的和有能力的人一起工作时”。他和他的合作伙伴都否定了 SLM 公司的浮夸做法。相反，他们只聘请了少量员工并保持公司的运营处于掌控之中。但是，大量工作内容仍然与在 SLM 公司时一样。团队主要基于李的想法创作角色。最为重要的是，新公司不会完全将重心放在基于网络的产品和角色上。[3]

李接触的所有东西都会被夸大，他的新公司也是如此。在早期的发布会中，公司宣布与科幻频道达成了一项三部曲电影的合作协议，把李吹嘘为“现代超级英雄的创造者和发明者”，称他通过拥有超能力的角色“改革了整个漫画产业”，但“尽管如此，他依然受到同样的质疑，并经历着普通人面临的困难”。[4] 宣传材料强调了李在创作漫威最受欢迎的英雄时所发挥的作用，并把英雄称为“他最经久不衰的角色”，然后提到了蜘蛛侠、无敌浩克和 X 战警。由于大部分的角色都诞生在 20 世纪 60 年代，POW! 的宣传人员努力让读者融入当时的时代背景，并强调李的中心地位。

随后，POW! 迅速推进了一连串的传媒订单和新项目，这些项目的设计旨在充分利用李作为流行文化元老的地位。然而，持续的润色和缺乏完整的作品让一些观察家并不满意。毫无疑问，当如此多的发展潜力都依赖于李的创造力和监督时，批评家们也对新公司的生存能力提出了疑问。

流行文化风向的转变帮助李重新校准了公司的定位。就像20世纪60年代早期他和漫威的同事们把握文化的时代潮流一样，21世纪的前十年，他又做了一次同样的事。在互联网、有线电视和不断发展的电影相融合的过程中，出现了一些奇怪的现象："极客"文化[①]生根落地——而超级英雄正处在"极客"文化的中心。

不久之后，漫威电影的成功让公司及其角色成了新世纪的时尚，就像在李、科比和迪特科全盛时期那样。为了一睹李的尊容或得到他的亲笔签名，粉丝们会排队数小时，手里的漫画书被塑料膜细致地密封着，并被精心地放在硬纸板包装里。李发现自己被一代电影导演、编剧作家、艺术家和工作室负责人环绕着、支持着，此外还有一代漫画家，他们都在向早期的大师致敬。时间给予了李回报——读着他的作品长大的人和崇拜他的人现在都成了在各个媒体渠道和各家经销商掌握权力和有权威的人。

例如，2002年，炙手可热的独立电影制作人凯文·史密斯（其作品有《疯狂店员》《怒犯天条》）是一名终身漫画迷，他同时也是一家漫画零售店的所有者。这家漫画店发行了《斯坦·李的突变

---

① 极客文化是一种起源于美国的新的反主流文化，以令人惊异的电影、音乐、游戏等引领潮流时尚。——编者注

体》，而《怪兽与漫威》系列描述了二者之间的对话，并额外加入了以李为中心的材料，以突出他的辉煌时期和超级英雄对美国文化产生的影响。李和史密斯是多年的好朋友，尤其是漫威的编剧在1995年史密斯的电影《耍酷一族》中对角色进行延伸之后。对李而言，史密斯的认可不仅为他铺好了发展之路，还证明了李应该如何在流行文化涌现之时走向成功——一代或两代的创造者、艺术家、电影制作人，以及其他惊讶地注视着纽约和“微笑的斯坦”成长起来的人。

同年，李出版了粉丝们期待已久的自传，他将自传取名为《精益求精！斯坦·李的超凡人生》（与乔治·梅尔合著）。这本书把李展现为一名通过自己的聪明、辛勤工作和机智实现了“美国梦”的英雄人物。对李的狂热爱好者而言，这本书是了解李职业生涯的一份珍贵资料，其中提供了他们的偶像未曾提及的很多细节。

李在美国的西海岸利用自己不断扩大的名气发展事业，让自己远离漫威的漫画业务。就像在SLM公司时一样，他主攻多媒体项目。李永远不会让自己远离超级英雄，他为这些英雄的诞生做出了贡献。他几乎没有时间去看漫威的新漫画作品，但他仍旧是“超级英雄之父”。流行文化元老的公众形象帮助他在早期的SLM规划了一幅新的蓝图。

同时，李和POW!将工作重点集中在新技术和创新上。2003年年底，李担任美国动视的顾问，这家公司是当时顶级的电视游戏制造商之一。李的工作包括开发未来的超级英雄电视游戏——这些工作似乎是最适合他的。漫威和美国动视同意签署一份新的许可协议，协议内容包括对蜘蛛侠、钢铁侠、X 战警和神奇四侠的授权。协议生效后，李为游戏的设计、故事方面的创意和角色开发贡献了很多力量。

这些顾问类的工作提升了李作为一名创造者和创意者的能力，尽管他会让其他人去描绘细节，并具体执行他所勾画的宏伟蓝图。在与美国动视签署电视游戏合同的 6 个月里，李又和一家总部在英国的多媒体公司——皮克娱乐控股有限公司，签署了一份协议。皮克为李和 POW! 提供了制作和发行渠道，而李则帮助皮克将其动画角色融入实景工具和电影中。

李签署了大量协议，建立了多种合作关系。然而，20 世纪 70 年代以来就一直存在的挑战依旧困扰着他——如何从容不迫地创作内容，并把它们制作出来。有时候，POW! 会过度扩张，而其他的协议也还没有落实，这也是在娱乐界经常发生的情况。

李在 21 世纪的前十年面对的挑战是签署了大量协议，这激发了媒体的兴趣。新闻头条的内容跨度很大，但其中很少有实质性的内容出现。和李签署协议的一部分商界领袖看起来非常可疑，他们事实上支持这样的结论——李会为了快速赚钱而出售自己的名号和过去取得的成功。

在李的工作中，让观众失望和让批评家们不满的一个方面是他常常参与很多观察者们认为肮脏或配不上其社会地位的项目。例如，2003 年，他发布了一个成人主题的动画序列《双面艳舞女郎》，里面有《花花公子》的美女照片、《海滩游侠》的演员和“狗仔队”旅客帕米拉·安德森。在影片里，安德森发生了性关系，还有一些其他的装模作样的表演，这些成人内容看起来非常低俗。影片透露的唯利是图的气氛让人们觉得李选择这些主题仅仅是为了赚钱。

李是在安德森拍摄电视剧《重要人物》的片场亲自向她推荐的这个节目，在这部电视剧中，她扮演了一个笨手笨脚的名人保镖。他们二人并不只是因为一时的兴趣一起合作的，他们还共用一个经纪人。安德森一开始觉得李有“怪癖”且“非常奇怪”，但随后她越来越喜欢他关于动画系列的创意——李把一个脱衣女郎变成了一名打击犯罪的人。[5] 部分史派克电视台动画程序模块展示了电视台的品牌口号是“男人的第一社交网络”，而《双面艳舞女郎》恰好符合这个成人主题——电影有足够多发人深省的语言和性色彩。而安德森所扮演的角色埃里卡·琼斯，即 0069 号特工，穿着具有暗示性的服装——露出乳沟，穿着暴露的紧身底裤。

李并不是《双面艳舞女郎》的编剧，他只是这部电影的联合制作人、艺术总监和编审。他并没有回避这部卡通猥亵的部分。他说：“我并不认为它是一个肮脏的节目。它只是有些香艳。当你用雅致的方式去品味时，它可能有些低级趣味。”李甚至把它比作一部“深夜版的辛普森一家”。[6] 尽管这部成人卡通片只播出了一季（共 13 集），但它仍然受到全球电视台的追捧，并且电视台常常播出未剪辑的版本（史派克电视台对其中赤裸上身的场景做了模糊化处理），这些地区包括澳大利亚、英国、德国、巴西和意大利。人们想知道，愚蠢的笨手笨脚的恶棍，如柯林科，是如何用一台复印机让消费者洗脑，并让他们变成罪犯的；或者邪恶皇后的下半身会如何向外国观众播放。

《双面艳舞女郎》系列的成功促进了更多与音乐电视网及其旗下网络的合作，如史派克电视台。李还担任了音乐电视网的动画版《蜘蛛侠》节目的执行制作人。这个平台需要吸引年轻人的内容，而李具有这样的背景。

2004年年末，李开始和《花花公子》的创始人休·海夫纳合作一部动画片《海夫的超级兔女郎》。和《霹雳娇娃》一样，美国广播公司的这个热门节目开启了法拉·福赛特的职业生涯，剧中的海夫为了争取民主，要派玩伴女郎队去拯救世界。李用他独特的夸张风格称赞了海夫纳和他的项目："我作为一名购买和珍藏了1953年第一期《花花公子》杂志的粉丝，和这样一位塑造了我们所在时代文化的人合作真的是太刺激了。"[7]

这位漫画创作人似乎一直非常喜欢海夫纳。两人有很多的共同点，他们都出生在同一个时代的美国大都市（海夫纳于1926年4月9日出生于芝加哥）。他们都没有参与第二次世界大战的战斗，都从全球冲突中脱颖而出，都充满活力与乐观精神。海夫纳的发展路线比李更加传统，他在高中时代就活跃于政治领域和新闻业，他创办了校刊并创作了一本漫画书。

在为《时尚先生》杂志短暂工作了一段时间后，海夫纳从十多个投资人那里筹资，用8 000美元创办了《花花公子》。最初，他甚至想把杂志取名为《雄鹿会》，但因为古德曼已经注册了《雄鹿》而被搁浅。1953 年 12 月，当李正在编辑和创作浪漫、西式而可爱的动物漫画时，海夫纳已经发行了第一期《花花公子》，杂志的插页是玛丽莲·梦露的彩色图像。杂志很快火了起来，支持者们认为它是对压抑的"战后时代"的一次新鲜的冲击。海夫纳将杂志的焦点集中在温文尔雅的、见多识广的、有智慧的读者身上，展示出一种顽皮的、令人梦寐以求的生活方式。1959 年年末，《花花公子》就已经超越了《时尚先生》，每月能售出 100 万份。

如果当时李把全部努力都用在古德曼的男性杂志上，而不是在漫画业埋头苦干，他或许能够感受到什么样的生活才是自己想要的。他非常仰慕海夫纳的能力，后者在被别人轻视的出版业里赢得了信誉。《花花公子》的批评者却始终抱怨这份杂志，并给它贴上了色情文学的标签。20 世纪 60 年代，漫威在发布标志性超级英雄时，李也遭到了很多保守批评家的批评，如沃瑟姆和宗教团体。那些年间，李和海夫纳之间的友谊有所增进，并考虑一起合作一些项目。但是，虽然他们分别在各自的领域改变了流行文化，二人却从未合作过。

几十年后，李对这位《花花公子》大亨的称赞已经变得过于狂热，他称海夫纳为"我们这个社会最伟大的传播者"，并且承认"我想不到其他任何我愿意合作的人"。而伴随着这段声明发布的又是海夫纳对李的赞美，他称李是"现代漫画超级英雄教父"，海夫纳说他自己对漫画有一辈子的热情，他已经迫不及待与"创作天才”李一起合作了。[8] 尽管音乐电视网称将安排试点方案，但项目却始终没有被公布。

在 SLM 的风波之后，或许是出于想要向粉丝、批评者们甚至漫威本身证明自己是一名活跃的创作者，李参与了这些项目。尽管用始终面带微笑的“嘉年华”方式隐藏自己真实的感受，李仍然想要证明些什么，并且希望自己最后能够创作出自己的一系列作品。因此，当一些新的企业霸主想要利用他的创意和辛勤工作获取巨额利润时，他并没有在意。

李非常享受签下一个又一个合约，也非常享受随之而来的媒体炒作让他成为被关注的焦点。和在漫威工作时不同，他不再拥有一个团队——一个由创作者、艺术家和其他有远见的人组成的团队，而这些人曾经可以帮助他把自己的想法转变为完整的项目和产品。

斯坦 · 李在创作新角色、新公司和故事情节的努力都发生在他离开漫威之后，因为和无数其他的艺术家和作家一样，他对自己创作或联合创作的角色没有所有权或著作权。不论如何，这就是漫画产业在早期几十年的运作方式。李和其他人（如超级英雄的创作者杰里 · 西格尔和乔 · 舒斯特）之间的区别就是他的明星效应。

尽管他是一名自己都坦率承认的“公司人”，李却非常怨恨漫威过多地利用了他的创意，尤其是在电影行业最终了解了他在好莱坞所宣传的内容之后的几十年里。

2002 年 10 月末，流行新闻节目《60 分钟 II》播出了一个环节，对漫画书和超级英雄广受欢迎的现状进行了报道。其中大部分内容展示了李和漫威在合同内容上产生的小冲突，以及李应当获得怎样的报酬。这个节目将漫威描绘成一家贪婪的、从作者和艺术家身上榨取了大量钱财的公司。李的合同看起来很直接，但在双方签署这份合同时，没有人能预料到未来会有如此多大获成功的电影——《X 战警》（2000）在全球获得了 3 亿美元的票房，而《蜘蛛侠》（2002）更是风靡全球，获得了 8.21 亿美元的票房。《60 分钟 II》的记者鲍勃·西蒙在哥伦比亚广播公司的一些节目中使用了略带辛辣的语言，他直接询问李是否觉得自己被漫威“拧得太紧”了。尽管如此，李收起了平日夸张的言辞，并对不得不起诉自己的雇主这件事表现出自责，他说道：“我试着不去想它。”[9] 最终，漫威的大部分影迷在这场纷争中站到了李这边。

这个环节播出仅仅几天之后，李就起诉漫威没有遵守 1998 年合约的条款，这项条款承诺支付给他漫威公司电影和电视产品所获得利润的 10%。尽管李作为公司的名誉主席，每年有 100 万美元的薪水，但他的律师认为，公司应该遵守这项条款。漫威和它最著名的雇员之间的大战惊动了观察家们，这则消息登上了全球各地的头条。一名记者在总结公众对这场争论的普遍感受时说道：“你不能谴责一个代言人坚定不移地捍卫自己的权利的行为。”[10]

这份合约的公共性质及其条款（包括每周只工作 15 个小时就向他支付的高薪，承诺其出行享受头等舱服务，以及承诺向琼安和 J. C. 支付高额分红）让漫画行业的很多业内人士又一次深挖这场争论，他们讨论漫威（由李延伸而来）是如何对待漫画行业的艺术家和联合创作人的——最著名的就是杰克·科比的例子。[11] 重复这种概念，以及李尝试利用电影获得成功的想法，让一些人开始反对李。在批评家们看来，李变得富有了，而科比和其他人却没有。不管李的合约是如何签署的，他们都认为其中存在不公平，并且他们不会改变自己的意见。

2005 年年初，法官判决李胜诉，他再次登上了《60 分钟》。李说道："这是非常情绪化的事情……我想真正发生的事情就是我真的非常受伤。公司和我——我们一直以来关系都那么好。我觉得自己就是公司的一部分。"[12] 尽管这场诉讼如此高调并引起了公众的关注，漫威还是希望通过季度收入报告发布会来掩盖它和李之间的和解协议。

2005 年 4 月，漫威宣布与李达成了和解，并指出和解花费了公司 1 000 万美元。当然，李想要起诉自己工作了一辈子并在全球穿梭为其推广的公司的想法，为记者们提供了他们所需要的吸引眼球的标题。同时，尽管和解协议的金额看起来很大，它却只是第一部《蜘蛛侠》电影收入中微薄的一部分。此外，这部电影还为漫威带来了约 1.5 亿美元的商业和许可费收入。

对漫威来说，积极的一面在于，已经启动的和解协议中还规划了公司要制作自己的电影，这是公司政策的一个重大转变。自 20 世纪 60 年代起，漫威及其前身一直都把超级英雄许可给了其他电子及电视制作公司。当时，这种策略让漫威把制作电视节目和电影的相关风险都转移了，但这也让他们无法从创作中获得利润。这一次规划让漫威掌握了控制权，不仅仅是电影本身，还包括未来将带来收入的有线电视和视频产品。

美林证券为漫威追加了 5.25 亿美元的信贷额度以支持项目的启动（将 10 个漫威角色的有限权利作为抵押），而派拉蒙影业则和漫威签署了在 8 年中发行不超过 10 部电影的协议，包括前端市场营销和广告费。[13] 有趣的是，协议的细节却揭示了令人生疑的好莱坞会计规则，电影公司常常利用这些规则来人为地缩减公司的盈利。例如，21 世纪前十年大获成功的漫威电影在 2000 至 2005 年获得了约 20 亿美元的收入，而漫威从中分得的许可费约为 5 000 万美元。尽管李在此之前就和公司签约了，但他没有获得任何版税。[14]

李一直以来都是一个善于自我推销的人，但他在与漫威的法律冲突中意识到，在一个由流行文化及热情、专业的粉丝主导的世界里，他可以把自己作为一个成形于 2004 年的角色来营销。当时，他和自己的私人助理及活动经理马克斯·安德森，以及企业家托尼·卡罗尔一起成立了斯坦·李收藏品公司。大家所熟悉的李的形象变成了一个产品，收藏者们可以购买由李签名并经过商店鉴定的收藏品。对漫威漫画和电影的粉丝来说，李的形象就像蜘蛛侠和钢铁侠一样具有辨识度。通过斯坦·李的收藏品，粉丝们可以得到“伟人”的一部分。

2006年，为了纪念李在漫威供职65周年（工作人员误认为他开始在漫威工作的时间是1941年，而不是1938年或1939年），公司发行了以《斯坦·李与……》命名的一系列漫画，在这些故事中，李被塑造成了和他自己创作的作品相遇并互动的角色。李写下了和具体的超级英雄发生的第一次奇遇，然后其他作者，如乔斯·惠登和杰夫·洛布来执笔其他细节，共同完成书的创作。滑稽的是，李遇到的大部分英雄和坏蛋实际上都不太喜欢他，或者根本不喜欢他。

李所撰写的部分充满了圈内人士的笑话，也充满了李式庸俗的幽默。例如，在《蜘蛛侠》的那一卷，故事从李在厨房里烤点心开始，他戴着神奇四侠的围裙。而在书里最显眼的位置上，读者们可以看到电视荧幕上的图像——由罗·佛里格诺扮演的浩克。随后，蜘蛛侠想要过“正常”的生活，因此他找到李，想要听听他的建议。当这位英雄重新考虑时，李开玩笑地说道：“下一次小蜘蛛要是有问题的话——我希望他去找迪特科。”在他遇到这些超级英雄的地点的问题上，纽约到处都是广告牌，上面的内容都是在取笑漫威以前的艺术家，如基尼·可拉和巴斯马，以及李在1976年为伯舒纳剃须刀拍摄的商业广告，他在这部广告里自称是“伯舒纳男人”。

李的“配角之王”的称号不仅出现在漫威电影中，也被植入到其他媒体中。2002年4月28日，李在《辛普森一家》名为“我是愤怒的（黄色）”一集中客串了动画版的自己。在漫画书的狂热横扫巴特的课堂之后，学生们纷纷开始创作自己的英雄。李大摇大摆地走进漫画商店，熟练地将工作台陈列架上的一本《X战警》放到《超人》的前面。然后，他批评了由巴特·辛普森创作的漫画《危险小子》，但鼓励他要继续尝试。李开玩笑地说道：“如果你失败了，你还能开一家漫画书店。”随后，他从另一位顾客手中拿起一辆蝙蝠车，试着把所有的英雄塞进车里，结果把车弄得支离破碎。当孩子尖叫道他弄坏了东西时，他反驳道：“我是破坏了它，还是让它变得更好了？”随后，他被描绘得有些疯狂，他撕扯着自己的衣服，尝试变身成浩克。

在卷进真人电视节目的狂热之后，李创作并主持了科幻频道的节目《谁想成为超级英雄？》，第一季的节目于2006年7月27日首播，由12位选手创作他们自己的超级英雄人物。如Ty' Veculus（由来自加利福尼亚州贝克斯菲尔德市34岁的E.昆西·斯隆创作），他拥有超强的力量和测谎的能力，因为他只能听见人们说的真话。

和真人秀类似的节目还有《大哥与幸存者》。在这个节目中，选手们要参加一系列证明自己最像英雄的竞赛。在每一集的结尾，李都会点评参与者应对挑战的方式，并淘汰一名最不具备英雄特质的选手。第一季的冠军是噪音（来自新墨西哥州34岁的计算机“奇才”阿卡·马修·阿瑟顿）。他的超能力包括从有限的电视游戏中吸收能量，并能够在以15英尺为半径的范围内干扰电子仪器。

作为冠军，噪音成了李于 2007 年 7 月创作的一部“黑马”漫画中的角色，并在科幻原创频道的电影《变形蛇王》（2007 年 8 月 25 日）中出现。阿瑟顿还在后来的几次漫画展和筹资活动中扮演了该角色。该节目的第二季于 2007 年 7 月 26 日开播，共录制了 8 集。

李的 1998 年的合约赋予了他对自己肖像和标语的专有权，如“精益求精”“斯坦·李出品”。POW! 在 2007 年发行的新超级英雄动画电影中使用了后者。《马赛克》则于 1 月 9 日开播，卡通网随后于 3 月开始在电视上播放这个节目。《马赛克》的主演安娜·帕金（《X 战警》中罗刹女的扮演者）出演麦琪·纳尔逊，她是一名有抱负的女演员，在剧中获得了一系列的超能力，但主要的超能力是易容、超强的力量和隐身。李回归到他基本上在 20 世纪 60 年代漫威的全盛时期所掌握的公式，创作了故事情节，但在设计脚本时又被业内资深人士推翻了。2007 年 3 月 24 日，由威尔莫·瓦德拉马主演的《秃鹰》在卡通网首播，而在首播的前几天还直接发行了 DVD。

SLM 公司衰落以后，很多人都认为李的职业生涯陷入了困境。如果事情真的是那样的话，他可能不会在这个行业待那么久。李实际上是一个自由人，他想要建立新的基础，为自己提供构建超级英雄系列的创作自由，而这些超级英雄都为他所有。

与 SLM 公司相关的一些污点和余热，以及对此的大肆宣传也没有结束。因此，关于 POW! 娱乐公司的项目问题很自然地就集中在什么是真相和什么是营销把戏上。这条分界线正是李和他身边的人所忽略的。也许，李享受追逐新项目带来的兴奋胜过随后执行项目。另一个挥之不去的问题是，流行文化界到底对这位 80 多岁的老人有何期许——即使李是一位精力充沛的人。如果没有产品线上大量作家、艺术家、设计师和网络资源工作者，POW! 娱乐公司不可能完成它所签署的令人眼花缭乱的合同，不可能完成协商的咨询工作，也不可能完成画板上那些半成品状态的项目。

不出所料，一些粉丝对李在 POW! 娱乐公司的工作表示失望，他们认为公司没有创作出任何值得纪念的角色，更不用说像蜘蛛侠、X 战警这样引起轰动的人物了。换句话说，李并没有实现重大的创新，但只有这样的创新才能在新世纪的头几年重新定义他的职业生涯。尽管如此，考虑到他漫长的职业生涯，用这样的方式声讨李是虚伪的。相比之下，很少有成功的作家、演员或艺术家在他们 80 多岁的时候还能创造出一些重要的作品。这个年龄还健在的人，大都退休或是放弃了。

2007 年年末，李已经 85 岁了，他本可以停止工作，去享受作为创意偶像的余生，这是在互联网时代崩溃之后的一条轻松的路径，因为很少有人会因此责怪他。尽管如此，李还是满怀热情地为

POW! 娱乐公司的新项目工作着，他同时也还在履行与漫威之间签署的协议——他需要参观漫画展、在电影和电视节目中出镜，以及创作大量项目。李的长寿也是他传奇人生的组成部分。他在早年和21 世纪前十年的中期所表现出的韧劲反映了他的人格深度。

第十六章　不同凡响的生命

一位名人欢乐地走过红毯，将观众的注意力引到一位魅力十足的旁观者身上——他走向了一位身材短小精悍的老人，这位老人被3位金发碧眼的美女包围着、拥抱着。他拍了拍这位老人的肩膀，说："海夫，你看起来棒极了！"这个人转过身来，他并不是《花花公子》的创始人和完美的"无赖"休·海夫纳，而是斯坦·李在模仿他的好朋友海夫。还有李的另一个配角——由小罗伯特·唐尼出演《钢铁侠》中的托尼·斯塔克。《钢铁侠》（2008）这部电影最终在全球收获了5.85亿美元的票房。

李在漫威电影中标志性地现身将他的名声和认可度提升至新的高度。影迷期望和期待的这些角色，既是对漫威历史的认可，也是对李在创造漫威宇宙过程中发挥的作用的认可。突然间，对李知之甚少或一无所知的影迷，以及不知道李长什么样子的影迷，就把电影中的这个形象与他的鼎鼎大名联系了起来（在有史以来票房最高的一些电影中也有他的身影）。他的出现是漫威迷的必需品，很多漫威迷对看到李出现的期待甚至超过了对电影本身的兴趣。

在电影中出演配角不仅迅速提升了李在影迷心中的酷炫地位，也让他超越了其他名人，这些都证明他已经变得有多么受欢迎。例如，《钢铁侠》的大部分演员都出席了2007年圣迭戈的漫画展，以宣传电影并为其树立口碑。当导演乔恩·费儒宣布有一位特邀嘉宾时，小罗伯特·唐尼看看左边，然后举起手臂摆出了胜利的姿势，他邪魅的脸上露出了标志性的笑容。这个意外的到访者就是李，该电影所有的主演明星、联袂主演格温妮丝·帕特洛，以及出席活动的其他演员和剧组成员都立刻上前来拥抱他。观众的掌声如雷鸣般响彻大厅。几位享誉全球的知名人士也以同样的热情回应他。

尽管粉丝们永远无法靠近小罗伯特·唐尼或帕特洛，但李之所以受欢迎的一部分原因就在于人们可以靠近他。他们可以在荧幕上看到他比生命更伟大的形象，也可以在当地的漫画展或漫画书封面上看到他。李的亲切让他和其他偶像艺术家截然不同（比如鲍勃·迪伦或布鲁斯·斯普林斯汀），这些艺术家拥有无数粉丝，但实际上这些艺术家与粉丝是相远离的。

李会和粉丝们握手致意，并常常和新生代的狂热粉丝见面，他们只是想要和大师一起留下一个美好的瞬间，即便他们需要克服紧张来提问或是颤抖地说一声“谢谢”。到李这样的年纪还能吸引如此多观众的偶像人物并不多，甚至比他年轻几十岁的明星也做不到。年过九旬的老人能有几人有 242 万的推特关注量呢？

作为漫威宇宙中的元老人物，李的一些较为正式的像名誉主席这样的角色，以及他一直想要创作新人物和新故事的愿望，在21世纪的前十年赋予了他独一无二的地位。他是漫画界行走的、爱说话的、爱开玩笑的、插科打诨的爱自嘲的“文物”。

2008年11月17日，李在白宫的仪式上被当时的美国总统乔治·W. 布什授予了“美国国家艺术奖章”和“美国国家人文奖章”。这是美国政府在人文领域颁发的最高荣誉。虽然李是一个爱开玩笑的人，但他当时仍在耐心排队等待着。就在颁布学院奖之后——获奖女演员是电影《飘》的主演奥利维亚·德·哈维兰德，在把奖章戴在女演员的脖子上后，总统弯腰并亲吻了这位主演的脸颊。接下来，李走上前去，伸出了他的手，总统双手迎上。当他微笑地看着总统时，突然冒出一句：“你不会亲吻我吧，你会吗？”布什笑了。第二天，全球的媒体网站都报道了李和总统一起捧腹大笑的场景，这些照片及时地抓住了那个瞬间。[1]

虽然像这样回顾他的职业生涯的场合变得越来越多，但与此同时，李也专注于新项目，他仅仅会在他身体不允许的时候才放慢脚步。当来到POW! 娱乐公司工作时，他已经不再属于漫威。然而，他最显眼的存在就是在大荧幕上的漫威电影里扮演的配角，以及在每个人都想要重忆过去的漫画展上。

李的脸上始终保持着微笑，但要让他想到20世纪60年代中晚期不平凡的岁月而内心没有丝毫波澜却是有挑战性的，那时候他和他的艺术家伙伴们创造了这个世界深深喜爱的角色。例如，在2009年与迪士尼一起召开的媒体发布会上，一名记者问李，如果将版权归还给乔·舒斯特和杰里·西格尔的话，他是否还会尝试为漫威宇宙争取超人。李回答说他喜欢这个想法，但解释道："我是在漫威，但的确不属于漫威的决策团队……我想我的头衔是名誉主席，但它并不意味着什么……为了证明他们没有忘记我，我得到了出演电影里的配角的机会，这些都很好。"[2]

在过去的十年里，李仍然继续工作，他成了人们致敬终身努力的主题。2007年和2008年年末，两次漫画产业的行业出版物都集中在李职业生涯的全部话题上。这些出版物由李以前的徒弟罗伊·托马斯主编，《改变自我》的第74期在2007年12月发行，而丹妮·芬格罗斯的《现在写下来！》第18期也在2008年夏发行。这些出版物取材于关于李的采访，以及在历史学家、漫画爱好者及与他合作的艺术家和作家眼中的李在漫画历史上的地位。在每一种情形中，杂志都尝试为新生代的读者提供一些关于李的杰出地位的细节背景，并对那些"骨灰级爱好者"可能提出的问题进行了分类。

2008年，李出版了《选举诱惑》。在"斯坦·李出品"的标语下，这本书嘲笑了政治领导人，把时间拉回到20世纪四五十年代。那时候，他自己出版了载有名人们滑稽照片的书，而其他的书则写着有趣的标题，并用一种半开玩笑的口吻来看待高尔夫球运动及其怪异的规矩。例如，书的封面就在挖苦乔治·W.布什读错了"原子能的"（nuclear）这个词的发音，讽刺希拉里·克林顿对可能面临的实习生挑战的暗示。出版业半开玩笑的本质是试图从李的讽刺作品中获利，但这种尝试缺乏时代的诱饵——当时的政治评论员们主要依靠反复的“修辞战争”赚取工资。

李继续探索着漫威宇宙系列中的超级英雄，寻找一个能让他在漫威的工作具有竞争力的系列。2009 年，POW! 娱乐公司与沃尔特·迪士尼工作室的家庭娱乐部门合作制作了《时光穿梭者》，这是一部专门在网页和手机上发布的动漫系列。利用“狂欢节宣传者”和漫画时代著名发言人的身份，李创作出了该漫画的角色和系列，同时也为他自己设计了一个“精益求精李”的角色——一个名为“H.U.N.T.”的犯罪预防组织的负责人。

在《时光穿梭机》的项目中，李担任制作人——一个以他的能力可以胜任的角色，这意味着一个创作团队将编剧和故事脚本集合在了一起，然后由李在必要时发表意见。他告诉一名记者，录制时，他并没有和其他配音演员一起工作，但录制自己这一部分时，他却一次又一次地出现在现场。该节目的主演娜塔莎·亨斯屈奇开玩笑说李在剧中和她调情，并聊到了他们在现场的趣事。[3]

随着李出演的电影配角越来越多，他也出现在其他节目中，包括深夜脱口秀和广受欢迎的情景喜剧。比如，2010 年 3 月，李在《生活大爆炸》中出演了“精益求精获得者”，在这个标榜越来越受欢迎的“极客”文化的电视剧中扮演自己。该电视剧有 1 600 万名观众收看，剧情主要是主角想要在漫画书店得到一份李的亲笔签名。后来，随着定义这个节目的“晦涩时尚”慢慢展开，理论物理学家“谢耳朵”到李的家中进行了访问（斯坦开门时穿着一件深蓝色的印有神奇四侠的长袍）。而当他闯入李家中时，他被逮捕了，还被签署了禁令。该集剧情结束以后，这位标新立异的科学家愉快地宣称，他将把这张禁令悬挂在另一张禁令的旁边——出演《星际迷航》的伦纳德·尼莫伊向他发出的禁令。

2012 年 4 月，李开通了一个优兔（YouTube）频道，播出《斯坦·李的英雄世界》和一个名叫《爱好者战争》的节目。这个频道致力于宣传“英雄的生活方式和热血文化”，以剧本表演、即兴表演、漫画书展和新闻报道为宣传方式。谷歌在最开始为这个频道提供了资助，将其作为谷歌频道计划的一部分，该计划旨在为其广阔的视频服务创造优质内容。其他名人和娱乐界人士也获得过他们的“种子基金”，如麦当娜和前篮球运动员沙奎尔·奥尼尔。李的 POW! 娱乐公司和 Vuguru 公司建立了合作关系来共同开发这个节目。Vuguru 是一家由迪士尼原首席执行官迈克尔·艾斯纳投资的多媒体制作公司。

《斯坦·李的英雄世界》受欢迎的特点之一在于节目最终变成了“斯坦的咆哮”，它把李在巅峰时期的漫威漫画中使用的街头演说内容变成一个“真人秀”版本。例如，在一场演讲中，节目组让李痛骂那些声称是他“头号粉丝”的人。而在另一次节目中，他又恳求人们用他最喜欢的方式——用“comicbook”来表示漫画书（comic book）这个词。李用半开玩笑的李式语言在杂志上发表责备的话，大声道出一个电视游戏版的李：“任何人都可以成为斯坦·李！如果一个人不值钱怎么办？我是一个非常特别的人！我永远不会让自己处于此种境地，因为谁也不配成为我！”[4]

这个节目启动得非常快，并赢得了观众的喜爱（到 2016 年年末，它拥有约 50 万名订阅用户和近 1.63 亿的浏览量），而李的优兔网页却像死了一样。优兔上活跃着无数新内容，持续不断地为观众提供新鲜素材以满足他们的需求。尽管李的网页看起来很有前景，但它跟不上残酷的互联网更新速度。和 POW! 娱乐公司的其他计划一样，优兔频道发布的时候非常火爆，但随着李的注意力转移到了其他想法上，这个项目就萎缩了——在他有时间的时候全速前进，但很快就半途而废。他演的是一场独角戏，而要把驾驭的缰绳交给下位继任者就会导致项目难以为继。

早期，优兔的内容为粉丝们提供了一个关注李的方法，但另一个节目却能让李成为他们的英雄。2012 年，动视把漫画的创作者变成了《惊奇蜘蛛侠》电视游戏中的动画超级英雄，在电影首映时同步发行。选择李的角色的玩家们可以在纽约大街的高空荡秋千、发射蜘蛛网并打击坏蛋，就像李创作的偶像人物一样。而在声音方面，李通过宣布自己是“配角之王”开始在游戏中的冒险，他大声叫道：“抓住那个希区柯克！”[5]

2013 年年末，李又一次出现在他协助创作的《乐高漫威超级英雄》的角色中。作为漫威著名角色和电影系列的乐高版——包括《蝙蝠侠》和《星球大战》，这个角色扮演游戏受到了极大的欢迎。在漫威的版本中，玩家们可以选择 180 个人物中的任意一个，包括李，并在一个有乐高效果的纽约城里运行。李是一个叫作“险境中的斯坦 · 李”任务的一部分，这个任务需要玩家去拯救处于危险之中的李。

在漫威的游戏中，李也是一个拥有多种超能力的具有可玩性的角色，他可以像霹雳火和独眼巨人那样发出光束，也可以变成一个李版的浩克。这个游戏还把一些名人在漫威电影里的扮演者变成游戏角色，如把小罗伯特·唐尼变成了托尼·斯塔克，把L.杰克逊变成了尼克·福瑞。

2014年1月，李回到了斯普林菲尔德，这里也是《辛普森一家》第25季“嫁给变体怪物”一集中虚构的故乡。就像在2002年出现时一样，李再一次和漫画书商进行了合作。在这一集的开头，他催促店主和日本的漫画作家久美子约会，这位作家游历了美国最悲惨的城市。最后，他在一家虚构的漫画书店里为两人主持了婚礼。

2016年年初，乐高从复仇者联盟的成功中大赚了一笔，发布了《乐高漫威复仇者》。李又一次回归电视游戏，成为其中的角色并为其配音。在这个版本中，李可以变成“钢铁斯坦”（穿着钢铁侠一般的盔甲），但他也会幽默地点着头，而面具上还带着内置的胡子。

尽管在这些项目里出现不过是噱头，但年轻的电视游戏爱好者们却可能是通过这种方式第一次和李互动，而这样反过来让他们对李和角色有了更多的了解。就像一批新的粉丝通过《吉他英雄》这款游戏第一次接触经典摇滚歌手史密斯飞船乐队一样，年轻的游戏玩家们也会通过蜘蛛侠的动作游戏包来了解李。他们能以李的身份穿越纽约城的高楼大厦，对抗邪恶势力，在屋顶上飞来飞去。人们以李的身份参与蜘蛛侠电视游戏的视频并上传到优兔，收获了300万的浏览量。

粉丝们在电视游戏里扮演李的同时，也可以拥有不同版本的李。从5英寸高的迷你半身小雕像到2015年推出的零售价为250美元的真人玩偶。这些玩偶限量销售1 000个，它们带有非常有趣的、可替换的部分，如不同类型的李的眼镜，以及授权人们使用的他在20世纪70年代的不同版本的头像。

2016年1月，《斯坦·李的幸运儿》在英国的天空电视1台播出，这部电视剧讲述的是一名警察和一个可以控制运气的杀人犯一起工作的故事（几十年来，李都告诉记者这是他自己希望拥有的一种超能力）。电视剧每一集的播出都吸引了约190万名观众，这个系列也成为天空电视1台最成功的原创电视剧，并且于2017年录制了第二季。

2016年7月，李发布了一个新的漫画系列*Nitron*，它讲述的是拥有超高智慧的外星物种“Nitronians”秘密地生活在人类现代社会中的故事。为了把漫画系列转换为电影、电视剧和电子书，李与科亚·摩根及迈克尔·本纳罗亚进行了合作。迈克尔·本纳罗亚的本纳罗亚出版公司对此投入了5 000万美元的资金进行产品开发。他们3人开始规划漫画的创作及后续担任电影制作人的项目。同时，本纳罗亚出版公司也愿意发行漫画书。“斯坦是有史以来最伟大的一位故事家，”摩根说道，“他的电影所创造出的数十亿的票房就是对他的才华最好的证明。”[6]

2016 年年中,《好莱坞报道》刊出了《斯坦·李的宇宙十字军》,这也是其旗下品牌播出的第一部作品。法比安·尼切扎和李联合创作了超级英雄死侍，尼切扎负责这部动画的线上部分。同时，杂志社和天才品牌国际公司共同制作，和李的 POW! 娱乐公司一起构思了这个系列。随后，作为主演的李担任了编剧和配音。

在《斯坦·李的宇宙十字军》中，李带领 7 名坠落到地球的外星人组成了一支小队。来到地球之后，他们失去了自己的超能力，但在李的指导下，他们找到了如何利用地球上现有的超能力的方法。杂志上发行了“斯坦·李：在商界的 75 年”的动漫大会特刊，刚好和李与《好莱坞报道》的合作关系一致。对李而言，这个系列提供了另外一个在漫威之外拓展品牌的机会。参加动漫大会包括第一期的内容以虚拟现实的形式的真实展示，在展览会上让参观者用智能手机观看。《好莱坞报道》也在其平台上为这个系列做市场营销，包括优兔频道、脸书（Facebook）和推特（Twitter）等，各个社交媒体平台的观众加起来每月可达 1 500 万人。[7]

2016 年接近尾声时，李准备庆祝自己的 94 岁生日，他的生日就在圣诞节前的几天。但是，李却几乎没有休息，他发布了两个能够代表自己在现代流行文化地位的项目。第一个项目取材于美国当前令人糟糕的种族关系现状。李希望找到“尊重之手”的一种可供选择的路径——“尊重之手”是李和其美术家女儿 J. C. 一起创办的一个消除黑种人和白种人之间分歧的运动。在她的建议和帮助下，李创造了一枚胸针，其形状是黑种人和白种人互相握着的手，上面写着“尊重”。李告诉一位记者：“作为一个信奉人性善良的人，我希望这枚胸针能够提醒人们，美国是由不同的种族组成的……我们都是地球这艘宇宙飞船上的乘客，我们应当彼此尊重、互相帮助。”[8] 李在描述“尊重之手”时的情感也是对他在电影中所梳理的价值典范的回忆，在漫威漫画的具有英雄主义的非裔美国人和女性角色中，以及从他在“X 战警”和其他系列中所推崇的多样性中，都可以看到这一点。他关于人性善良的言语反映了他内心最深处的信仰。

这一年行将结束的时候，POW! 娱乐公司宣布了一项和“盒子大道”的合作协议，双方将共同制作“斯坦 · 李盒子”。这是一项订阅服务，它将每隔 8 周提供一份由李“亲自策划的”纪念品，以漫威、DC 及其他出版商的各种漫画书的专供为特色，也包括其他一些以漫威人物或图像为主题的物品。每一份的订阅价格不超过 50 美元，但李承诺粉丝们在每一个盒子里收到的产品的零售价值都不低于 125 美元。这项订阅服务是在另一个产品“限量版斯坦 · 李盒子”之后开始提供的，前者的合作伙伴是书呆子盒子公司。一个价位为 49.99 美元的盒子包含了“亲手策划的专属权利”，包括一件“官方授权”的“李 T 恤衫”和其他纪念品（价值超过 150 美元）。李发布了一条简短的公告，说这个盒子里装满了好东西，在这条信息发布的短短 1 个小时内就有超过 27 000 人浏览了李的信息。

宏伟的展览大厅的角落里活跃着 5 个死侍，他们模仿着这个角色的奇怪的武术和暴力动作。两名少女排成一排，她们穿着印有美国队长护盾的 T 恤衫，小心翼翼地捧着手里的漫画书。大量背着双肩包、带着矿泉水和拿着手机自拍的人耐心地上下电梯，或是在电影院的小卖部买一杯汽水。桌子的背后，有一名焦急的穿着带标志的 T 恤衫的年轻男子，在那里兜售人物公仔、海报、泛黄的漫画书和其他一些商品。人们到处闲逛，有的人排着长队与扮演蓝道·卡利森（比利·迪·威廉斯）或创作了他们最喜爱的超级英雄的美术家见面。在这 3 天里，有数以万计最亲密的朋友——欢迎大家来到漫画展览的世界。

整个 2016 年，93 岁的李毋庸置疑地不能更火了，和美国其他要最后一次站在体育馆比赛现场或竞技场的一代专业运动员一样，他开始了一次长期的一系列“最后一次露面”的巡演活动。很多城市都向他致敬，包括洛杉矶和堪萨斯，他们把活动日称为“斯坦·李日”，而对李的关注又吸引了越来越多的粉丝来到展览中心。漫威电影所取得的巨大成功，“极客”文化被更广泛地接受，以及李作为行业元老的地位不仅点燃了巡演，还让数以万计的粉丝愿意做任何事情——包括付出任意数量的金钱，仅仅为了见到李并得到他的亲笔签名。李说：“在这些漫画展览上，有一种任何事物都无法匹敌的激动。这些人是如此热爱漫画带来的流行文化。”[9]

2016年年末，李突然来到一些规模相对较小的漫画书展，如辛辛那提动漫节。但随后他又在10月初出现在了纽约漫画展，这次展览吸引了来自全球超过180 000名参观者。在纽约，这个他出生并长期定居的地方，李在接受《纽约每日新闻》访问时说：

> 这是世界上最难以置信的事情，因为无论我走到哪里，人们都希望得到我的亲笔签名，他们对我说“感谢你带给我们欢乐”……我一定是这个世界上最幸运的人……知道有人需要我，知道人们真的喜欢我所做的工作的感觉非常棒。[10]

2016年10月，李暂停了他的全美巡游，参加了自己的展览，并将展览重新命名为“斯坦·李洛杉矶漫画展”，而这个展览自2012年以来一直被命名为“斯坦·李动漫展”。[11] 在3天里，庆祝“极客”文化让人们把星期五称为洛杉矶的“斯坦·李日”。这项活动吸引了91 000名粉丝参与，创造了新的入场纪录。2016年年末，李在海外举办了展览。他参加了东京漫画展，在那里，粉丝们用闪光的灯具组成标语“斯坦·李竞选总统”，放在他微笑着的动画形象下面。他还宣布要在2017年5月参加“ConQue”，即一场在克雷塔罗举办的墨西哥漫画展。

自 20 世纪 70 年代离开纽约来到加利福尼亚以后，斯坦·李就一直不知疲倦地为宣传漫威，宣传他所喜爱的、由他创作和联合创作的超级英雄和反派角色。这些努力所带来的成就也随着漫威超级英雄主宰的电影和电视走向了顶峰。更重要的是，超级英雄的故事主宰了故事的制作，因而彻底改变了当代世界的娱乐业。而李一直站在改变的中心。

偶像们年老之后遇到的挑战在于自己不想辜负过去所取得的成就。这是一项难以完成的任务，无论是鲍勃·迪伦、罗伯特·德尼罗，还是滚石乐队。近年来，对李而言，成为“配角之王”、成为漫威电影中被粉丝所喜爱的抢镜配角非常容易。但是，他在娱乐业的其他公共活动中却强调与他人的合作和协调，不同于音乐制作和写书这样的个人艺术活动。

电影、电视、网络和电视游戏行业是独一无二的，从创意到完整的项目，需要面临大量的挑战。李说：“这样的情况会永远继续下去。我已经习惯了出版漫画书，我每个月都会出一本新的漫画书！我发现电影行业却不太一样。它运作得没有这么快。”[12] 事实上，在任何一个时间点，娱乐业中都有成千上万的电影项目在进行着，但只有极少的作品走上了大荧幕、剧院或其他发行渠道。李在 POW! 娱乐公司的工作似乎像涓涓细流一般缓慢进行着，这种速度受限于整个娱乐业运行的背景状况，并且是在和 20 世纪 60 年代漫威的巅峰时期相比较的情况下，那时候他只管理一个规模小得多的项目。尽管如此，这些内容对当代文化依然产生了持续的影响。

结果，诽谤者们就可以针对李在漫威之后的作品，总结出他依仗着过去的成功（或是科比和迪克科的工作），不做任何努力就一帆风顺地度过了相当长的时间。然而，这进一步的观察描绘了一名艺术家更为准确的形象——90 岁高龄的他依然在坚持创作，依然是粉丝心目中的偶像，这带给他美国历史上重要的创作人物之一的美名。

2016 年年末，在辛辛那提漫画展上，数百人排着队想要见到李并获得他的亲笔签名，而大厅的外面是更多排队等待的人。他们缓慢地在被绳子隔开的区域里挪动，试着掩饰自己的激动，并且在一种融洽的氛围中和周围的粉丝聊着天。当他们见到李的重要时刻终于来临时——对某个个体来说是这样的，他们却像发蒙了一般，不知道要对自己的英雄说些什么。有的人还能够做到小声地说一句“谢谢”。

从理论上讲，这个时刻看起来有些虎头蛇尾。然而，和李见上一面就已经让粉丝们心满意足了。在得到签过名的《蜘蛛侠》海报或《奇异博士》漫画书之后，他们咧嘴笑着转身离开，就像是刚刚获得一场伟大的胜利一般。最后，他们离开了排队的人群，在内心开始适应的那一刻起，粉丝们立刻开始搜寻陪伴他们的家人或朋友。他们分享着这份荣耀，并且想要感谢这次活动。在与漫威及其超级英雄接触的经历中，一些人把获得了珍贵的有李亲笔签名的漫画书作为一生的巅峰时刻。

有人可能会误认为李位于圣塔莫尼卡的 POW! 娱乐公司是一家像斯坦·李博物馆的翻版一样的地方。这个明亮的地方应该摆满了架子，陈列着和李有关的小玩意儿——各种玩偶和漫画偶像的人形公仔及他的众多作品。一个老派的美国队长坐在桌子前面，大胆地让参观者们靠近一些。一名浩克玩偶守卫着电脑显示器。墙上挂着一排排李的照片——从《生活大爆炸》的剧组合照，到被克拉克·肯特拉开 T 恤衫，胸口露出红色的超人首字母“S”。另一张照片则是李和琼安在好莱坞红毯的首次公开亮相，还有一张则是李和美国前总统里根握手的照片。一个很大的银影侠沉浸在深蓝色的背景中，他乘着青白相间条纹的冲浪板，这张照片就挂在桌子后面的墙上，好像人物要直接从墙上跳出来一样。

李的长期个人助理兼“斯坦·李收藏品”的联合创始人马克斯·安德森告诉我们这样一个故事：有一天，李和琼安邀请他去家里做客，他们请他帮忙搬走堆积如山的纪念品。自从李几十年前搬到洛杉矶之后，他们就开始收集这些纪念品了。李想要把它们全部扔掉，但安德森意识到过去的每一份经历对于李的重要性，于是他并没有把它们扔掉，相反，他把它们安全地收藏了起来。后来，这些物品让清扫房间的人感到非常意外，它们也成了斯坦·李漫画展上“快闪博物馆”建立的基础。后来，安德森尽可能地将这些物品保存在了一座永久性的博物馆中，把它们献给李和他的遗产。[13]

当徜徉在漫画书和流行文化的历史，并沉浸于一种新的故事敏感性之中时，李对自己的过去有非常敏锐的直觉。然而，他很少用到乡愁。大部分记者和粉丝都问过李一些极为愚蠢的、显而易见的问题。比如，他最喜欢的超级英雄是谁；或者几十年前，当他创作这些人物时的想法是什么。李总是非常有礼貌地面对记者和媒体，他负责任地一遍又一遍地告诉人们超级英雄诞生的故事。新一代的记者、采访者和粉丝们还是想要继续听他讲这些故事。尽管如此，他自己的视野却总是往前看的，朝着下一个创作或创意的方向，并且他仍然会在小小的、随身携带的记事本上写下这些想法。他在整个职业生涯中都是这样做的。

见到李，人们会感受到他的公众形象的成长过程：他最初是一名想要成为演员的少年，后来他偶然遇到了一位名人，让他有机会接触创作。纽约的精神态度见证了他的整个青葱岁月。然而，漫画也让他在一次单独的谈话中半途而废。在这些时刻，李会深思熟虑，还会陷入沉思，他不断地回答着问题，就好像在多年以后，他仍然不相信自己拥有好运气，或者不相信有成千上万的粉丝会排着队见他一样。李有新意而富有欣赏力的观点抵消了他在公共场合夸张的自吹自擂。他 90 多岁时，尽管听力不佳，还在 2012 年做了手术，安装了心脏起搏器来调节心跳。然而，他依然坚持出镜，并且非常享受自己在漫威宇宙中精神领袖的角色。

李用他不完美的英雄故事激励了一代粉丝和艺术家。2016 年，当李被问及对此有何感想时，他却沉默了片刻。“当我想起它时，我感受到的是一种令人难以置信的奇妙感。我没有那么多的时间再去思考它，但是当我想起来的时候……”[14]他的声音慢慢变弱了。创作偶像最重要的地方就在于他们永远没有真正停止过创作。李的世界观并不是基于自己20世纪60年代时的世界观。他相信新的火花和下一部作品，他永远与时俱进。

结 语

美国偶像

在《美国队长3：内战》(2016)的片尾，一名联邦快递的快递员出现在复仇者联盟斯塔克集团的总部，他敲了敲玻璃，问道："你是托尼·斯塔克吗？"

詹姆斯·"罗德上校"·罗兹，同时也是托尼·斯塔克最好的朋友，指着自己的搭档说："是的，他就是托尼·斯塔克……你来对地方了。谢谢！"

扮演这名快递员的正是斯坦·李。这是他在超级英雄联盟电影里出演的第29个配角。导演以这一记幽默的脚注结束了电影，但更为重要的是，它突出了李在漫威世界里的地位。这个快递员的包裹里有美国队长写给钢铁侠的一封信，美国队长希望把复仇者联盟领袖的位置交给钢铁侠，但同时也表明如果世界面临危难，他就会出现。李的镜头也许只是电影里的插曲，但该时刻却是整部电影情节的核心，这些内容揭示出漫威未来的发展方向。正如罗兹所说，李的角色“恰到好处”——他是所有行动的中心。

斯塔克和罗德之间愉快的对话平衡了之前部队英雄和战争机器的对抗场面，在战胜了其背后的黑暗势力后，他们仍在努力前行。抛开尖锐的戏剧冲突，李的语气和声音听起来像是他早在 20 世纪 60 年代就写下了这些对话。罗兹和斯塔克相互幸灾乐祸地傻笑着，开着彼此的玩笑，罗兹笑着说：“请给斯塔克先生单独安排一桌，浴室优先。”这段对话是李在客串角色中设置的一条关于漫威宇宙的线索——他的性格给人们留下了深刻的印象。无疑，李完成了马丁·古德曼早期的指令——打造一群超级英雄。没人意识到这个命令改变了故事的制作和美国的流行文化。

当斯坦利·利伯变成斯坦·李，他便开始把自己真实的身份隐藏在笔名之后，以保护自己远离一些人轻蔑的嘲笑——他们认为李在一个无关紧要的行业里做着毫无意义的工作。李说：“在职业生涯初期，在《神奇四侠》之前，我过得很艰难。我感觉自己永远不会取得什么成绩。即便是在此之后，每当我告诉别人我是以画漫画为生时，我总觉得尴尬。我因此感到十分羞愧。”[1] 他怀着“自己每天做的工作其实一点儿也不重要”的想法度过了几十年。

之后，在极度的痛苦（和琼安的鼓励）下，李重新确立了内心想要创造的内容——只要他肯改变形象并且放手去创作真正喜欢的东西。他把自己的想法告诉了漫画界几位最伟大的艺术家，打算和他们一起把脑子里的概念落实。于是“神奇四侠”诞生了。后来，他又创作了浩克。很快，托尔也从天而降。拥有来自其他世界超能力的无数角色横空出世，高深莫测的邪恶角色也出现在了早期的超级英雄作品中。最重要的是，李创作了一个最不像英雄的英雄：一个有着一大堆问题的“极客”少年在被蜘蛛咬伤之后获得了超能力。这就是超凡蜘蛛侠的诞生。

漫威宇宙并非始于蜘蛛侠，但他却是最吸引粉丝的那个——对李来说，尤其如此。在李看来，蜘蛛侠不仅仅是一个连载漫画英雄。他是一种精神状态，象征着那些萦绕在我们所有人的脑中的神秘的梦境、恐惧和焦虑。每个人在儿时都做过白日梦，我们在梦里比真实的自己更加强壮、敏捷，也更勇敢——甚至胜过我们在现实中想要成为的自己。但是，对蜘蛛侠来说，这样的梦是真实的。[2]

蜘蛛侠通过为读者提供一种看待超级英雄的新鲜方式，点燃了漫画界和故事界的革命。最终，尽管有致命的缺点，超级英雄们看起来却是如此真实。漫威的角色在情感上都有些脆弱。他们不得不去面对人类的情感，并且不仅仅是超人面对超人那样的脆弱——坏人偶然发现的神秘石头。在《惊奇幻想》第15卷李首次出演的最后一个镜头中，李设计了最著名的一条线索，即蜘蛛侠“突然意识到，在这个世界上，拥有超能力就意味着肩负更大的责任！”从那时起，“蜘蛛侠风”开始在整个美国文化中变得流行和持久，而这个人物形象本身让李成了一名偶像编剧。

在很短的时间内，李创作出一张紧密交织的超级英雄网络，并一直坚持用这样的方式来保持角色的特点——这些拥有超能力的人必须真正地生活在现实世界中。当人们回首往事并意识到李影响了更多文化时，他们需要去看看漫画书。李在商业上展现出的天赋开启了一个属于漫威的时代，他令人惊艳的才华着重体现在角色的语言、内心感受及其不得不面对的种种问题上。逻辑似乎总是很简单的：如果超级英雄可以和你一样的话，那你也可以和他们一样。读者们热烈地响应了李的想法。作为作者，李的印记发展成了流行文化的一个侧面。

和漫威才华横溢的艺术家们、动画扫图员、文字雕刻员，以及配色员一起联合创作角色、撰写故事，并没有阻止这种文化发展的过程，也没有终止李的影响力。在漫威，他还担任了其他关键性的角色，他所发挥的作用远远不止于和创作人员一起奋斗。这些工作包括漫画编剧、作品批准，以及管理全职员工和自由作家们，让他们的进度跟得上漫画产业的时间要求。随后，人们发现，他还承担了更多的职责，他成了漫威的代言人。他最初在出版业做宣传，随后又在整个美国（甚至全世界）的高校和公共舞台做巡演。随着超级英雄的故事走向全球，李不厌其烦地对那些想听故事的人讲述有关超级英雄的一切。

很多时候，李都在思考：人们对超级英雄的狂热何时会熄灭呢？何时该转移到其他的题材上呢？他深信爆发—崩溃的循环始终存在。从这个角度来看，这份工作的创作内容被公司的财务状况紧紧束缚着。李说："如果《蜘蛛侠》没有卖出去，我们就会把它忘记。""对我们来说，它们就是一些脚本。我们制作脚本，然后希望能把它们销售出去，如果部分作品比其他的卖得好，它们就会被留存下来。”[3]

娱乐业从来不缺争议和危机。通常，似乎是这些力量——而不是才华或成功——为流行文化提供着能量。几十年来，李受到了来自多方的责难。在批评家的眼中，李所从事的很多活动都是不真实的，他们认为他沽名钓誉，以牺牲他人为代价走到台前，而这些幕后人士才是真正应该站在镁光灯下的人。即便是现在，一些竞争对手也认为，李近期的作品聚焦于赚钱，他并没有创作出具有长期价值的作品。同时，近期新作的主力战队同李曾经与科比及迪特科共同创作的阵营紧密相关，他们才是漫威宇宙的真正缔造者。

作为一家企业，漫威面临着众多挑战，而他们做出的回应通常会回到蜘蛛侠。这个经久不衰的角色的受欢迎程度拯救了他们。李想要推广超级英雄的愿望确保了漫威还能继续安稳地留在美国国民流行文化的关注圈里。反过来，这些努力也确认了李本人在“文化神殿”中的地位。

当人们夸赞李的贡献时——他逐渐把漫画行业变成了一种更加受人尊重的媒介，并且树立起漫威在全球品牌中的显赫地位，他作为一名作家的身份却没有受到充分的肯定。与小说家和电影制作人一直以来从事的工作一样，一切就像是李举起了双手，与美国的时代精神同命运、共呼吸。作为作家的李做了所有偶像创作人该做的事情——他让自己的作品变得至善至美，并由此创造出一种崭新的风格，在漫画界和全球范围内产生了广泛的影响。

当创作出蜘蛛侠时，李已经在漫画业工作了 20 多个春秋。这时，他的创作过程源于对对话的想象。他解释说："不论写哪一类新故事，我通常都会重复引用之前写他们时想到的对话……我充分调动自己的所有情感，利用尽可能抓住的所有老掉牙的情节把它们表演出来。"这样的写作方式和口述的力量是所有伟大的作家都能够理解的："它听起来会非常自然。"[4] 这些创新——将创作聚焦于现实生活中的对话、直接和读者的对话，以及让读者通过对话框融入角色的想法——创造出漫威的风格。这种风格迅速风靡整个漫画界，随后蔓延到电影、电视、文学和其他形式的故事创作中。

一代又一代的艺术家、作家、演员和其他创作人都一直在李所描述并创造出的宇宙中获得激励、感动和鼓舞。尽管没有创作出完美无缺的英雄（有人认为这样的英雄自荷马时期甚至更早的时候就一直存在），李向每一代读者传递出要勇于探索新事物的信念。"书生变英雄"的故事情节就像从宇宙起源之初就一直存在，但李为大家提供了一种全新的观察视角，去感受成为一名英雄到底意味着什么。同时，他通过与数量迅速壮大的漫画读者对话，提出了究竟谁才应该是英雄的论题。他们用 1 角、5 分和 25 分的硬币买下书，如饥似渴地阅读李的超级英雄的故事。广受欢迎的蜘蛛侠就充分诠释了不完美英雄的吸引力。与此同时，该人物上架的时间完美地契合了"婴儿潮"一代的成长，并与约翰 · F. 肯尼迪执政后"卡米洛特时代"的乐观主义，共同缔造出漫画行业的第二个"黄金时代"。

不管那些总是唱反调的人如何抨击，李的身上始终带有一股英雄气。和其他一些位于美国流行文化顶端的人一样，李颠覆了自己所在的行业，由此产生了更为广泛的时代影响力。李是“漫威之父”、代言人和“全能大师”——在60多年的岁月里，他一直是漫画业的一面旗帜。而这个想要书写伟大美国小说的人，已经取得了远超预期的成就。毋庸置疑，李是美国现代史上重要的创新偶像之一。

注释

前言

1. *Stan Lee's Mutants, Monsters, and Marvels*, directed by Scott Zakarin (2002; Burbank, CA: Sony Pictures, 2002), DVD.

2. 同上。

3. 同上。

4. David Anthony Kraft, "The *Foom* Interview: Stan Lee," in *Stan Lee Conversations*, ed. Jeff McLaughlin (Jackson: University Press of Mississippi, 2007), 63.

5. 同上。

6. Stan Lee, *Origins of Marvel Comics*, revised edition (New York: Marvel, 1997), 12.

7. Quoted in Stan Lee and George Mair, *Excelsior! The Amazing Life of Stan Lee* (New York: Simon and Schuster, 2002), 113.

8. Lee, *Origins*, 12.

9. Lee and Mair, *Excelsior*!, 114.

第一章

1. 总金额约为 3 500 美元。

2. Gur Alroey, *Bread to Eat and Clothes to Wear*：*Letters from Jewish Migrants in the Early Twentieth Century* (Detroit：Wayne State University Press, 2011), 10.

3. Dana Mihailescu, "Images of Romania and America in Early Twentieth-Century Romanian-Jewish Immigrant Life Stories in the United States," *East European Jewish Affairs* 42, no. 1 (2012)：28.

4. 同上，第 29 页。

5. 同上，第 32 页。

6. Alroey, *Bread to Eat and Clothes to Wear*, 12.

7. 作为一个大半生都活跃在公众舞台上，并且写了两本不同回忆录的人，李很少提及他的父母、亲戚、种族或宗教。在他的第一本回忆录中，李声称自己的父母都是罗马尼亚移民。而在 2014 年出版的漫画小说回忆录中，李又声称自己的父亲是罗马尼亚移民，母亲则生于纽约。事实上，李在第一本回忆录中提及的母亲的出生地是正确的，就是罗马尼亚，尽管她在祖国的过去对今天的我们来说是个谜。关于李对他自己青年时期的描述，参见：Stan Lee and George Mair, *Excelsior! The Amazing Life of Stan Lee* (New York：Simon and Schuster, 2002), 5; Stan Lee, Peter David, and Colleen Doran, *Amazing Fantastic Incredible*：*A Marvelous Memoir* (New York：Touchstone, 2015), n.p.

8. 在查阅了成千上万份美国人口普查记录之后，李的父母和他的大家族的基本情况浮出水面。虽然这些记录揭示了李很少谈及的一部分生活，但那个时代记录的准确性主要依赖于人口普查员。由于人口普查员在工作时面临语言障碍、隐私问题及其他一系列的挑战，普查数据的准确性会有所下降。相关规定严禁普查员索要证据来证实他们得到的信息，因此他们会试图确保相关信息准确，并假定受访者还是愿意吐露一点儿真相的。而在纽约市遇到的困难则会更大，因为经常有整个家族和其他寄宿者共住同一屋檐下的情况。因此，一些记录中出现了时而用姓时而又用名来指代同一个人的情况，这就导致了电子数据库搜索的偏差。更有甚者，整个家族的信息都从官方文件中消失了。因为这些文件是手写的，确保辨识度也是一大挑战。人口普查员几乎没有动力确保信息完美无缺：他们的工作报酬很低，普查的速度比准确性更重要。许多人是靠找关系才得到的普查员工作。

9. 就像 20 世纪初移民美国的许多人一样，一些最基本的关于李的家庭事实都无法被确定。例如，在人口普查记录中，他父亲的名字从 1910 年的海曼改为 1920 年的雅各布，而其出生日期也时而被记录为 1886 年，时而又被记录为 1888 年。如果后一个日期是正确的，那么他横渡大西洋时只有 17 岁。1910 年，雅各布和他的亲戚亚伯拉罕共同寄宿在一个家庭里，那家的夫妻二人分别来自俄罗斯和罗马尼亚，他们生了几个孩子。但亚伯拉罕之后就消失在了官方记录中，有人因此推测雅各布的弟弟可能和其他数千名罗马尼亚移民一样，后来又回到了故乡。又或者，亚伯拉罕从纽约搬走了，加入了向西扩张的移民大军中去。后来李提到过他弟弟的姐妹（贝基和伯莎），但他们也没有出现在任何其他的文献中，他也没有在回忆录中提过他们。信息来源：Joanna Lieber to Stan Lee, e-mail message, April 26, 1998, Correspondence, 1998, Box 196, Stan Lee Papers, American Heritage Center, University of Wyoming.

10. 不幸的是，没有记录可以告诉我们关于西莉亚与杰克的求婚和婚礼。我们并不知道这个过程是复杂的还是简单的，抑或介于两者之间。

11. 只有 4 个孩子留在家里，在这 4 个孩子中，只有西莉亚被记录为无业。在一份人口普查报告中，西莉亚的出生日期被记录为 1894 年，比之前确认的时间晚了两年，但报告却没有解释为何 26 岁的西莉亚不出去工作。斯坦利·利伯家族历史的更大谜团则存在于 1930 年的人口普查中。

12. 利伯家族基本就从 1930 年的人口普查中消失了。消失的原因有很多，可能是因为人口普查员的工作失职，他们经常拼写错误，也会直接跳过那些不易确定的信息。也可能是大萧条时期家族命运的无常。要是普查遇到困难，比如普查员从邻居、小孩子或不会说英语的家庭成员那里打听消息。在这种情况下，许多人就从官方文件中消失了。因此，这个家族也可能当时正在搬家，刚好错过了人口普查员的来访。或者，由于对自己的困难处境感到羞耻，他们可能会避开当地的普查员，试图不被人注意。

13. Mark Lacter, “Stan Lee Marvel Comics Always Searching for a New Story,” *Inc.*, November 2009, 96.
14. Stan Lee, “Excelsior!” Outline, July 30, 1978, Box 96, Stan Lee Papers, American Heritage Center, University of Wyoming.
15. Lee and Mair, *Excelsior!*, 7.
16. Lee, David, and Doran, *Amazing Fantastic.*
17. Lee and Mair, *Excelsior!*, 8.
18. Lee, “Excelsior!” Outline.
19. Jordan Raphael and Tom Spurgeon, *Stan Lee and the Rise and Fall of the American Comic Book* (Chicago：Chicago Review Press, 2003), 4.
20. Lee and Mair, *Excelsior!*, 11.
21. 引自 Raphael and Spurgeon, *Stan Lee and the Rise and Fall*, 4.
22. Lee and Mair, *Excelsior*!, 12.
23. 同上，第 9 页。
24. Lee, “Excelsior!” Outline.
25. Lee and Mair, *Excelsior*!, 10.
26. Stan Lee, “Comic Relief：Comic Books Aren’ t Just for Entertainment,” *Edutopia*, August 11, 2005, www.edutopia.org/comic-relief.
27. Lee and Mair, *Excelsior!*, 13.
28. Lee, “Excelsior!” Outline.
29. 引自 Mike Bourne, “Stan Lee, the Marvel Bard,” in *Alter Ego*, ed. Roy Thomas 3, no. 74 (2007)：26.
30. 引自 *With Great Power*：*The Stan Lee Story*, directed by Terry Douglas, Nikki

rakes, and William Lawrence Hess (Los Angeles：MPI Home Video, 2012), DVD.

31. Stan Lee, "History of Marvel (Chapters 1, 2, 3)," unpublished, 2. Marvel Comics— History (Draft of "History of Marvel Comics"), 1990, Box 5 Folder 7, Stan Lee Papers, American Heritage Center, University of Wyoming.

32. 引自 Raphael and Spurgeon, *Stan Lee and the Rise and Fall*, 8.

33. 同上。

34. Lee and Mair, *Excelsior*!, 15.

35. Raphael and Spurgeon, *Stan Lee and the Rise and Fall*, 7.

36. United States, Bureau of the Census, 1940 U.S. Census, New York, Bronx County, New York, enumeration district 3-1487, household 61, Jacob Lieber Family, Sheet 6-B. Barb Sigler, *HeritageQuest Online*, http：//www.ancestryheritagequest.com：accessed March 30, 2016.

37. Lee and Mair, *Excelsior!,* 6.

38. David Hochman, "*Playboy* Interview：Stan Lee," *Playbo*y, April 11, 2014, http://www.playboy.com/articles/stan-lee-marvel-playboy-interview.

39. Lee and Mair, *Excelsior!*, 7.

40. Mark Alexander, "Lee and Kirby：The Wonder Years," in *The Jack Kirby Collector* 18, no. 58 (Winter 2011)：5.

第二章

1. Blake Bell and Michael J. Vassallo, *The Secret History of Marvel Comics*：*Jack Kirby and the Moonlighting Artists at Martin Goodman's Empire* (Seattle：Fantagraphics, 2013), 98.

2. 引自 Kenneth Plume, "Interview with Stan Lee (Part 1 of 5)," *IGN*, June 26, 2000, accessed June 1, 2016, http:// www.ign.com/articles/2000/06/26/interview-with-stan-lee-part-1-of-5.

3. 斯坦利·利伯入职及时漫画公司的具体信息在不断地变化。在一份未获发表的漫威历史初稿中，李自己写的时间是“1940年年初”，但在其他出版物和其他地方，他提到或能从发言中推断的应该是1939年。Stan Lee, “History of Marvel (Chapters 1, 2, 3),” unpublished, 1. Marvel Comics—History (Draft of “History of Marvel Comics”) 1990 Box 5 Folder 7, Stan Lee Papers, American Heritage Center, University of Wyoming.
4. Gerard Jones, *Men of Tomorrow: Geeks, Gangsters, and the Birth of the Comic Book* (New York：Basic, 2004), 97.
5. 同上，第108页。
6. 同上，第158页。
7. 同上，第159页。
8. Sean Howe, *Marvel Comics: The Untold Story* (New York：Harper, 2012), 14.
9. 同上。
10. 引自 Mark Evanier, *Kirby: King of Comics* (New York：Abrams, 2008), 45.
11. Joe Simon, *Joe Simon: My Life in Comics* (London：Titan, 2011), 92.
12. Howe, *Marvel Comics*, 20.
13. “The Marvelous Life of Stan Lee,” *CBS News*, January 17, 2016, http://www.cbsnews.com/news/the-marvelous-life-of-stan-lee.
14. Stan Lee and George Mair, *Excelsior! The Amazing Life of Stan Lee* (New York：Simon and Schuster, 2002), 26.
15. “Stan Lee Speaks at the 1975 San Diego Comic-Con Convention,” YouTube, uploaded January 6, 2010, https:// youtu.be/MhJuBqDTM9Q.
16. *Captain America Comics* #3, May 1, 1941, 37.
17. Simon, *Joe Simon*, 114.
18. 同上，第113页。
19. 同上。
20. 同上，第114页。

21. 引自 Stan Lee, Peter David, and Colleen Doran, *Amazing Fantastic Incredible: A Marvelous Memoir* (New York：Touchstone, 2015), n.p.

22. Lee and Mair, *Excelsior!*, 30.

23. Lee, "History of Marvel (Chapters 1, 2, 3)," 9.

24. 引自 Shirrel Rhoades, *A Complete History of American Comic Books* (New York：Peter Lang, 2008), 36.

25. Jim Amash, "The Goldberg Variations," *Alter Ego* 3, no. 18 (October 2002)：6.

26. Arie Kaplan, *Masters of the Comic Book Universe Revealed!* (Chicago：Chicago Review Press, 2006), 49.

27. 引自 Rhoades, *A Complete History*, 36.

28. Lee and Mair, *Excelsior*!, 30.

第三章

1. Rebecca Robbins Raines, *Getting the Message Through: A Branch History of the U.S. Army Signal Corp*s (Washington, DC：Center of Military History, U.S. Army, 1996), 256.

2. Mike Benton, *The Comic Book in America: An Illustrated History* (Dallas：Taylor, 1989), 35.

3. 同上，第 35~41 页。

4. Sean Howe, *Marvel Comics: The Untold Story* (New York：Harper, 2012), 24.

5. Catherine Sanders, et al., eds., *Marvel Year by Year: A Visual Chronicle* (New York：DK, 2013), 20.

6. 引自 Howe, *Marvel Comics*, 25.

7. 在李被派驻蒙茅斯堡期间，朱利叶斯·罗森博格为俄罗斯秘密执行了一项间谍任务。他还从基地招募了科学家和工程师加入他在新泽西领导的间谍网络，还将数千页绝密文件交给了他的俄罗斯上司。1953 年，罗森博格和妻子埃塞尔被捕，定罪后被处决。

8. 引自 Steven Mackenzie, “Stan Lee Interview：‘The World Always Needs Heroes,’” *The Big Issue*, January 18, 2016, http://www.bigissue.com/features/interviews/6153/stan-lee-interview-the-world-always-needs-heroes.

9. Stan Lee, “Excelsior!” Outline, July 30, 1978, Box 96, Stan Lee Papers, American Heritage Center, University of Wyoming.

10. 引自 Stan Lee and George Mair, *Excelsior! The Amazing Life of Stan Lee* (New York：Simon and Schuster, 2002), 37.

11. 同上，第 40 页。

12. Stan Lee, “Comic Relief：Comic Books Aren’t Just for Entertainment,” *Edutopia*, August 11, 2005, www.edutopia.org/comic-relief.

13. Lee and Mair, *Excelsior!*, 44.

14. 同上，第 45 页。

15. Blake Bell and Michael J. Vassallo, *The Secret History of Marvel Comics: Jack Kirby and the Moonlighting Artists at Martin Goodman's Empire* (Seattle：Fantagraphics, 2013), 158.

16. Stan Lee, “Only the Blind Can See,” *Joker 1*, no. 4 (1943–1944)：39, reprinted in ibid. , 159.

17. Lee and Mair, *Excelsior!*, 43–44.

18. Lee, “Excelsior!” Outline.

第四章

1. Stan Lee and George Mair, *Excelsior! The Amazing Life of Stan Lee* (New York：Simon and Schuster, 2002), 56.

2. 及时漫画公司的剧本编辑阿尔 · 苏尔曼声称，当时李让他创造出一个类似神奇女侠的女英雄，之后是他创造的这个角色。

3. Joe Simon, *Joe Simon: My Life in Comics* (London：Titan, 2011), 166–67.

4. 漫画书的编号、标题、重取标题和重新编号都存在很大的不确定性。部分原因与出版商的印刷和分销流程有关。也有迹象表明，有关杂志邮寄的邮政规定也产生了一些影响。最后，习惯或以往的传统也起了作用。许多低俗杂志出版商以这种方式运作，导致漫画业也运用了类似的策略。详细信息参见 John Jackson Miller, "Where Did Comics Numbering Come From?" *Comichron*, July 10, 2011, http://blog.comichron.com/2011/07/where-did-comics-numbering-come-from.html.

5. Lee and Mair, *Excelsior!*, 64.
6. Stan Lee, *Secrets behind the Comics* (New York：Famous Enterprises, 1947), 6.
7. 同上，第 22 页。
8. Blake Bell and Michael J. Vassallo, *The Secret History of Marvel Comics: Jack Kirby and the Moonlighting Artists at Martin Goodman's Empire* (Seattle：Fantagraphics, 2013), 72.
9. David Anthony Kraft, "The *Foom* Interview：Stan Lee," in *Stan Lee Conversations*, ed. Jeff McLaughlin (Jackson：University Press of Mississippi, 2007), 68.
10. Stan Lee, "Excelsior!" Outline, July 30, 1978, Box 96, Stan Lee Papers, American Heritage Center, University of Wyoming.
11. 同上。
12. Stan Lee, "Where I Span a Hero's Yarn," *Sunday Times*, May 12, 2002, F3.
13. Jordan Raphael and Tom Spurgeon, *Stan Lee and the Rise and Fall of the American Comic Book*(Chicago：Chicago Review Press, 2003), 38.
14. Lee, "Where I Spun a Hero's Yarn."
15. Lee, "Excelsior!" Outline.

第五章

1. "Urges Comic Book Ban," *New York Times*, September 4, 1948, 16.
2. 引自 Thomas F. O'Connor, "The National Organization for Decent Literature：A Phase in American Catholic Censorship," *Library Quarterly: Information,*

Community, Policy 65, no. 4 (1995)：390

3. 同上，第 399 页。
4. Ron Goulart, *Great American Comic Books* (Lincolnwood, IL：Publications International, 2001), 210-12
5. 关于李对于辩论的浅谈，参见 Stan Lee and George Mair, *Excelsior! The Amazing Life of Stan Lee* (New York：Simon and Schuster, 2002), 92-94.
6. 同上，第 91 页。
7. 同上，第 92、93 页。
8. 引自 David Hajdu, *The Ten-Cent Plague: The Great Comic-Book Scare and How It Changed America* (New York：Farrar, Straus and Girous, 2008), 264.
9. 同上，第 269 页及后文。
10. 同上，第 270~273 页。
11. Goulart, *Great American Comic Books*, 217.
12. Lee and Mair, *Excelsior!*, 93.
13. 同上，第 94 页。
14. Alexandra Gill, "Captain Comics," *Globe and Mail*, September 29, 2003, R1.
15. Jim Amash, "The Goldberg Variations," *Alter Ego* 3, no. 18 (October 2002)：9.
16. Richard Harrington, "Stan Lee：Caught in the Spidey's Web," *Washington Post,* Februrary 4, 1992, D1.
17. Lee and Mair, *Excelsior!*, 99.
18. 引自 Sean Howe, *Marvel Comics: The Untold Story* (New York：Harper, 2012), 32.
19. Lee and Mair, *Excelsior!*, 87, 88.
20. Blake Bell and Michael J. Vassallo, *The Secret History of Marvel Comics: Jack Kirby and the Moonlighting Artists at Martin Goodman's Empire* (Seattle：Fantagraphics, 2013), 158.
21. 引自 Howe, *Marvel Comics*, 35.

第六章

1. John Romita, "Face Front, True Believers! The Comics Industry Sounds Off on Stan Lee," *Comics Journal* 181 (October 1995): 83.

2. Roy Thomas, "All-Schwartz Comics: A Conversation with Editorial Legend Julius Schwartz," *Alter Ego* 3, no. 7 (2001), http://www.twomorrows.com/alterego/articles/07schwartz.html.

3. Shirrel Rhoades, *A Complete History of American Comic Books* (New York: Peter Lang, 2008), 70–71.

4. 同上，第 72~73 页。

5. Blake Bell and Michael J. Vassallo, *The Secret History of Marvel Comics: Jack Kirby and the Moonlighting Artists at Martin Goodman's Empire* (Seattle: Fantagraphics, 2013), 75.

6. 同上，第 45 页。

7. Stan Lee and George Mair, *Excelsior! The Amazing Life of Stan Lee* (New York: Simon and Schuster, 2002), 112.

8. Stan Lee, *Origins of Marvel Comics*, revised edition (New York: Marvel, 1997), 10.

9. Craig Tomashoff, "Move Over Batman . . ." *Los Angeles Reader,* January 26, 1990.

10. *Stan Lee's Mutants, Monsters, and Marvels*, directed by Scott Zakarin (2002; Burbank, CA: Sony Pictures, 2002), DVD.

11. Roy Thomas, "A Fantastic First," in *The Stan Lee Universe*, ed. Danny Fingeroth and Roy Thomas (Raleigh, NC: TwoMorrows, 2011), 17.

12. Stan Lee and Jack Kirby, *Marvel Masterworks: Fantastic Four*, Nos. *1–10* (New York: Marvel, 2003), n.p.

13. *Stan Lee's Mutants.*

14. Stan Lee, Peter David, and Colleen Doran, *Amazing Fantastic Incredible: A*

Marvelous Memoir (New York：Touchstone, 2015), n. p.

15. 引自 Les Daniels, *Marvel: Five Fabulous Decades of the World's Greatest Comics*(New York：Harry N. Abrams, 1995), 87.
16.《神奇四侠》的流行使得古德曼将所有漫画的价格从之前的每卷 10 美分提高到每卷 12 美分。从 1962 年 3 月第 3 卷，开始漫画开始实行涨价。
17. "*Fantastic Four* #1 Synopsis," reprinted in Thomas, "A Fantastic First," 16.
18. Ted White, "Stan Lee Meets (Castle of) Frankenstein：An Early Marvel Age interview with Stan," in *The Stan Lee Universe*, ed. Danny Fingeroth and Roy Thomas (Raleigh, NC：TwoMorrows, 2011), 11.
19. Lee and Mair, *Excelsior!*, 124.
20. Stan Lee and Jack Kirby, *Marvel Masterworks: Fantastic Four, Nos. 11–20* (New York：Marvel, 2003), n. p.
21. 引自 Daniels, *Marvel: Five Fabulous Decades*, 85, 87.
22. Stan Lee, *Bring on the Bad Guys*, revised edition (New York：Marvel, 1998), n. p.
23. 同上。
24. Lee and Kirby, *Marvel Masterworks*, *Nos. 11–20*, n. p.

第七章

1. Mark Lacter, "Stan Lee Marvel Comics Always Searching for a New Story," *Inc.*, November 2009, 96.
2. Don Thrasher, "Stan Lee's Secret to Success：A Marvel-ous Imagination, " *Dayton Daily News*, January 21, 2006, sec. E.
3. Lacter, "Stan Lee, Marvel Comics Always Searching," 96.
4. 同上。
5. Stan Lee and George Mair, *Excelsior! The Amazing Life of Stan Lee* (New York：Simon and Schuster, 2002), 126–27.

6. 同上，第 126 页。

7. Roy Thomas, "Stan the Man and Roy the Boy: A Conversation between Stan Lee and Roy Thomas," in *Stan Lee Conversations*, ed. Jeff McLaughlin (Jackson: University Press of Mississippi, 2007), 141.

8. 同上。

9. Lee and Mair, *Excelsior!*, 127.

10. Thomas, "Stan the Man," 141.

11. Lee and Mair, *Excelsior!*, 127.

12. 同上，第 128 页。

13. 同上，第 128 页。

14. Leonard Pitts Jr., An Interview with Stan Lee, in *Stan Lee Conversations*, ed. Jeff McLaughlin (Jackson: University Press of Mississippi, 2007), 96.

15. 引自 Lee and Mair, *Excelsior!*, 128.

16. Stan Lee, Peter David, and Colleen Doran, *Amazing Fantastic Incredible: A Marvelous Memoir* (New York: Touchstone, 2015), n. p.

17. Lee and Mair, *Excelsior!*, 135–36.

18. Stan Lee, "That's My Spidey," *New York Times*, May 3, 2002, http://www.nytimes.com/2002/05/03/opinion/that-s-my-spidey.html.

第八章

1. Stan Lee and George Mair, *Excelsior! The Amazing Life of Stan Lee*(New York: Simonand Schuster, 2002), 120.

2. Stan Lee, *Son of Origins of Marvel Comics*, revised edition (New York: Marvel, 1997), 69.

3. Pierre Comtois, *Marvel Comics in the 1960s: An Issue by Issue Field Guide to a Pop Culture Phenomenon*(Raleigh, NC: TwoMorrows, 2009), 20.

4. Stan Lee, *Origins of Marvel Comics*, revised edition (New York: Marvel, 1997),

165.
5. Larry Lieber, interviewed by Danny Fingeroth, *WriteNow!* 18 (Summer 2008)：5.
6. 引自 Will Murray, "Stan Lee Looks Back：The Comics Legend Recalls Life with Jack Kirby, Steve Ditko, and Heroes," in *Stan Lee Conversations*, ed. Jeff McLaughlin (Jackson：University Press of Mississippi, 2007), 182.
7. Lee and Mair, *Excelsior!*, 160.
8. 引自 Les Daniels, Marvel：*Five Fabulous Decades of the World's Greatest Comics* (New York：Harry N. Abrams, 1995), 99.
9. Lee, *Origins of Marvel Comics*, 215.
10. Lee, *Son of Origins*, 110.
11. 同上，第 10 页。
12. 引自 Dick Cavett, *"The Dick Cavett Show:* An Interview with Stan Lee,*"* in *Stan Lee Conversations*, ed. Jeff McLaughlin (Jackson：University Press of Mississippi, 2007), 15.
13. 引自 Dewey Cassell, ed., *The Art of George Tuska* (Raleigh, NC：TwoMorrows, 2005), 57.
14. 同上，第 58 页。
15. Gene Colan, interviewed in Tom Field, "The Colan Mystique," *Comic Book Artist* 13 (May 2001), http://twomorrows.com/comicbookartist/articles/13colan.html.
16. Dennis O'Neil, interviewed in Danny Fingeroth, *The Stan Lee Universe*, ed. Danny Fingeroth and Roy Thomas (Raleigh, NC：TwoMorrows, 2011), 53.
17. 同上。
18. *Stan Lee's Mutants, Monsters, and Marvels*, directed by Scott Zakarin (2002; Burbank, CA：Sony Pictures, 2002), DVD.
19. 同上。
20. 引自 Chris Gavaler, "Kirby vs. Steranko! Silver Age Layout Wars," *The*

Hooded Utilitarian, July 12, 2016. http://www.hoodedutilitarian.com/2016/07/kirby-vs-steranko-silver-age-layout-wars/.

21. 同上。

22. Lee, *Origins of Marvel Comics*, 164.

第九章

1. 引自 *Stan Lee's Mutants, Monsters, and Marvels*, directed by Scott Zakarin (2002; Burbank, CA: Sony Pictures, 2002), DVD.

2. 同上。

3. 引自Paul Lopes, *Demanding Respect: The Evolution of the American Comic Book*(Philadelphia: Temple University Press, 2009), 65.

4. Craig Tomashoff, "Move Over Batman . . ." *Los Angeles Reader*, January 26, 1990.

5. David Kasakove, "Finding Marvel's Voice: An Appreciation of Stan Lee' s Bullpen Bul- letins and Soapboxes," *Write Now* 18 (Summer 2008): 57

6. Mark Alexander, "Lee & Kirby: The Wonder Years," in *The Jack Kirby Collector* 18, no. 58 (Winter 2011): 8.

7. 同上。

8. 引自 Danny Fingeroth, *The Stan Lee Universe*, ed. Danny Fingeroth and Roy Thomas (Raleigh, NC: TwoMorrows, 2011), 52.

9. 同上。

10. 关于斯坦·李的采访，参见 Stan Lee interview in Dan Hagan, "Stan Lee," *Comics Interview*, July 1983, 55.

11. Leonard Sloane, "Advertising: Comics Go Up, Up and Away," *New York Times*, July 20, 1967.

12. 同上。

13. 同上。

14. Lopes, *Demanding Respect*, 66.

15. Mike Benton, *The Comic Book in America: An Illustrated History* (Dallas: Taylor, 1989), 71.

16. Stan Lee, "Excelsior!" Outline, July 30, 1978, Box 96, Stan Lee Papers, American Heritage Center, University of Wyoming.

17. Stan Lee and George Mair, *Excelsior! The Amazing Life of Stan Lee* (New York: Simon and Schuster, 2002), 142.

18. 引自 Dick Cavett, "*The Dick Cavett Show*: An Interview with Stan Lee," in *Stan Lee Conversations*, ed. Jeff McLaughlin (Jackson: University Press of Mississippi, 2007), 16.

19. 同上。

20. M. Thomas Inge, "From the Publisher's Perspective: Comments by Stan Lee and Jenette Kahn," in *Stan Lee Conversations*, ed. Jeff McLaughlin (Jackson: University Press of Mississippi, 2007), 105.

21. Stan Lee, Peter David, and Colleen Doran, *Amazing Fantastic Incredible: A Marvelous Memoir* (New York: Touchstone, 2015).

22. Lee and Mair, *Excelsior!*, 179.

23. 引自 Sean Howe, *Marvel Comics: The Untold Story* (New York: Harper, 2012), 92.

24. 同上，第 100 页及后文。

25. 同上，第 104 页。

26. 引自 Cavett, "*The Dick Cavett Show*: An Interview with Stan Lee," 18.

第十章

1. Norman Mark, "The New Super-Hero (Is a Pretty Kinky Guy)," in *Alter Ego* 3, no. 74 (2007): 20.

2. Michael Goldman, "Stan Lee: Comic Guru," *Animation World Magazine*, July

1997, 8.

3. 引自 Mark, “The New Super-Hero,” 20.

4. 同上。

5. 同上，第 21 页。

6. 引自 Brian Cunningham, ed., *Stan's Soapbox: The Collection* (New York: Marvel, 2009), 16.

7. 引自 Mike Bourne, “Stan Lee, the Marvel Bard,” in *Alter Ego*, ed. Roy Thomas 3, no. 74 (2007): 30.

8. 引自 Cunningham, *Stan's Soapbox*, 31.

9. Mark Evanier, *Kirby: King of Comics* (New York: Abrams, 2008), 157.

10. Joe Simon, *Joe Simon: My Life in Comics* (London: Titan, 2011), n.p.

11. 同上。

12. Lawrence Van Gelder, “A Comics Magazine Defies Code Ban on Drug Stories,” *New York Times*, February 4, 1971, 37.

13. 同上，第 38 页。

14. 同上。

15. 同上。

16. “Stan Lee,” Billy Ireland Cartoon Library & Museum Biographical Files, The Ohio State University Billy Ireland Cartoon Library & Museum.

17. “Comics Come to Carnegie,” *New York Post*, January 6, 1972, 44.

18. 同上。

19. 引自 Van Gelder, “A Comics Magazine Defies Code Ban,” 28.

20. 同上，第 33 页。

21. Roy Thomas, interviewed in Jon B. Cooke, “Son of Stan: Roy's Years of Horrors,” in *Comic Book Artist* 13 (May 2001), http://twomorrows.com/comicbookartist/ articles/13thomas.html.

22. 同上。

23. *Stan Lee's Mutants, Monsters, and Marvels*, directed by Scott Zakarin (2002; Burbank, CA: Sony Pictures, 2002), DVD.

24. 引自 Thomas J. McLean, "Unique Collaborations Set Marvel Apart," *Variety*, July 19–25, 2004, B12.

25. 引自 Cooke, "Son of Stan."

26. 同上。

27. Stan Lee, *The Best of Spider-Man* (New York: Ballantine, 1986), 10.

第十一章

1. Memo, "Marvel Comics, Classification and Frequency of Titles," January 16, 1973, Me- moranda 1969–1976, Box 7, Folder 1, Stan Lee Papers, American Heritage Center, University of Wyoming.

2. 同上。

3. Stan Lee, Memo, "Approval of Covers, Etc.," n.d., Memoranda 1969–1976, Box 7, Folder 1, Stan Lee Papers, American Heritage Center, University of Wyoming.

4. 引自 David Anthony Kraft, "The *Foom* Interview: Stan Lee," in *Stan Lee Conver- sations*, ed. Jeff McLaughlin (Jackson: University Press of Mississippi, 2007), 65.

5. Mike Benton, *The Comic Book in America: An Illustrated History* (Dallas: Taylor, 1989), 74.

6. "ABC Audit Report-Magazine: Marvel Comic Group," Memoranda 1969–1976, Box 7, Folder 1, Stan Lee Papers, American Heritage Center, University of Wyoming.

7. Jonathan Hoyle, "Comic Sales (Monthly Average in Millions) for Marvel and DC, 1950 to 1987," *The Fantastic Four 1961–1989 Was the Great American Novel*, http://zak-site.com/ Great-American-Novel/comic_sales.html.

8. 引自 Brian Cunningham, ed., *Stan's Soapbox: The Collection* (New York:

Marvel, 2009), 59.
9. 引自 Les Daniels, *Marvel: Five Fabulous Decades of the World's Greatest Comics*(New York: Harry N. Abrams, 1995), 156.
10. Memo, "We Must Be Doing Something Right!" Memoranda 1969–1976, Box 7, Folder 1, Stan Lee Papers, American Heritage Center, University of Wyoming.
11. Peter Gorner, "Stan Lee's Superheroes," *Chicago Tribune*, July 17, 1975, B1.
12. Stan Lee and George Mair, *Excelsior! The Amazing Life of Stan Lee* (New York: Simon and Schuster, 2002), 183.
13. Sherry Romeo, "Inter-Office Memo," December 17, 1974, Memoranda 1969–1976, Box 7, Folder 1, Stan Lee Papers, American Heritage Center, University of Wyoming.
14. Stan Lee, "Introduction," in George Lucas, *Star Wars* (New York: Del Rey, 1977), 1.
15. Daniels, *Marvel*, 177.
16. 同上。
17. Stan Lee, "Streaking," *Crazy*, July 1973, 16. San Francisco Academy of Comic Art Col- lection, The Ohio State University Billy Ireland Cartoon Library & Museum.
18. 引自 David Hench, "Maine Artist Recalls Spider-Man Work," *Portland Press Herald*, May 5, 2007, A1.
19. Stan Lee and Frank Springer, *The Virtue of Vera Valiant* (New York: Signet, 1976), 9, 10.
20. Dan Hagan, "Stan Lee," *Comics Interview*, July 1983, 57.
21. Stan Lee, *The Best of Spider-Man* (New York: Ballantine, 1986), 6.
22. Dewey Cassell, ed., *The Art of George Tuska* (Raleigh, NC: TwoMorrows, 2005), 105.
23. Lee, *Best*, 8.

24. Stan Lee interviewed in Jim Salicrup and David Anthony Kraft, "Stan Lee," *Comics Interview*, July 1983, 57.
25. Memo, "S&S Sales," Marvel Comics Group—Facts and Figures 1976–1978 Box 6, Folder 4, Stan Lee Papers, American Heritage Center, University of Wyoming.
26. Kraft, "The *Foom* Interview," 67.
27. Stan Lee, *The Superhero Women* (New York: Simon and Schuster, 1977), 8.
28. "Fireside Paperbacks Marketing Flyer," Articles—1977 Box 32, Folder 2, Stan Lee Papers, American Heritage Center, University of Wyoming.
29. 引自 Kraft, "The *Foom* Interview," 67.
30. Stan Lee, Stan Lee Presents *the Best of the Worst* (New York: Harper & Row, 1979), 10.
31. 引自 Mike Gold, Jenette Kahn, "Stan Lee, and Harvey Kurtzman Discuss Comics," in *Stan Lee Conversations*, ed. Jeff McLaughlin (Jackson: University Press of Mississippi, 2007), 43.
32. Mark Evanier, *Kirby: King of Comics* (New York: Abrams, 2008), 189.
33. George Kashdan interviewed in Jim Amash, "Sales Don't Tell You Everything," *Alter Ego* 3, no. 94 (June 2010): 49.
34. Evanier, *Kirby*, 191.
35. "'Spider-Man' to be Featured in Action Film," *New Castle (PA) News*, April 16, 1975, 8.
36. Lee Stewart, "Spinner Takes All," *Sunday Times* (London), May 12, 2002, accessed February 21, 2015, http://www.stewartlee.co.uk/written-for-money/spinner-takes-all/.
37. N. R. Kleinfield, "Superheroes' Creators Wrangle," *New York Times*, October 13, 1979, 25.
38. 同上。

39. 同上。

40. 同上，第 26 页。

41. Paul Lopes, *Demanding Respect: The Evolution of the American Comic Book* (Philadel- phia: Temple University Press, 2009), 71.

42. 引自 Sean Howe, *Marvel Comics: The Untold Story* (New York: Harper, 2012), 215.

第十二章

1. Stan Lee and George Mair, *Excelsior! The Amazing Life of Stan Lee* (New York: Simon and Schuster, 2002), 202.

2. "Marvels of the Mind: The Comics Go Hollywood," *Time*, February 5, 1979.

3. 引自 Paul Weingarten, "*The Hulk*," *Chronicle-Telegram* (Elyria, OH), October 30, 1978, B-9.

4. 同上。

5. Craig Tomashoff, "Move Over Batman . . ." *Los Angeles Reader*, January 26, 1990.

6. Pat Jankiewicz, "The Marvel Age of Comics: An Interview with Stan Lee," in *Stan Lee Conversations*, ed. Jeff McLaughlin (Jackson: University Press of Mississippi, 2007), 108.

7. Tomashoff, "Move Over Batman."

8. 引自 Jim Salicrup, and David Anthony Kraft, "Stan Lee," *Comics Interview*, July 1983, 48.

9. Tomashoff, "Move Over Batman."

10. Letter, Stan Lee to Alain Resnais, May 23, 1979, Correspondence—1977–1980 (Folder 1 of 2), Box 14, Folder 1, Stan Lee Papers, American Heritage Center, University of Wyoming.

11. Stan Lee, Peter David, and Colleen Doran, *Amazing Fantastic Incredible: A*

Marvelous Memoir* (New York: Touchstone, 2015), n.p.

12. Letter, Stan Lee to Alain Resnais, Stan Lee Papers.
13. Letter, Michael Herz to Sam Arkoff, July 5, 1979, Correspondence—1977–1980 (Folder 1 of 2), Box 14, Folder 1, Stan Lee Papers, American Heritage Center, University of Wyoming.
14. "Marvel Entertainment Group Forms Marvel Productions Ltd.," *Marvel Update*, Summer 1980, 6, Scrapbook Feb. 1980–Nov. 12 1984, Box 129, Stan Lee Papers, American Heri- tage Center, University of Wyoming.
15. "Marvel Entertainment," 1, Stan Lee Papers, American Heritage Center, University of Wyoming.
16. 同上，第 2 页。
17. "Marvels of The Mind".
18. Salicrup and Kraft, "Stan Lee," 47.
19. 同上，第 48 页。
20. 同上。
21. "Comic Characters Put a Zing in Product Promotion," *The Sales Executive*, April 1, 1980, 4.
22. 引自 Judy Klemesrud, "Savage She-Hulk New Comic Heroine," *New York Times News Service*, January 20, 1980.
23. Terry Young, "Spider-Man's About to Get Real, Says His Creator," *Toronto Star*, July 6, 1986.
24. Stan Lee to Francelia Butler, November 21, 1980, Correspondence, Box 14, File 4, Stan Lee Papers, American Heritage Center, University of Wyoming.
25. Stan Lee interviewed by Margaret Jones and John R. Gambling, "Good Afternoon New York," WOR/Radio, June 22, 1984, Interviews with Stan Lee 1970–1989, Box 3, Folder 10–11, Stan Lee Papers, American Heritage Center, University of Wyoming.

26. Stan Lee, *The Best of Spider-Man* (New York: Ballantine, 1986), 9.

27. 同上，第 10、12 页。

28. 同上，第 12~16 页。

29. 引自 Sean Howe, *Marvel Comics: The Untold Story* (New York: Harper, 2012), 294.

30. Lee and Mair, *Excelsior!*, 209–10.

31. 引自 Howe, *Marvel Comics*, 295.

32. 同上，第 309 页。

33. 同上，第 311~312 页。

第十三章

1. Mike Wallace, "Ronald Reagan Remembered, " *CBS News 60 Minutes*, June 6, 2004，http://www.cbsnews.com/news/ronald-reagan-remembered.

2. 引自 Dan Raviv, *Conic Wars: How Two Tycoons Battled over the Marvel Comics Empire-and Both Lost* (New York：Broadway, 2002), 12.

3. Floyd Norris, "Boom in Comic Books Lifts New Marvel Stock Offering." *New York Times*, July 15, 1991, http://www.nytimes.com/1991/07/15/business/market-place-boom-in-comic-books-lifts-new-marvel-stock-offering.htmL.

4. 同上。

5. 引自 Les Daniels, *Marvel: Five Fabulous Decades of the World's Greatest Comics* (New York：Harry N. Abrams, 1995). 225.

6. Michael E. Hill, "Where Does the Hulk Buy Clothes? Anywhere He Wants, of Course." *Washington Post*, February 18, 1990, O8.

7. Stan Lee, ed., *The Ultimate Spider-Man*(New York：Berkeley, 1994), 10.

8. Lee, *Ultimate*, 11, 13.

9. John Updike, "Cut the Unfunny Comics, Not 'Spiderman,'" *Boston Globe*, October 27, 1994, July 1994 to November 1994, Coll 8302, Box 137, Stan Lee

Papers, American Heritage Center, University of Wyoming.

10. Lee, *Ultimate*, 22.

11. 同上，第 110 页。

12. 同上，第 342 页。

13. 同上，第 7 页。

14. Adam Bryant. " Pow! The Punches That Left Marvel Reeling." *New York Times*, May 24, 1998.http：//www.nytimes.com/1998/05/24/business/pow-the-punches-that-left-marvel-reeling.html.

15. 同上。

16. Shirrel Rhoades, *A Complete History of American Comic Books* (New York：Peter Lang, 2008), 153-54.

17. 同上，第 155 页。

18. 同上，第 160~161 页。

19. Raviv, *Comic Wars*, 230.

20. Michael Goldman, "Stan Lee：Comic Guru." *Animation World Magazine*, July 1997, 8.

21. 同上。

第十四章

1. Stan Lee Media Press Kit, 1999, Stan Lee Media Publicity Folder 1999, Box 127, Stan Lee Papers, American Heritage Center, University of Wyoming.

2. 引自 Gary Dretzka, "At 77, 'X-Men' Creator Stan Lee Is as Busy as Ever," *Chicago Tribune*, July 19, 2000.

3. Stan Lee and George Mair, *Excelsior! The Amazing Life of Stan Lee* (New York：Simon and Schuster, 2002), 223.

4. Figures noted in Sean Howe, *Marvel Comics: The Untold Story* (New York：Harper, 2012), 398.

5. 引自 Dretzka, "At 77."

6. Stan Lee Media Press Kit, 1999, Stan Lee Media Publicity Folder 1999, Box 127, Stan Lee Papers, American Heritage Center, University of Wyoming.

7. 引自 Madeleine Brand, "Growing Trend of Online Comics," *Morning Edition*, NPR, January 20, 2000.

8. Michael Dean, "If This Be My Destiny," *Comics Journal* 232 (April 2001)：8.

9. 同上，第 8 页。

10. 同上，第 10 页。

11. Jordan Raphael, "The Invincible Stan Lee?" *Los Angeles Times Magazine*, July 16, 2000, 20.

12. 引自 Howe, *Marvel Comics*, 408.

13. Anthony D'Alessandro, Lee Bounces Back into Business with POW!" *Variety*, July 19-25, 2004, B14.

14. "Co-founder of Comic Company Pleads Guilty," *Los Angeles Times*, March 10, 2005, http://articles.latimes.com/2005/mar/10/business/fi-rup10.4.

15. 同上。

16. Howe, *Marvel Comics*, 408-9.

17. Shelly Garcia, "Spider-Man's Business Brain," *Los Angeles Business Journal*, August 21, 2000, 29.

18. "Ex Exec of Stan Lee Media Sentenced," *Los Angeles Times*, August 5, 2003, http://articles.latimes.com/2003/aug/05/business/fi-stanlee5.

19. Jon Swartz, "Stan Lee Rises from Dot-Com Rubble," *USA Today*, May 12, 2004.

20. Lee v. Marvel Enterprises, Inc. and Marvel Characters, Inc., 02 Civ. 8945 United States District Court for the Southern District of New York 765 F. Supp. 2d 440 (S.D.N.Y. 2011) LEXIS 11297 February 4, 2011, Decided February 4, 2011, Filed.

21. United States of America v. Peter Paul, Stephen M. Gordon, Jeffrey Pittsburg, Charles Kusche, Jonathan Gordon, Docket Nos. 09-3191-cr (L), 09-4147-cr(con) United States Court of Appeals for the Second Circuit, 634 F.3d 668 (2011 U. S. App.)LEXIS 4473, February 17, 2011, Argued. March 7, 2011, Decided.

22. Swartz, "Stan Lee Rises."

23. Lee and Mair, *Excelsior!* , 233.

24. Larry Schultz, e-mail message to Stan Lee, January 12, 2001, Correspondence, 1995-2010, Box 106, (2016-09-22 142037), Stan Lee Papers, American Heritage Center, University of Wyoming.

第十五章

1. Adam Chitwood, "The Epic Bryan Singer Interview：'*X-Men Apocalypse*,' the Super-hero Genre, Timelines, and More," *Collider*, April 21, 2016, http://collider.com/bryan-singerx-men-apocalypse-interview/.

2. Stan Lee, Peter David, and Colleen Doran, *Amazing Fantastic Incredible: A Marvelous Memoir* (New York：Touchstone, 2015), n.p.

3. Anthony D'Alessandro, "Lee Bounces Back into Business with Pow!" *Variety*, July 19-25, 2004, B14.

4. "POW! Entertainment Partners in the Production of Three Live Action Flicks," *PR Newswire*, October 6, 2004.

5. 引自 Virginia Rohan, "Stan Lee's Project with Pam Anderson Looks Like a Bust," *The Record* (Bergen County, NJ), June 26, 2003：F5.

6. 同上。

7. "Alta Loma Entertainment & POW! Entertainment to Develop Animated Series Hef's Superbunnies", *PR Newswire*, July 18, 2003.

8. 同上。

9. 引自 Michael Dean, "Stan Lee's Hour of Glory," *Comics Journal* 267(April/

May 2005):23.

10. Brent Staples, "Marveling at Marvel: You Say Spider-Man, but I Say the Thing," *New York Times*, March 25, 2005, A16.

11. "Who Deserves the Credit (and Cash) for Dreaming Up Those Superheroes？" *New York Times*, January 31, 2005, C8.

12. 引自 David Kohn, "Superhero Creator Fights Back," *60 Minutes*, October 30, 2002, http://www.cbsnews.com/news/superhero-creator-fights-back/.

13. "Marvel Settles Suit with lee," *Los Angeles Times*, April 29, 2005. http://articles.latimes.com/2005/apr/29/business/fi-marvel29 (accessed November 7, 2015).

14. 同上。

第十六章

1. Joel Garreau, "Stan Lee and Olivia de Havilland among National Medal of Arts Winners," *Washington Post*, November 18, 2008, http: //www.washingtonpost.com/wp-dyn/content/article/2008/11/17/AR2008111701659.html ; Lee, David, and Doran, n. p.

2. Stan Lee, "Stan Lee Talks about Time Jumper at San Diego Comic-Con 2009," You-Tube, posted July 2009, https: //www.youtube.com/watch? v=hixwR_c_R_4.

3. 同上。

4. Stan Lee, "Stan Lee Is Spider-man," *Stan Lee's World of Heroes*, June 21, 2012, https://youtu.be/I-1L8LD8SJQ? list=PL027ADE83FF495FA3.

5. Matt Clark, "Amazing Spider-Man Game Features Playable Stan Lee," *MTV*, May 9, 2012, http://www.mtv.com/news/2600338/amazing-spider-man-game-stan-lee/.

6. "Stan Lee Launches New Comic Franchise 'Nitron' with Keya Morgan and

Michael Benaroya's Benaroya Pictures, Press release, July 20, 2016, http://www.broadcastingcable.com/thewire/stan-lee-launches-new-comic-franchise-nitron-keya-morgan-and-michael-benaroya-s-benaroya-pictures/158188.

7. "Stan Lee's POW! Entertainment Teams with Hollywood Reporter on New Series' Cosmic Crusaders," *Hollywood Reporter*, June 21, 2016, http: //www.hollywoodreporter.com/heat-vision/stan-lees-pow-entertainment-teams-9045868.
8. 引自 Michael Cavna, "Stan Lee Has a New Plan to Unite Police and Black Lives Matter," *Washington Post*, October 6, 2016, http://wpo.st/-ET42.
9. 引自 Ethan Sacks, "Stan Lee Muses on His Final New York Comic Con," *New York Daily News*, October 10, 2016, https://www.youtubecom/watch?v=52vrHUNyFc4.
10. 同上。
11. Peter Larsen, "Comic-book Legend Stan Lee Likes the' Con Game," *Orange County Register*, October 28, 2016.
12. 引自 Blair Marnell, " Stan Lee Talks *Lego Marvel's Avengers*, Marvel Movies and More," *Nerdist*, November 18, 2015, http://nerdist.com/interview-stan-lee-talks-lego-marvels-avengers-marvel-movies-and-more.
13. Max Anderson in discussion with the author, Cincinnati Comic Expo, September 24, 2016.
14. Stan Lee in discussion with the author, Cincinnati Comic Expo, September 24, 2016.

结 语

1. 引自 David Hochman, "*Playboy* Interview: Stan Lee," *Playboy*, April 11, 2014, http://www.playboy.com/articles/stan-lee-marvel-playboy-interview.
2. Memo, Marvel Comics Group—Manuscript Information, 1974, Box 6, Folder 8, Stan Lee Papers, American Heritage Center, University of Wyoming.

3. 引自 Jeff McLaughlin, "An Afternoon with Stan Lee," in *Stan Lee Conversations*, ed. Jeff McLaughlin (Jackson: University Press of Mississippi, 2007), 211.

4. Stan Lee and George Mair, *Excelsior! The Amazing Life of Stan Lee* (New York: Simon and Schuster, 2002), 135.

致　谢

《漫威之父斯坦·李：超级英雄IP背后的人》是我耗尽毕生精力研究漫画与美国当代流行文化的成果。我幼时自学识字就是为了能够享受阅读《蜘蛛侠》和《复仇者联盟》的乐趣，之后我又沉迷于讲述漫威平行宇宙的《假如》(*What If*)系列。可以说，斯坦·李伴我一路成长，"斯坦·李出品"的标志在我心中刻下了深深的烙印。

本书的问世离不开朋友们的大力帮助与支持。首先，我要感谢罗曼和利特尔菲尔德出版集团公司(Rowman & Littlefield)的高级编辑斯蒂芬·瑞安(Stephen Ryan)。我们是本书的共同策划者、共同创造者，或者说是某种意义上的合著者，他的智慧和文采提升了本书的质量(也许斯坦·李丰富的头韵也对我产生了影响)。此外，还要感谢罗曼和利特尔菲尔德出版集团公司里所有参与了本书出版的人，包括封面设计团队、文字编辑、市场推广和制作团队，大家都拥有超一流的水准。

本书的撰写既得益于丰富的研究资料，也离不开保存了李的职业生涯和成就的载体——图书馆及档案馆的帮助。我要诚挚地感谢怀俄明大学美国遗产中心（American Heritage Center）。李的相关资料抵达怀俄明州拉勒米市的过程本身就是一个传奇。在布里奇特·伯克（Bridget J. Burke）主任领导下的美国遗产中心的工作人员不仅非常专业，同时乐于助人、谦和有礼。我要特别感谢在图书馆接待我的阿曼达·斯托（Amanda Stow），他贡献了很多富有建设性的意见；还有拉勒米的当地向导约翰·瓦格纳（John Waggener）在搜索文献和图片时给予了我巨大的帮助。

我还要向珍妮·罗布（Jenny Robb）和俄亥俄州立大学比利爱尔兰卡通图书馆暨博物馆的团队表示衷心的感谢。在完成本书的过程中，图书馆的资料发挥了举足轻重的作用。博物馆的展品让我在漫长的研究过程中得到放松。我还通过辛辛那提及汉密尔顿县的公共图书馆、斯托–门罗福尔斯公共图书馆、俄亥俄州牛津市的莱恩公共图书馆、迈阿密大学的国王图书馆及其庞大的馆际互借体系找到了其他漫画资源，包括珍藏版漫画书和有关漫威的材料。最后，我要感谢漫威推出数字漫画无限订阅服务，档案公开了漫威的漫画目录，使我得以对过去几十年里李的职业生涯进行追溯。

乔·达罗夫斯基（Joe Darowski）、克里斯·奥尔森（Chris Olson）和诺尔马·琼斯（Norma Jones）也对本书提出了深度分析建议。他们阅读了初稿并提供了缜密的反馈意见。当然，他们只是帮忙改进原稿，若有任何疏漏，由我个人全权负责。迈特创意集团（Matter Creative Group）的艺术总监贝思·约翰逊（Beth Johnson）在书的封面及艺术装帧上提供了饱含智慧的指导意见。

幸运如我，能拥有一群在我研究、写作和编辑遇到困难时提供无私帮助的良师益友。感谢菲利普·西皮奥拉（Phillip Sipiora），唐·格雷纳（Don Greiner），加里·伯恩斯（Gary Burns）和加里·霍普恩斯坦（Gary Hoppenstand），你们是我的榜样和引路人。还有许多朋友鼓励并支持着我：托马斯·海因里奇（Thomas Heinrich），克里斯·伯特（Chris Burtch），拉里·莱斯利（Larry Leslie），凯利·伯恩斯（Kelli Burns），吉恩·萨索（Gene Sasso），比尔·斯莱兹克（Bill Sledzik），约瑟夫·本森（Josef Benson），杰西·卡瓦德罗（Jesse Kavadlo），莎拉·麦克法兰·泰勒（Sarah McFarland Taylor），以及希瑟（Heather）和里奇·沃尔特（Rich Walter）一家。十分幸运能拥有如此众多出色的导师，我想感谢：劳伦斯·卡普兰（Lawrence S. Kaplan），詹姆斯·凯尔（James A.Kehl），悉尼·斯奈德（Sydney Snyder），理查德·伊默曼（Richard Immerman），彼得·马格纳尼（Peter Magnani）和已故的安妮·贝恩（Anne Beirne）。拥有一群同样爱好流行文化的朋友让我受益匪浅：布莱恩·科根（Brian Cogan），布兰登·莱利（Brendan Riley），凯瑟琳·特纳（Kathleen Turner），诺尔马（Norma）和布伦特·琼斯（Brent Jones）夫妇，以及雷·爱德华兹（Leigh Edwards）。感谢在《另类新闻》（*Alternative Press*）音乐杂志工作的朋友杰森·佩蒂格鲁（Jason Pettigrew），非常及时地提供给我一张记者证。另外，还要感谢我在迈阿密大学媒体新闻与电影学院的同事们。

写作是一项耗时耗力的巨大工程，此书的完成离不开家人的鼎力支持。感谢我的父亲乔恩（Jon）和母亲琳达·鲍文（Linda Bowen），感谢他们为改善我们家的生活所做出的一切努力。同样也要感谢乔赛特·珀西瓦尔（Josette Percival）和米歇尔·瓦卢瓦（Michel Valois）的支持与体贴。

我无法用语言来表达对苏泽特（Suzette）和索菲娅（Sophia）[“罗伯托（Roberto）”]的爱与感谢。他们给我带来了无穷无尽的温情与欢笑。如果不是苏泽特坚持不懈的努力，我在有生之年可能永远都不会实现与李见面的梦想。最后，女儿小卡珊（Kassie）是我的灵感、希望、勇气和喜悦之源。我迫不及待地想看到她在即将展开的写作生涯中振翅高飞。我何其有幸能拥有这样一位优秀的女儿！

致敬语

作为大师，他妙笔生花，留下了一座取之不尽的文化金矿。作为旗手，他挑战体制，开启了一段美漫产业的破冰之旅。作为演员，他童心未泯，创造了一段流芳百世的影坛佳话。斯坦 · 李用尽一生的才华，为我们构建了一个异彩纷呈的漫威世界，而这本书，将带你走进这位造梦之人的传奇一生。

—— 努力的 Lorre

平凡生活里的超级英雄，在无限拉长的时间里，用正义而幽默的价值观，让困顿于现实的我们总能看到一抹光亮。

——Yowtsup

你告诉我们，英雄并不完美。他们不是无所畏惧，也没有无所不能，但却勇于直面危险与不公，并在绝境中不忘心中使命。感谢好友笑笑。

——大麦麦

“I believe there’s a hero in all of us.” 老爷子说英雄亦凡人。我想，凡人亦英雄。

——封雪媛

再也无法在新电影里看到你幽默的客串了，你创造的漫威英雄给了我面对糟糕世界的勇气。

——小 D

斯坦 · 李并没有离开我们，他创造的角色带给我们的勇气、梦想、乐观精神和他精益求精的态度会让这个灰暗的世界变得更明亮、更美好。他和杰克 · 科比终于在天堂相聚，和观察者们一起守望着这个世界。

——飞屋老薄

从第一次接触漫威，就暗暗给未来的男朋友设定了标准：要像钢铁侠一样傲娇温柔，像小蜘蛛一样阳光坦率，像鹰眼一样高大威猛。所以我才单身到现在吧……斯坦·李先生，感谢您创造的这些梦想。不过如果有机会，还是请赐我一个男朋友吧，让我这个热血漫威少女和他一起去拯救世界！爱您！

——苑鑫

斯坦·李先生，您是漫威之父，是无数超级英雄的创造者，您在天堂继续着英雄的梦，把传奇留在了人间。我们答应您，会替您好好守护这个世界。

——宋秋宇

斯坦·李在一个黑暗的年代里，在所有漫画迷心中点亮了一盏灯；在迷茫、困惑的岁月里，照亮了前行的路。

——王宇涵

斯坦·李为我们创造了英雄。不仅如此，他对生命的热爱、对工作的坚持、对家庭和社会的责任感，足以让他本人成为我们心目中的超级英雄！

——宋燕新

有一种坚毅如钢铁侠，有一种温柔似绿巨人，有一种青春属于漫威，有一种梦想叫斯坦·李。谢谢斯坦·李！世界险恶，而您带给我们快乐。

——洪艳妍

漫威爷爷离开了，但是英雄精神永存。钢铁侠勇敢坚韧，绿巨人温暖可爱，雷神霸气全开……您创作了无数个英雄，我们愿意永远继承您的英雄精神。

——Isabella 徐瑞

唯大英雄能本色，是真名士自风流。感谢这次奇妙的机缘，让我能以传记译者的身份与斯坦·李相遇，我不仅洞悉了他的心路历程、感受到漫画行业的跌宕起伏，也从中瞥见了西方新闻事业史的一段缩影。

——吕颜婉倩

每个梦想，都值得被守护，而您用自己的一生创造了全人类梦想的守护者。和平，正义，热血，其实每个人都是自己的英雄。

——阿睿同学

不一样的英雄，不一样的您。愿我们能继承您的精神，对这个世界和未来充满希望，乐观、自由地活下去。

——方晓倩

斯坦·李和他创作的“不完美英雄”给人们留下了完美的精神宇宙，人们会永远记住他和蔼的笑容。

——huazhd

看了 15 年漫威，看了 15 年斯坦·李。15 年的青春已随他的离去而永远深埋，但他带来的快乐从来没有离开。

——地瓜

Every adult deserves a superhero. Thank you so much for taking us to a world with so many superheroes.（每一个成年人心目中都应该有一个超级英雄，非常感谢您带我们进入了一个充满超级英雄的世界。）

——June Jin

感谢他为我创造了另一个世界，这个世界隐藏于喜剧的外表下，通过英雄再现，而其中的价值观却需要我穷尽一生去理解。现在我只能用祝福和怀念来表达那种失去的寂寞，但我不认为这是终点。

——杨舒婷

很荣幸有机会能参与翻译斯坦·李的传记，感谢老爷子带给我们精彩的冒险旅程，感谢老爷子创造了传奇宇宙。

——张雪纯

不完美才可爱呀！希望有生之年能看到钢铁侠、小蜘蛛、星爵、蚁人、死侍一起嘴炮 battle。晚安，筑梦师斯坦·李。

——蒋雪瑶

在病床上看他的作品，感受着他的乐观与创造力，给我带来了无穷的力量。

——Vivian Zhao

感谢斯坦给了我们一个众生平等的异世界，那里容得下大能，也容得下怪咖，谁也不必为自己的不同而彷徨。在那里，人性不朽。

——王漪虹

斯坦·李打造的漫威超级英雄世界是美国社会的缩影，但是又为几代人提供了逃离现实的幻想空间。超级英雄带给人的希望与精神力量或许就是他们拯救这个世界的方式。

——Tilda Li

感谢斯坦为我们塑造了平凡人中的英雄人物，让我们在平凡的世界里仍怀有英雄主义情怀，扶助弱小，惩恶扬善，公义存在心间。每个人的小小善举都会让我们的世界一点一点变得更好！

——杨霞

超凡的想象力和完美的“不完美”超级英雄是斯坦·李留给我们这个美好世界的邂逅，而在另一个璀璨的平行宇宙中，人们也依然并肩热爱着、坚持着、期待着。

——隋钰冰

英雄亦凡人，时代造英雄。这大概是我参与这本传记翻译的最深的感触吧。感谢老爷子带给我们平凡人无限的想象空间。漫威宇宙永存！

——尚书

斯坦·李永远是漫威宇宙中最伟大的英雄，最亮眼的“彩蛋”。做一个英雄梦，再加点儿幽默感，每个人的生活都不平凡。

——魏静薇

斯坦·李，永远飞翔，非凡荣耀（onward & upward to greater glory）！

——安俊

英雄皆凡人，凡人皆英雄。能够影响一个人、一群人、一个国家、一种文化，乃至整个世界的人，注定是不平凡的。致敬凡人，致敬英雄，致敬斯坦·李，致敬爱生活的你！

——董良和

除了将心中的关于超级英雄的梦幻化成漫画与文字，老爷子用了一辈子的时间，亲身践行着“do what you most want to do（做自己想做的事）”。这是多少人毕生梦寐以求却求而不得的人生啊！为此我深受触动，更为作为粉丝而深感骄傲。也许正因如此，上帝才把老爷子召唤过去，想听听他的漫威人生吧。

——Harry G.

斯人已逝，英雄长存。感谢老爷子让世界的灰霾里迸出了光，让平凡的人有继续坚持梦想的力量。

——Jackie L.

吾辈皆无名，生活亦平凡，是斯坦 · 李先生创造的世界观和超级英雄给我的生活增添了缤纷的色彩和无尽的想象空间。

——Gaga Lee

英雄还在，创造英雄的人却走了。庆幸在另一个平行世界里的人，他们可以拥有他了。

——施雪强

2018 年 12 月 28 日本应是老爷子的 96 岁生日，愿他在平行宇宙一切安好，而他的才华将在作品中得到永存。

——飘飘

敬他和他最感染人心的热情，Excelsior（生命不止，战斗不息）！

——大灰狼

这个在“彩蛋”里永生不朽的老顽童，筑建了一个有无尽可能而又众生平等的宇宙，带我逃脱单一、乏味的生活，告诉我正邪对错不是非黑即白，怪胎奇葩亦是英雄豪杰！

——丁慧琳